lanaus
Kapazität 42 374
Fortaleza
Kapazität 64 846
Natal
Kapazität 42 086
RASILIEN
Recife
Kapazität 42 849
Salvador da Bahia
Kapazität 48 747
Cuiabá
Kapazität 42 968
Brasilia
Kapazität 68 009
Belo Horizonte
Kapazität 62 547
Rio de Janeiro
Kapazität 73 531
São Paulo
Kapazität 65 807
Curitiba
Kapazität 41 456
Porto Alegre
Kapazität 48 849
0
500 km

BÉLA RÉTHY

LIVE

BÉLA RÉTHY
MIT KAI PSOTTA

LIVE

Die Länderspiele meines Lebens

LÜBBE HARDCOVER

Dieser Titel ist auch als E-Book erschienen

MIX
Papier aus verantwortungsvollen Quellen
FSC® C006701

Originalausgabe

Text- und Bildredaktion: Werner Irro, Hamburg
Umschlaggestaltung: Guter Punkt, München
Umschlagmotiv: © Manfred Esser, Bergisch Gladbach
Copyright © Fotos Bildtafelteil: ddp (15, 16, 20), Manfred Esser (24), getty images (23), ullstein bild (8, 14, 17, 18, 21, 22). Alle übrigen Bilder stammen aus dem Privatarchiv des Autors.
Satz: Greiner & Reichel, Köln
Gesetzt aus der Adobe Caslon Pro
Druck und Einband: CPI – Ebner & Spiegel, Ulm

Printed in Germany
ISBN 978-3-7857-2496-5

5 4 3 2 1

Sie finden uns im Internet unter www.luebbe.de
Bitte beachten Sie auch www.lesejury.de

Für Laura und Paul

Inhalt

Prolog

Manchmal ist die Strecke vom Gehirn zum Mund zu kurz, und erst beim Sprechen realisiert man, dass man den Gedanken vielleicht doch besser für sich behalten hätte. Doch dann ist es zu spät. Im Gegensatz zu unseren Printkollegen können wir Kommentatoren nämlich nicht einfach die Löschtaste drücken und einen neuen Versuch machen. Es gibt keinen doppelten Boden. Gesagter Blödsinn ist gesendeter Blödsinn, Druckfehler live. Und die passieren auch mir.

Was ich aber auf alle Fälle vermeiden muss, ist, dass mir die Sicherungen durchbrennen. Dass ich übers Ziel hinausschieße, die Gäule mit mir durchgehen und ich gegen meine eigenen Vorsätze verstoße. Wegen einer schlechten Leistung in einem Fußballspiel darf man niemanden beleidigen. Ein schlechtes Spiel ist nun mal nicht mehr und nicht weniger als ein schlechtes Spiel.

Bei der Fußball-Weltmeisterschaft 1998 in Frankreich ist es allerdings doch passiert. Da habe ich ganz großen Blödsinn von mir gegeben, aber ein gewisser Carlos Valderrama hat mich einfach verrückt gemacht. Ich habe mich gefreut, diesen genialen Fußballer live erleben zu dürfen. Als »Zauberkünstler« hatte ihn kein Geringerer als der frühere argentinische Weltmeistertrainer César Luis Menotti bezeichnet, einer, »der die Position seiner Mitspieler kennt, ohne sie anzusehen, und der ihnen den Ball gibt, als würde er ihn ihnen in die Hände legen«.

Entsprechend hoch war meine Erwartungshaltung an diesen Typen mit seiner zitronengelben Lockenmähne, die an einen Löwen erinnerte. Valderrama war immerhin zweimal Südamerikas Fußballer der Jahres, 1987 und 1993. Der Kolumbianer wurde zum besten Spieler der Copa America gewählt, obwohl er nie viel gelaufen ist. Er hat auch nie viele Tore erzielt. Aber Valderrama konnte Pässe spielen, wie nur ganz wenige auf der Welt: mit einer chirurgischen Präzision. In seiner Heimatstadt Santa Marta haben sie ihm zu Ehren eine 7,50 Meter große Figur aus Bronze gebaut, als er 2002 seine Karriere beendete. Er war speziell – aber manchmal genial. Nur leider zeigte er davon an diesem 22. Juni 1998 im Vorrundenspiel gegen Tunesien in Montpellier rein gar nichts. Er trottete mit einer Behäbigkeit übers Feld, die provozierte. Mal joggte er ein paar Meter nach links, dann trabte er ein wenig vor und wieder zurück, immer auf der Suche nach einem schattigen Plätzchen. Aber auf Kampf, Einsatz oder magische Momente warteten im Stadion alle vergeblich. Und so ließ ich mich zu der Aussage hinreißen: »Das da vorne, was aussieht wie eine Klobürste, ist Valderrama.«

Der Aufschrei in der Öffentlichkeit war groß. »Der Mann, der da über Kolumbiens Spielmacher redet wie Harald Schmidt in der Vorpubertät, ist Béla Réthy«, hieß es in der *Berliner Zeitung*.

Eine berechtigte Kritik – denn es steht weder mir noch irgendeinem meiner Kollegen zu, Spieler mit Klobürsten zu vergleichen. Hinterher habe ich mich selbst unwohl gefühlt, ein bisschen wie ein Heckenschütze.

Viele Jahre später hat die *Süddeutsche Zeitung* Valderrama in einem Interview gefragt, ob er mich kenne. Er kannte mich natürlich nicht und hatte zuvor auch noch nie von meinem Klobürsten-Vergleich gehört. Und auch wenn er behauptete, mir nicht böse zu sein, so möchte ich mich an dieser Stelle doch entschuldigen.

Hunderte Fußballspiele habe ich bislang in meinem Leben kommentiert, in der Regel ohne Skandalpotenzial. Ich habe Stars interviewt, die von Millionen auf dem Erdball angehimmelt werden. Ich bin um die ganze Welt gereist, um von Großereignissen zu berichten. Ich habe es auf den großartigsten Arbeitsplatz der Welt geschafft. Dabei habe ich erst im Alter von zwölf Jahren gelernt, Deutsch zu sprechen. Per Sondergenehmigung des hessischen Kultusministers wurde ich in der Schule von der sechsten in die siebte Klasse versetzt, mit der Anmerkung im Zeugnis: »Keine Note in Deutsch.«

Mein Leben ist bunt, unruhig, aber extrem spannend – ein Fernfahrerleben, ein Beruf, der zur Lebensform wurde. Gezeugt in Ungarn, geboren in Wien, aufgewachsen in Brasilien, gezwungen, nach Deutschland zu gehen – das alles bin ich. Davon möchte ich Ihnen erzählen.

Kapitel 1
Wer bin ich eigentlich?

Es gibt Menschen, denen es leichtfällt, ihre Heimat zu definieren. Sie wissen ganz genau, wo sie hingehören. Welches ihre Nationalität und wo ihr Platz im Leben ist. Mir fällt es nicht so leicht, eine Antwort darauf zu geben, was Heimat für mich ist. Mit dreizehn Jahren habe ich meine Mutter deshalb auch gefragt: »Mama, was bin ich eigentlich? Bin ich Ungar? Bin ich Brasilianer? Bin ich Deutscher?« Woher hätte ich es auch wissen sollen?

Ich spreche fließend die Sprache eines Landes, in dem ich aber nie gelebt habe: In Ungarn sind meine Wurzeln. Ich verfolge bis heute die dortige Politik, weiß selbstverständlich, wie die ungarischen Vereine in der Liga gespielt haben, ich kenne den ungarischen Meister. Ich weiß, dass sich die Nationalmannschaft seit 1986 für kein Turnier mehr qualifiziert hat. Natürlich ist es ein Unterschied für mich, ob ich ein Fußballspiel von Ungarn oder von Kamerun verfolge. Ungarn bedeutete mir mehr. Ich werde immer mehr Empfindungen für Ungarn haben als für andere Nationalmannschaften. Selbst wenn es zu einer Partie zwischen Ungarn und Brasilien kommen sollte, wäre ich für Ungarn. Allein aus Mitleid. Zwar habe ich elf Jahre in Brasilien gelebt, ich bin dort aufgewachsen und zum Fußballnarren geworden. Aber Brasilien hat doch schon alles gewonnen, Ungarn dagegen noch nichts. Diese eine Niederlage würde den Brasilianern nicht wehtun.

In einem Duell Deutschland gegen Brasilien würde ich allerdings zu den Deutschen halten. Ich arbeite seit Anfang der Achtzigerjahre als Bundesligareporter. Nahezu jeden Samstag verbringe ich in deutschen Stadien. Ich kenne die Spieler, die Manager, die gesamte Szene. Ich bin, trotz ungarischer Erziehung und trotz Jugend in Brasilien, längst hier verwurzelt und zu Hause.

Streng genommen gibt es für mich auch gar nicht das Kapitel »mein Ungarn«. Meine Eltern hatten dort ein schwieriges Leben. Meine Mutter Maria hat die Zeit so sehr geprägt, dass sie bis heute Angst vor Autoritäten hat. Wenn sie beispielsweise bei mir im Auto sitzt und ich an einer Straßenkreuzung abbiegen will, wo es nicht erlaubt ist, warnt sie mich. »Achtung, Polizei. Hoffentlich sieht das die Polizei nicht«, sagt sie dann und macht sich auf dem Beifahrersitz klein, als verstecke sie sich.

Jahrelang haben meine Eltern in Ungarn schlimmste Formen der Diktatur erfahren. Sie wurden von der Geheimpolizei gedemütigt. Mein Großvater wurde heftig drangsaliert, weil er eine amerikanische Firma leitete und somit als Klassenfeind der Kommunisten galt. An Weihnachten oder bei anderen Festen ist unsere Familiengeschichte oft erzählt worden. Ich kenne sie so gut, als wäre ich selbst dabei gewesen.

Meine Mutter wurde als Tochter des Klassenfeinds aus dem Schulunterricht geholt und vom Direktor verhört, da war sie nicht einmal dreizehn. »Er wollte alles von mir wissen«, erzählte sie mir einmal. »Er hat den genauen Tagesablauf bei uns zu Hause aus mir herausgepresst. Er wollte wissen, was unser Vater zu Hause über seine Arbeit erzählt. Wer uns besuchen kommt. Ich habe mich so schlecht gefühlt. Dann hat er mich sogar bedroht. Wenn ich jemals verraten würde, worum es in dem Gespräch ging, würden mir schreckliche Dinge passieren. Als ich heulend in den Klassenraum zurückkam, wollte meine Lehrerin wissen, was passiert war. Ich habe es nicht gesagt und wurde nach Hause geschickt, wo ich den nächsten Weinkrampf hatte. Sofort wollte meine Mutter in die Schule gehen und die Lehrer zur Rede stellen. Aber ich habe sie angefleht, meine Tränen zu ignorieren. Ich habe mich vor ihr auf den Boden geworfen und gebettelt, dass sie nicht in der Schule nachfragt. Sonst wird mit mir etwas Schlimmes passieren, sagte ich ihr. Das war mein Alltag als Kind. Das werde ich niemals vergessen. Das wird mich immer verfolgen.«

Meinem Vater wurde es zunächst untersagt, seine Apothekerprüfung an der Universität abzulegen. Er stehe nicht hinter dem Marxismus, sein Wissen sei auswendig gelernt und beruhe nicht auf Überzeugung – daher falle er so oder so durch die Prüfung, so die Mitteilung seines Professors. Der Vorwurf unter anderem: Er trage amerikanische Röhrenhosen, höre Jazz und betreibe einen bürgerlichen Sport, Fechten. Kurioserweise war Ungarn eine erfolgreiche Fechtnation. Statt in seinem erlernten Beruf als Apotheker zu arbeiten, musste er daher lange Zeit als einfacher Hilfsarbeiter Geld verdienen.

Das waren schwierige Zeiten. Dann kam der 23. Oktober 1956. Meine Mutter war bereits hochschwanger mit mir. Sie war neunzehn Jahre alt, mein Vater achtundzwanzig. Bei einer friedlichen Großdemonstration forderten Studenten der Universität Budapest demokratische Veränderungen.

Sie riefen: »Wir wollen Freiheit« und »Russen raus. Ungarn gehört den Ungarn«. Mit ihren Kundgebungen gaben sie die Stimmung der Bevölkerung wieder, Tausende schlossen sich dem Demonstrationszug an. Frauen, Arbeiter, ungarische Soldaten. Einige marschierten zum Parlament, der Großteil in Richtung Rundfunkgebäude, wo die Forderungen über den staatlichen Sender verbreitet werden sollten. Plötzlich wurde aus dem Rundfunkgebäude auf die Demonstranten geschossen. Diese wehrten sich, erhielten durch die ungarischen Soldaten Waffen, feuerten zurück und stürmten den Sender. Die Gewalt eskalierte. Mehr als 200 000 Menschen versammelten sich am Abend vor dem Parlament, um Meinungs- und Pressefreiheit zu fordern. Sie verlangten nach freien Wahlen und nach Unabhängigkeit von der Sowjetunion.

Die Geheimpolizei feuerte in die Menge und tötete Hunderte von Menschen. Am 30. Oktober wurden jedoch das Ende der Einheitspartei und die Gründung einer Mehrparteienregierung verkündet. Es schien, als ließe sich die Sowjetunion auf Verhandlungen und den Abzug aus Ungarn ein – tatsächlich aber holte sie nur Verstärkung.

Am 4. November 1956 standen Panzer vor Budapest. Im Morgengrauen griffen die Sowjets an und bereiteten dem ungarischen Volksaufstand ein blutiges Ende. Die Stadt wurde zerbombt. Zehn Tage tobten heftige Kämpfe, vor allem in Budapest. Nach offiziellen Angaben starben 2500 Menschen. Fast 200000 Menschen beschlossen, ihrem Land den Rücken zu kehren.

»Als die Russen mit Panzern in Ungarn einfielen, habe ich gedacht: ›Ich kann nicht mehr. So ein Leben will ich meinem Kind nicht zumuten‹«, sagte meine Mutter. Meine Eltern beschlossen, die schöne Zweizimmerwohnung, ihre erste gemeinsame Wohnung, zu verlassen. Sie war gut geschnitten und mit Parkett ausgelegt. Als sie am 24. November ins Ungewisse aufbrachen, hatten sie jedoch nur eine Aktentasche, in der mein Vater die wichtigsten Papiere aufbewahrte, und einen Flechtkorb mit Windeln und einer Decke für das zu erwartende Baby bei sich.

Im Morgengrauen, gegen fünf Uhr, schleichen sich meine Eltern aus der Wohnung. Sie haben von einem Flüchtlingszug gehört, der in Budapest halten soll. Tatsächlich gibt es diesen Zug. Menschenmassen drängen hinein, bereits in Budapest gibt es keinen einzigen Platz mehr. Die Luft ist verbraucht. Es stinkt, es ist laut. Man sieht die Angst in den Gesichtern der Menschen. Niemand weiß, was einen erwartet. Aber alle haben Hoffnung. Hauptsache weg aus diesem aufgewühlten Ungarn. Ein Mann bietet meiner Mutter seinen Platz an. Ein paar Tage später, Ende November, soll ich zur Welt kommen. Jeder Schritt ist beschwerlich für sie.

Meine Eltern fahren bis Györ, 123 Kilometer westlich von Budapest. Der Ort liegt genau auf halber Strecke nach Wien, eine Tante wohnt dort. Als sie sich aus dem Zug zwängen, entdeckt meine Mutter ihre Eltern. »Ich wollte meinen Augen nicht trauen«, erzählte meine Mutter. »Bis zur letzten Faser in seinem Körper wollte mein Vater Ungarn nicht verlassen. Es war durch und durch Patriot. Er war ein Heimat liebender Mensch. Aber meine Mutter hat gesagt: ›Ich möchte meine Tochter in diesem Zustand nicht alleine lassen. Ich muss mit ihr zusammen sein.‹ Sie sind nur meinetwegen mitgekommen.« Meine Mutter macht sich deshalb bis heute große Vorwürfe. »Mein Vater ist vollkommen unglücklich geworden. Als er 1976 starb, zwanzig Jahre später, wusste ich, dass es ihn krank gemacht hat, Ungarn verlassen zu müssen.«

Im Gegensatz zu meinen Großeltern mütterlicherseits wurden die Eltern meines Vaters vorab nicht über die Fluchtpläne informiert. »Viele haben sich damals nicht verabschiedet. Das war eine schwierige Entscheidung für uns. Es ist auch so schon unglaublich schwer, diesen Entschluss durchzuziehen. Man will sein bisheriges Leben aufgeben. Hätten wir dann noch jemanden in der Familie weinen gesehen, und sie hätten im Gegensatz zu meinen Eltern geweint, hätten wir womöglich nicht die Kraft aufgebracht, tatsächlich zu fliehen«, erklärte mir meine Mutter.

Dennoch war die Enttäuschung bei den Eltern meines Vaters groß. Sie verarbeiteten ihre Trauer und Enttäuschung in Briefen, die sie aber mangels Adresse zunächst nicht abschicken konnten. Darin hieß es: »Gestern vor einer Woche haben wir erfahren, dass ihr abgereist seid. Es wäre schön gewesen, wenn ihr auch mit uns darüber gesprochen hättet. Wir hätten euch vielleicht einige nützliche Hinweise geben können. Zweifelsohne wäre der Abschied schmerzhaft gewesen. Aber ich hätte euch nie davon abgebracht, wenn ich gesehen hätte, wie fest euer Entschluss ist. Umso mehr schmerzt es, dass ihr kein Vertrauen zu uns hattet. Ich schreibe das nicht als Vorwurf. Ihr wolltet uns bestimmt vom Schmerz des Abschieds verschonen. Trotzdem: Mutter und Großmutter waren sehr niedergeschlagen. Tagelang musste ich sie aufbauen. In jeder Stunde des Tages sind unsere Gedanken bei euch.«

Von Györ geht die Flucht weiter nach Jánossomorja, einem 6000-Einwohner-Dorf an der österreichischen Grenze. »Dort wurden wir«, so meine Mutter, »in einen Kornspeicher geführt, wo wir warten mussten. Stundenlang saßen wir auf Unmengen von Weizen. Bewegungslos, ohne ein Wort zu sagen. Wir mussten die Nacht abwarten, um in der Dunkelheit die Grenze zu passieren.« Jahrelang hat meine Mutter diese Weizenkörner aufbewahrt. Als ihr Vater, also mein Großvater, starb, hat sie den größten Teil der Weizenkörner auf sein Grab gelegt.

Als die Dunkelheit über den Grenzort hereinbricht, geht es los. Acht Menschen, inklusive einheimischem Fluchthelfer, schreiten einem neuen Leben entgegen. Ohne Angst, ohne Panzer, ohne Demütigung. Nur mit dem Wunsch im Kopf, dem Kommunismus zu entfliehen, stapfen sie bei Nieselregen über matschige Ackerböden. Es ist eine Qual für meine hochschwangere Mutter. Ständig fragt sie den ortskundigen Begleiter: »Wann sind wir da?« Mit letzter Kraft schleppt sie sich weiter, starr eine Baumreihe im Blick, die man ihr als Grenze genannt hat. »Dahinter haben Sie es geschafft«, sagte der Helfer immer wieder.

Es ist der 27. November. Für diesen Tag ist meine Geburt vorausgesagt. Es ist nicht das erste Mal in meinem Leben, dass ich mich verspäten sollte. In dieser Nacht verlassen meine Eltern Ungarn. Sie haben alles hinter sich gelassen und werden in Tadten, einer kleinen Gemeinde im österreichischen Burgenland, mit offenen Armen von hilfsbereiten Österreichern empfangen. Der Dorfplatz ist hell erleuchtet, das Rote Kreuz ist vor Ort. Die Menschen versorgen meine entkräftete Mutter, geben ihr Decken, Brot und warme Getränke.

Meine Eltern bleiben nur eine Nacht. Es geht weiter nach

Wien, wo sie bei der Familie Schneider unterkommen. »Wir haben einfach geklingelt und um Aufnahme gebeten.« Die Schneiders sind sehr religiöse Leute, sie helfen.

Am 14. Dezember 1956, um sechs Uhr morgens, siebzehn Tage zu spät, wurde ich geboren. Wir blieben drei Monate in Wien. Weil es bei den Schneiders für uns drei zu eng wurde, zogen wir in ein Kloster. Von dort aus ging es bald weiter nach Brasilien. »Ich bin heimatlos, seit ich Ungarn verlassen habe«, sagt meine Mutter heute noch. Sie ist überzeugt: »Ein Immigrant außerhalb seiner Heimat kann sich einleben, kann sich verwirklichen – aber wohlfühlen kann er sich nicht.« Sie hat Österreich gemocht, Brasilien war ihr sehr fremd. Mit Deutschland hat sie sich arrangiert. Heimat – das war für sie Ungarn.

Im Wäschekorb ging es weiter. Von Genua über Barcelona, dann von dort mit einem UNO-Flüchtlingsschiff vorbei an Gibraltar nach Santos. 11 292 Seemeilen. Meine erste große Reise, der noch unzählige folgen sollten.

Im März 1957 beginnt schließlich mein Leben in Brasilien. Wir wohnen mitten in São Paulo, heute eine Stadt mit 23 Millionen Einwohnern, damals mit rund zehn Millionen auch nicht gerade klein. Hier lerne ich laufen, sprechen und entdecke die Welt mit meinen neugierigen Kinderaugen.

Ich würde mein São Paulo gerne so beschreiben, wie es Patrick Süskind in seinem Buch »Das Parfum« gelungen ist – über die Nase. Mich fasziniert der Geruchssinn von Süskinds Romanfigur Jean-Baptiste Grenouille. »Ein Duft hat etwas sehr Poetisches«, befand einst Jacques Polge, einer der berühmtesten Schöpfer von Chanel. Jean-Claude Ellena, Parfümeur von Hermes, schrieb: »Der Parfümeur wird gerne mit dem Komponisten verglichen, doch ich selber habe mich stets eher als einen Schriftsteller der Düfte verstanden.« Er hat Tausende Duftbausteine im Gedächtnis gespeichert. Er komponiert mit Salbei und Rosen, variiert Birne mit Vanille. Polge hat einmal auf die

Frage, wie Paris vor dreißig Jahren gerochen habe, geantwortet: »Es roch nach Suppe.«

Dieses Talent fehlt mir. Ich finde keinen treffenden Vergleich, weiß nur, dass mein Brasilien auch heute noch genauso riecht wie 1957. Sobald ich aus dem Flugzeug steige, ist dieser Geruch von Zuckerrohr da. Es riecht nach Obst, ein bisschen nach Bananen, die ihren Zenit überschritten und bereits Fruchtfliegen angelockt haben. Ich rieche die feuchte Wärme. Ich kann sogar die Sonne riechen. Ich rieche meine Kindheit.

São Paulo ist die gewaltigste Stadt Südamerikas. Längst sind die monströsen Straßenschluchten morgens und abends für viele Stunden verstopft. Stoßstange an Stoßstange, Spiegel an Spiegel rollt heute die Blechlawine durch die Straßen. Es gibt Statistiken, laut denen die Autofahrer São Paulos jährlich 49,5 Tage im Stau stehen. 200 Millionen Arbeitsstunden gehen der Stadt so verloren. Gerade mal siebzehn Kilometer legen Autos im Schnitt in der Stunde zurück. Die Stadt, die den verstorbenen dreimaligen Formel-1-Weltmeister Ayrton Senna vergöttert, unter anderem wurde ein bedeutendes Viadukt nach ihm benannt, kriecht. Dabei dürfen zu den Stoßzeiten unter der Woche nur ein Teil der mehr als fünf Millionen Autos, die es in São Paulo gibt, fahren, entscheidend ist die letzte Zahl auf dem Nummernschild. Diese Regel wird allerdings überwiegend brasilianisch interpretiert. Mein Eindruck: Jeder fährt trotzdem, wenn er es für notwendig erachtet.

Die Reichen gehen deshalb in die Luft, Helikopter gehören hier zum Alltag. Ihre Rotoren, dieser brutale Sound des wichtigsten Statussymbols der Stadt, dröhnen unerbittlich. Zum Geruch von São Paulo gehört daher auch Benzin. Und wenn man sich den Favelas nähert, auch der Gestank aus offenen Abwassergräben und nach verbranntem Müll.

Wenn ich die brasilianische Luft heute einatme, bin ich für einen Moment wieder ein Kind. Ich habe mein Brasilien geliebt. Meine Eltern hingegen hatten immer das Ziel, irgendwann nach Europa zurückzukehren. Vor allem meine Mutter. Sie störte sich an der Hitze und der roten Erde. Meinem Vater hingegen war es gleichgültig, wo er lebte. Er hätte auch auf dem Mars wohnen können. Von ihm habe ich diesen Pragmatismus gelernt, sich überall wohlfühlen zu können. Mein Vater durfte in São Paulo als Apotheker arbeiten, er war Qualitätskontrollleiter bei dem Pharma-Unternehmen Pfizer.

Wir bezogen eine schöne Vierzimmerwohnung. Dort, innerhalb unserer vier Wände, wurde nur ungarisch gesprochen. Trotzdem beherrschte ich mit drei Jahren Portugiesisch fließend. Ich besuchte eine brasilianische Ganztagsschule, auf der nur Jungen zugelassen waren. Um 6.30 Uhr morgens wurden wir mit dem Schulbus eingesammelt. Vor dem Unterricht sangen wir oft die brasilianische Nationalhymne. Das kleine Einmaleins wurde uns wie bei einer Gehirnwäsche eingetrichtert, sodass ich in Gedanken heute noch auf Portugiesisch rechne.

Im Sportunterricht wurde ausschließlich Fußball gespielt. Diejenigen, die besonders gut waren, durften die magischen gelben Trikots der Nationalmannschaft tragen. Ich bekam es allerdings nur selten. Körperliche Robustheit und Schnelligkeit reichten nicht, um gegen die brasilianischen Jungs zu bestehen, die in jeder freien Sekunde außerhalb der Schule mit dem Ball dribbelten. In Brasilien konnte man dem Fußball gar nicht entgehen. Direkt neben der Schule wurde damals gerade das Estádio Cícero Pompeu de Toledo, kurz Morumbi genannt, erbaut. Später sahen dort bis zu 70000 Zuschauer die Spiele des FC São Paulo. 1970 wurde die Kapazität sogar auf 140000 erhöht. Heute kommt es wegen Altersschwäche für die WM 2014 nicht mehr infrage.

Ich war Palmeiras-Fan, was zu ideologischen Auseinandersetzungen mit meinen Mitschülern führte, die zum Großteil Anhänger des FC São Paulo oder von Corinthians waren. Ich wusste alles über Fußball, dabei hatten wir nicht einmal einen Fernseher. Ich sammelte Zeitungsausschnitte über mein Team und lernte die Tabelle auswendig. Als die Fußball-Weltmeisterschaft 1966 im Radio übertragen wurde, hörte ich zum ersten Mal diese unaussprechlichen Namen von Beckenbauer, Schnellinger oder Tilkowski. Deutschland schien für mich nur aus Konsonanten zu bestehen.

Und dann sah ich mein erstes Spiel. Wir waren bei Bekannten eingeladen, die einen Schwarz-Weiß-Fernseher besaßen. Portugal spielte mit Eusébio gegen Nordkorea, Viertelfinale. Ein unvergessliches Match, nicht nur weil es mein erstes war. Bereits nach 25 Minuten führte Nordkorea mit 3:0. Ich sehe bis heute vor mir, wie Schlussmann José Pereira kopfschüttelnd das Gesicht in seinen Händen verbirgt. Und ich sehe vor mir, wie Eusébio, der Mann mit der Nummer 13, den Anschluss erzielt, sofort ins Tor rennt, sich den Ball schnappt, unter den Arm klemmt und zum Mittelkreis läuft. Das Gleiche macht er, nachdem er per Elfmeter zum 2:3 trifft. Eusébio erzielt noch zwei weitere Tore. Portugal siegt 5:3, ein Spiel für die Geschichtsbücher. Noch Tage später sprach ich von diesem Eusébio.

Ich selber durfte damals nie ins Stadion. Meine Eltern waren keine ausgesprochenen Fußball-Fans, außerdem hielten sie es für zu gefährlich. Zwar gab es keine Gewalt in den Stadien, aber in Brasilien werden sowohl Siege als auch Niederlagen extrem wahrgenommen. Die Massen geraten beim Fußball in Ekstase. Entweder sind sie euphorisch oder niedergeschlagen. Emotionslos ein Ergebnis hinzunehmen, so etwas gibt es in Brasilien nicht.

Ich hatte trotzdem eine gute Zeit in Brasilien. Nur wegen meines Namens hatte ich Probleme. Ich war der vierte Béla der Generation Réthy. Mein Vater, mein Großvater und mein Urgroßvater – sie hießen alle Béla. Daher ist mir dieser Name mit großem Stolz von meinen Eltern gegeben worden. Doch in der Schule wurde ich dafür nur hochgenommen. Auf Portugiesisch bedeutet »Bela« nämlich »die Schöne«. Eine Steilvorlage für Schulkinder. Ständig riefen sie mir hinterher: »Hey, Schönheit, komm mal her.« Sie sagten, mein Name sei eine Lüge, weil ich gar nicht so hübsch wäre. Das muss man als Achtjähriger erst einmal aushalten. Mit Händen und Füßen habe ich mich gegen die Hänseleien gewehrt. Wer mich als »Schönheit« bezeichnete, kassierte ein saubere linke Gerade. Es war so schlimm, dass ich oft nur meinen zweiten Namen benutzt habe, Andreas. Der war unkomplizierter und auch in der Übersetzung unverfänglich. Als ich später nach Deutschland ging, gab es sogar kurz die Überlegung, meinen ersten Namen ganz abzulegen und so die Identität zu wechseln. Doch das habe ich zum Glück nicht übers Herz gebracht.

1968 hatten meine Eltern die Idee, mich für ein Jahr nach Deutschland zu schicken. Dort gab es ein ungarisches Internat nahe Amberg, sechzig Kilometer östlich von Nürnberg. Warum sie mich dahin geschickt haben, habe ich damals nicht verstanden. Aber meine Eltern haben es geschafft, was bei einem Kind ja nicht so schwierig ist, mir das Ganze irgendwie schmackhaft zu machen. Es sei auch nur für ein Jahr, sagten sie und behaupteten: »Es wird dir gefallen. Du wirst dich da wohlfühlen und viele neue Freunde gewinnen.« Ich ließ mich überreden, weil ich annahm, nach einem Jahr Abenteuer wieder zu meinen Freunden nach Hause zurückkehren zu können.

Mit der Boeing 707 und einem Koffer voll eleganter Hosen, Hemden und sogar mit einem blauen Blazer ging es von São Paulo über Brüssel nach Nürnberg, wo mich meine Mutter verabschiedete. Je weiter wir uns von Brasilien entfernt hatten, desto mehr bereute ich, dem Ganzen zugestimmt zu haben. Ich fühlte mich sehr schnell sehr allein. Das Internat lag hinter dicken Mauern in einem ehemaligen Kloster, einer früheren Benediktinerabtei.

Die europäisch-ungarische Schule in Kastl war 1958 zum Erhalt der ungarischen Sprache und Kultur gegründet worden. Meine Eltern waren bereit, monatlich 300 DM Schulgeld zu bezahlen, sie waren überzeugt, das sei gut für meine Ausbildung.

Der Meinung war ich jedoch überhaupt nicht. Allein schon das Gebäude fand ich gruselig. Es war schließlich nicht Hogwarts, also kein Internats-Schloss, wie man es heute aus »Harry Potter« kennt. Es gab weder Treppen, die ständig ihre Richtungen ändern, noch sprechende Porträts an den Wänden, hinter denen sich Geheimgänge verbergen. Es gab keine Posteulen und keine Hauselfen. Alles war einfach nur alt und dunkel und erdrückend. Die Sonne schien selten, und es war natürlich erheblich kälter als in Brasilien.

Weil ich mich dort so unwohlfühlte, weigerte ich mich zu lernen. Vor allem wollte ich nicht Deutsch lernen. Ich hasste Deutschland, und ich fühlte mich gezwungen, hierzubleiben. Zuvor hatten meine Eltern immer behauptet, ich dürfe sofort zurück nach Brasilien, wenn es mir nicht gefalle. Aber die Signale, die ich nach Brasilien aussandte, wurden nicht empfangen.

Also beschloss ich mit elf Jahren, auf eigene Faust nach Brasilien zurückzukehren. Mein Freund Robert aus Schwäbisch Gmünd wollte mitkommen, um auch mal etwas anderes zu sehen. Heimlich schmiedeten wir unter der Bettdecke im Schein von Taschenlampen Pläne. »Wir heuern als Schiffsjungen an«, schlug ich vor. »Mit dem Schiff kann man nach Brasilien, das weiß ich. Wir müssen nur ans Wasser.« Auf der Karte entdeckten wir Hamburg, sahen, dass das Meer bis nach Brasilien reichte, und beschlossen, im Schutz der Dunkelheit abzuhauen.

Mit Taschenmesser, Leberwurstbrot und fünf Mark im Gepäck entwischten wir nur wenige Tage später aus dem Internat und brachen auf. »Bald sind wir Schiffsjungen, und dann überraschen wir meine Eltern«, sagte ich weltmännisch zu Robert, schließlich war ich ja schon in Brasilien gewesen. So liefen wir durch die Nacht, einfach weg in Richtung Bahnhof. Die Klostermauern wurden kleiner und kleiner, bis wir sie nicht mehr sahen. Wir legten Kilometer um Kilometer zurück. Es war kalt. Der feuchte Nebel krabbelte uns von unten in die Hosenbeine und ließ uns frösteln. Als die Müdigkeit zu groß wurde, quetschten wir uns in eine Telefonzelle, um dort ein paar Stunden zu schlafen. Danach ging es weiter.

Als man im Schlafsaal entdeckte, dass zwei Jungen fehlten, wurde sofort eine Großfahndung ausgelöst. Der Bayerische Rundfunk sendete einen Aufruf im Radio mit einer Beschreibung von uns. Das hörte ein älterer Mann, der uns entdeckte. Er lud uns als Anhalter zu sich nach Hause ein, bot uns einen leckeren Kakao an und benachrichtigte gleichzeitig heimlich die Polizei. So hat eine lumpige Tasse Kakao unser Abenteuer verhindert. Aus der Schiffsreise nach Brasilien wurde ein Mini-Ausflug nach Neumark. Nach nur 28 Kilometern war unsere große Reise schon zu Ende.

Ich fügte mich in mein Schicksal und sehnte den Tag herbei, an dem das eine Jahr endlich vorbei sein würde. Der Tag der Erlösung – zurück zu meinen brasilianischen Freunden, von denen ich mich nie richtig verabschiedet hatte. Zurück in die Sonne. Zurück in das Land, dessen Duft mir unentwegt in der Nase lag. Doch dann kam die nächste Überraschung. Mein Vater fand eine neue Arbeitsstelle im Rhein-Main-Gebiet. Und so erfuhr ich eines Tages völlig unvorbereitet, dass ich keineswegs nach Brasilien zurückkehren würde, sondern meine Eltern nach Deutschland kommen und wir nach Wiesbaden ziehen würden. Nach dem Motto: Nicht du kommst zurück, wir kommen zu dir. Ich wollte es gar nicht glauben.

Deutschland, das war für mich zu jener Zeit ein kaltes Land mit einer Sprache, die ich nicht verstand. Ein Land mit schaurigen Klöstern und dicken Wänden. Und in diesem Land sollst du leben, ging es mir durch den Kopf. Ich habe Brasilien im festen Glauben verlassen, nur für kurze Zeit weg zu sein. Dass es ein abruptes, aber dauerhaftes Verlassen meines gewohnten Umfelds sein würde, das hatte ich nie für möglich gehalten. Jetzt sollte es lange dauern, bis ich mein neues Leben akzeptierte.

Etwas Gutes hatte dieser Deutschlandaufenthalt dann doch. Und im Nachhinein sogar etwas Wegweisendes: Ich erlebte mein erstes Fußballspiel in einem Stadion. In meinen Internatsferien besuchte ich Verwandte in München. Ein Großonkel besaß eine Dauerkarte beim FC Bayern, der damals noch an der Grünwalder Straße spielte. Bayern in weinroten Trikots, Köln in schneeweiß. Ich sprach noch kein Deutsch, aber ich hörte die Leute um mich herum diese Namen sagen, die ich 1966 im Radio gehört hatte, Overath, Beckenbauer. Und jetzt sah ich die Gesichter dazu. Dann war da noch ein ganz dürrer Torwart, der unglaubliche Sachen hielt. Wie ein Flummi sprang er von einer in die andere Ecke. Sein Name: Sepp Maier. Bayern gewann 2:0.

Der Fußball ließ mich nicht mehr los. Der Bundesligist in der Nähe meiner neuen Heimat hieß Eintracht Frankfurt. Für diesen Klub interessierte ich mich auch auf dem Gymnasium in Wiesbaden viel mehr als für die Schule.

Im Laufe der Jahre lebte ich mich in Deutschland dann doch gut ein. Ich gewann durch meine kommunikative Art schnell neue Freunde, wodurch ich auch bald die neue Sprache beherrschte. Deutschland war doch gar nicht so schlimm und weit mehr als schlechtes Wetter, unmögliche Klöster und dicke Wände.

1979, im Alter von zweiundzwanzig Jahren, wurde ich Deutscher. Zuvor musste ich meine brasilianische Staatsbürgerschaft abgeben, das war ein hochoffizieller Vorgang. Die Brasilianer sind sehr stolz auf ihr Land. Sie teilten uns mit, dass sie traurig seien, dass meine Eltern und ich unsere Staatsbürgerschaft abgaben. Es war ein wenig wie der Abschied vom eigenen Lieblingspullover. Das Kleidungsstück, das man seit Jahren am liebsten trägt und das sich so gut auf der Haut anfühlt, musste ausgezogen und ein für alle Mal in die Ecke gelegt werden: Ich war Deutscher.

Noch heute trage ich Flip-Flops mit der brasilianischen Flagge darauf. Ich liebe die Brasilianer. Es sind angenehme Menschen, ich fühle mich zu ihnen hingezogen. Aber ich fühle mich, nach inzwischen über vierzig Jahren hier, nicht mehr als

Brasilianer. Ich besitze allerdings immer noch eine kleine Latino-Ecke in meinem Herzen, verbunden mit all den Dingen, die dazugehören: Lebensfreude, Toleranz, Gelassenheit, Dinge, die man in Deutschland oft nur auf den zweiten Blick erkennt.

Ich bin Deutscher mit ungarischer Herkunft. Oder eher ein Europäer mit brasilianischer Mentalität. Heute würde ich meine Mutter nicht mehr fragen wie damals mit dreizehn Jahren: »Mama, was bin ich eigentlich? Bin ich Ungar? Bin ich Brasilianer? Bin ich Deutscher?« Streng genommen halte ich den Nationalitätenbegriff für überholt. Man kann mich überall aussetzen, und ich würde dort leben können. Ich brauche Menschen um mich herum, die ich liebe, Freunde, Familie, gute Nachbarn, einen guten Gastwirt, ein Stammlokal und meine eigenen vier Wände, wo ich mich ab und zu zurückziehen kann. Dann bin ich zufrieden.

»Mir fällt da noch was ein«

Laura ist die Tochter von Béla Réthy. Auch sie hat es in den Journalismus verschlagen. Hier verrät sie, warum ihr Vater rote Teppiche nicht mag, ein chronisch unpünktlicher Mensch ist und wie sehr sich der Fußballkommentator Béla vom Vater unterscheidet.

Von Laura Réthy

Mein Vater steht nicht gerne im Rampenlicht. Dabei könnte man meinen: Wer vor Millionen Menschen sprechen kann, genießt bestimmt die große Aufmerksamkeit. Aber um ehrlich zu sein ist das Gegenteil der Fall. Vor einer Gruppe Menschen zu sprechen, die er nicht kennt, also von Angesicht zu Angesicht und nicht über ein Mikrofon zu einem Publikum, das er nicht sieht, ist ihm eher unangenehm. Es kostet ihn Überwindung. Nur merkt ihm das niemand an. Da ist er dann doch ganz Profi. Das habe ich übrigens von meinem Vater geerbt. Mir geht es ganz genauso, und genauso merkt es mir niemand an.

Auch diese ganzen Veranstaltungen mit roten Teppichen sind überhaupt nicht seine Sache. Lieber verbringt er seine kostbare Freizeit in Ruhe zu Hause oder mit seinen Jungs bei einem schönen Glas Bier in einer seiner Stammkneipen in Wiesbaden. Früher fand ich das natürlich ziemlich blöd, weil ich gerne mal auf so eine Veranstaltung gegangen wäre. Ein schönes Kleid, gutes Essen, spannende Leute. Heute finde ich seine Abneigung gegen diese Art von Veranstaltungen sehr sympathisch. Ich finde es sehr bewundernswert, wie wenig eitel mein Vater ist.

Bewundernswert finde ich auch, wie er ständig gegen seine innere Uhr arbeitet. Eigentlich liebt er es auszuschlafen, ein Schläfchen am Mittag ist für ihn das Größte. Als Jugendlicher musste er sogar Kreislauftropfen nehmen, um es am Morgen aus dem Bett und in die Schule zu schaffen. Aber in seinem Beruf muss er natürlich ständig früh raus, ins Auto, in den Flieger. Um dann vor Ort – egal ob mit Jetlag oder nicht – ohne Pause weiterzuarbeiten. Das schafft er heute ohne die Tropfen. Nur das mit der Pünktlichkeit ist so eine Sache. Meine Oma sagt, seit mein Vater mehr als zwei Wochen zu spät auf die Welt gekommen ist, kommt er überallhin zu spät. Ein bisschen ist da was dran, und es wundert mich, dass er in seinem Leben noch nie ein Flugzeug verpasst hat. Pünktlich vors Mikrofon schafft er es auch immer, und den Stress, den er zuvor hatte, hört man ihm nie an.

Egal wo er ist, er findet Einheimische, mit denen er ins Gespräch kommt. Mal in ihrer Sprache, mal in einem Mix aus allen Sprachen oder mit Händen und Füßen. Er sucht das wahre Leben einer Stadt, probiert das einheimische Essen – einmal in China war es aus Versehen Hund – und die lokalen Schnäpse. Ich glaube, er bedauert oft, dass er auf seinen Dienstreisen so wenig Zeit hat, die Orte wirklich kennenzulernen. Da zählt dann nur der Fußball.

Ich gebe zu, dass ich von Fußball nicht viel Ahnung habe. Um ehrlich zu sein, überhaupt keine. Trotzdem mache ich den Fernseher an, wenn mein Vater kommentiert. Die Stadionatmosphäre und die Stimme meines Vaters sind einfach eine sehr vertraute Geräuschkulisse. Als ich noch alleine gewohnt habe, habe ich den Fernseher oft nebenher laufen lassen, und auch wenn ich meinen Vater lange nicht gesehen oder gehört hatte, wusste ich immer, wie es ihm geht. Ist er müde? Hat er gute oder schlechte Laune? All das, was die Zuschauer nicht hören. Das haben wir früher zu Hause schon immer gemacht. Oft haben wir nicht das ganze Spiel gesehen, aber wir haben reingeschaltet, um zu hören, wie es ihm geht – irgendwo am anderen Ende der Welt.

Kapitel 2
Bankdrücker bei Weisweiler

Streng genommen bin ich ein komischer Kerl. Ich passe jedenfalls in keine Schublade. Als Jugendlicher ging ich zu Eintracht Frankfurt, später auch zu Mainz 05 ins Stadion und feuerte beide Vereine gleichermaßen an. Eigentlich eine Todsünde, jedenfalls in den Augen der jeweiligen Fangruppen. Frankfurter und Mainzer hassen sich seit jeher, sie gelten als Erzfeinde, spätestens seit dem Aufstieg der Mainzer in die Bundesliga. Mit beiden Vereinen zu sympathisieren ist so, als würde man sich an einem Samstag in die Fankurve von Schalke 04 und am darauffolgenden Wochenende in die von Borussia Dortmund stellen – wobei ich Menschen kenne, die das machen.

Ich jubelte, wenn Gerd Klier für Mainz in der Regionalliga Südwest traf, und holte mir Autogramme von Dr. Peter Kunter, Frankfurts »fliegendem Zahnarzt«, der 234 Bundesligaspiele für die Eintracht machte, mit ihr 1974 den DFB-Pokal gewann und noch während seiner Karriere sein Zahnmedizinstudium beendete.

Selbst kickte ich beim VfR Wiesbaden und bei Schwarz-Weiß Wiesbaden. Mal stellten sie mich als Außenstürmer, mal als Verteidiger auf. Dort konnte ich meine Schnelligkeit, meinen größten Trumpf, am besten einbringen. Sonst war ich eher semi-talentiert und nicht nur schnell, sondern vor allem schnell müde.

Ich wuchs behütet auf. Meine Deutsch-Note wurde nach unserem Umzug aus Brasilien von Schuljahr zu Schuljahr besser. Dank Karl May und seiner Winnetou-Abenteuer, die ich verschlang, verbesserte ich mich von einer vier auf eine zwei. Nur in den Naturwissenschaften blieb ich eine grauenvolle Niete. Mein Vater träumte davon, dass ich der vierte Réthy in der Familie werden würde, der als Apotheker arbeitet, und half mir beim Lernen. Doch so sehr ich mich auch für ihn quälte, ich verstand nichts. Noch heute kenne ich den Unterschied zwischen Säuren und Laugen nicht. Trotzdem tat ich meinem Vater den Gefallen und fing an, Chemie zu studieren. Ein Semester, dann musste ich kapitulieren. So sehr ich mich bemüht habe, mir die Naturwissenschaften zu erschließen, es ist mir nicht gelungen.

Danach begann ich mit dem Studium der Publizistik. Der Journalismus hatte mich insgeheim immer fasziniert, nun konnte ich mich meiner wahren Leidenschaft widmen. Nebenbei fuhr ich in Wiesbaden Taxi, um Geld zu verdienen. Am Wochenende und nachts wartete ich auf Fahrgäste. Sie kamen und gingen, sie gaben mir mein erstes selbstverdientes Geld. Einmal wollten sie mich überfallen und ausrauben, einmal wollte jemand seinem Leben ein Ende setzen.

Es war eine alte Frau. Sie bat mich, sie an das Wiesbadener Rheinufer zu fahren. Sie machte immer wieder Andeutungen, dass heute ihr letzter Tag sei. Sie trug einen braunen Parker, und ich bemerkte, dass sie die Taschen ihres Mantels mit irgendetwas Schwerem gefüllt hatte. Ich war mir nicht sicher, ob sie sich tatsächlich das Leben nehmen wollte oder ob es nur ein Schrei nach Aufmerksamkeit war. Kurzum: Ich wendete, fuhr sie zurück nach Hause, ließ mir eine Tasse Tee kochen und hörte mir ihre Lebensgeschichte an. Vielleicht hat es ja genützt.

Ein anderes Mal war ich es, der gerettet werden musste. Zwei US-Soldaten stiegen in meinen Wagen ein. Ich sollte die beiden, die entweder stark betrunken oder auf Drogen waren, zu einer Bar bringen. Während ich fuhr, sprachen sie auf Spanisch miteinander, nicht ahnend, dass ich sie verstand. »Was meinst du, wie viel Geld der Typ dabei hat?«, fragte der eine. »Lohnt sich bestimmt«, antwortete der andere. »Lass uns warten, bis wir aus der Stadt raus sind.«

Ich ließ mir nichts anmerken und funkte ein geheimes Codewort an alle Taxen der Region, wie man das unter Taxifahrern macht. Wenn Gefahr besteht, gibt es Codeworte oder versteckt angebrachte Notknöpfe, mit denen man Hilfe herbeirufen kann. Entweder ruft dann jemand die Polizei, oder man löst das Problem selber. So wie wir. Am nächsten Taxistand, den ich heimlich ansteuerte, warteten Dutzende von Kollegen. Sie standen alle vor ihren Wagen, in die offene Tür gelehnt. »Hier endet die Fahrt für euch«, sagte ich den Puerto-Ricanern auf Spanisch. »Gute Nacht.« Sie bezahlten und verschwanden schnell.

Während des Studiums begann ich außerdem, im Sportarchiv des ZDF zu arbeiten. In Zeiten, als es noch kein Internet gab, wurden dort die wichtigsten Zeitungsartikel archiviert. Ich durchsuchte die Presse nach relevanten Sportberichten, schnitt sie aus, sortierte sie nach festgelegten Kriterien und suchte sie bei Bedarf wieder für die Moderatoren raus, damit sich der inzwischen verstorbene Harry Valérien oder Dieter Kürten, Karl Senne und Oskar Wark auf ihre Sendungen vorbereiten konnten. Sie kamen zu mir und bestellten zum Beispiel Informationen über Dietrich Thurau, der sich 1977, gleich bei seiner ersten Tour de France, nach dem Prolog das Gelbe Trikot überstreifen konnte und es fünfzehn Etappen lang verteidigte. Ich stellte Dossiers über Niki Lauda zusammen, der ein Jahr nach seinem schweren Unfall seinen zweiten WM-Titel in der Formel 1 holte. Und ich durchforstete Zeitungen nach Wissenswertem über Franz Beckenbauer, der gerade zu New York Cosmos wechselte. Es war die Zeit von Björn Borg und Jimmy Connors, die sich auf dem Rasen in Wimbledon gegenüberstanden.

Der damalige englische Nationalspieler Kevin Keegan saß im hautengen und kanarienvogel-gelben Hemd im Aktuellen Sportstudio und sang »Head over Heels in Love«, womit es der zweimalige Europa-Fußballer des Jahres sogar in die Top-Ten der deutschen Charts schaffte. An diesem Tag hatte ich Dienst und durfte dem HSV-Star die Hand schütteln. Er fragte mich, was ich hier zu tun hätte und welcher mein Lieblingsklub sei. Völlig allürenfrei und unkompliziert plauderte er mit mir. In solchen Momenten merkte ich, dass Sportgrößen ganz normale Menschen sind. Viele Jahre später hatte ich die Gelegenheit, ihn als Teamchef der englischen Nationalmannschaft zu interviewen. Ich fragte ihn, ob er sich noch an den jungen Archivmitarbeiter des ZDF erinnern könne, doch das musste er verneinen.

Über meinen Wochenend-Job im Archiv baute ich Kontakte zur Redaktion auf. Man riet mir zu einem Praktikum, mit dem ich im Herbst 1979 in der Sportredaktion begann. Dort saßen sie alle, die berühmten Reporter und Moderatoren, und diskutierten in Sitzungen über die Themen der nächsten Sendungen. Sie kannten die Stars, gingen teilweise sogar bei ihnen ein und aus. »Ich finde, dass wir eine Geschichte über Heinz Flohe machen müssen«, warf ich irgendwann einfach ein. Gedanken, ob es mir überhaupt zustünde, etwas zu sagen, hatte ich mir keine gemacht. Ich war dabei, hatte eine Idee, auf die meiner Meinung nach bisher keiner gekommen war – also raus damit. Dann erzählte ich, dass Flohe, der mit dem 1. FC Köln immerhin Deutscher Meister geworden und gerade zu 1860 München gewechselt war, nun erstmals gegen seinen Ex-Klub spielen würde. Zu meiner Verwunderung wurde die bis dahin vorgesehene Story gestrichen und durch meinen Vorschlag ersetzt. »Sie werden allerdings verstehen, junger Mann«, sagte der Sportchef, »dass ich Sie nicht einfach alleine einen Film drehen lassen kann. Aber Sie fahren mit und können bei der Geschichte helfen.« Meine erste Dienstreise. Sie führte mich über die Stationen Bamberg (dort fand ein Freundschaftsspiel der Löwen statt) und Euskirchen (Wohnort von Flohe) in das Müngersdorfer Stadion nach Köln. Sicherlich keine Weltreise, aber für einen Praktikanten, der seit fünf Tagen dabei war, schon sehr in Ordnung.

Der eigentliche Autor des Films, Falko Fröhner, ein kreativ verrückter Journalist, gab mir den Auftrag, den Kameramann im Innenraum des Stadions zu betreuen. Fröhner stellte mir den Mann vor: »Das ist der Udo. Mach, was du willst, sei einfach kreativ.«

Ich weiß es noch wie heute: Herbert Neumann und Gerd Strack trafen für den 1. FC Köln, Franz Gerber gelang zwischenzeitlich der Ausgleich. Heinz Flohe spielte bis zur 80. Minute gegen seinen alten Verein, dann wurde er ausgewechselt.

Das Spiel war gerade abgepfiffen, die Kölner jubelten über den 2:1-Sieg, als ich zur Trainerbank ging und mich neben den großen Hennes Weisweiler setzte.

Ich wusste, dass er Flohe in Köln zum Spielmacher gemacht hatte und sie zusammen im Jahr zuvor die Meisterschaft und den DFB-Pokal gewonnen hatten. Warum also sollte ich nicht mit diesem Mann über seinen ehemaligen Schützling sprechen, dachte ich mir. Doch noch ehe ich meinen Mund aufmachen konnte, blaffte mich Weisweiler, der Meistermacher von Gladbach und Köln, an: »Was machst du denn da, Junge? Bist du verrückt, dich hier einfach auf meine Bank zu setzen?«

Ordnungsgemäß stellte ich mich mit meinem Namen vor und erklärte ihm: »Ich bin Praktikant beim ZDF und habe eine Frage.«

»Du kannst dich hier nicht einfach auf die Bank setzen«, wiederholte Weisweiler. »Das ist nicht erlaubt. Bist wohl neu hier.«

Ich wollte schon aufstehen und mich kleinlaut verkrümeln, da packte mich Weisweiler am Ärmel, zog mich wieder auf den Platz neben sich und sagte plötzlich ganz väterlich: »Jetzt ist es auch egal. Jetzt bleibst du hier und stellst mir deine Fragen.«

Ich tat, wie mir befohlen. Ich fragte, er antwortete, der Kameramann filmte.

Nach der Pressekonferenz kam er dann sogar noch einmal zu mir, um mir ausdrücklich zu raten: »Das machste aber nicht noch mal. Das geht nicht.« Ich versprach es und ging stolz zu Falko. Der fiel fast in Ohnmacht, obwohl ihn eigentlich wenig erschüttern konnte. Ein Interview auf der Trainerbank war eine absolute Rarität. Keinem gestandenen Redakteur wäre es in den Sinn gekommen, sich über das Tabu hinwegzusetzen. Ich wusste aber von nichts und steuerte so einen großen Teil zu dem Beitrag bei.

In den Jahren danach hatte ich diverse kleine Jobs in der Redaktion, Rechercheaufträge, kurze, selbst gesprochene Nachrichtenfilme und sogenannte MAZ-Redaktionen (das sind aktuelle Zusammenschnitte von sportlichen Ereignissen).

Mein erster selbst gedrehter Film entstand vier Jahre später. Siggi Rothe, ein Schreiner aus Lünen bei Dortmund, hatte einen Bob Marke Eigenbau konstruiert und damit an den Deutschen Meisterschaften teilgenommen. Während die Top-Teams auch 1983 schon in Windkanälen der Automobilindustrie und auf höchstem Stand der Technik forschten, bastelte er in seiner Garage vor sich hin und kam trotz seiner beschränkten Möglichkeiten zu beachtlichen Ergebnissen. An die genauen Platzierungen kann ich mich nicht erinnern, aber Siggi Rothe war eine Weile lang deutsche Spitzenklasse. An der Europameisterschaft ließ man ihn dennoch nicht teilnehmen, Rothe war mit zweiundvierzig Jahren zu alt. Die Geschichte hatte trotz allem Potenzial, und so durfte ich mit einem erfahrenen Kameramann zur Bobbahn nach Winterberg fahren, um Rothe zu treffen.

»Herr Schmid, das ist mein erster Film. Ich habe keine Ahnung, wie das geht«, sagte ich dem Kameramann und bat: »Der Film muss so überragend werden, dass er einen Platz im Museum bekommt. Dafür brauche ich Ihre Hilfe.«

Die bekam ich. Zum Glück habe ich sehr früh gespürt, was Teamwork bedeutet. Ich verstand, dass Kameramänner ebenfalls Journalisten sind, die ihre Aussagen per Bildsprache treffen, und dass es sich lohnt, sie zu hundert Prozent in die Arbeit einzubinden und mit ihnen an einem Strang zu ziehen. Herr Schmid war dankbar für meine Ehrlichkeit und Bescheidenheit. Immerhin war Fred Schmid früher UFA-Kameramann gewesen und hatte an großen deutschen Spielfilmen mitgewirkt. Er legte sich für unseren Beitrag so sehr ins Zeug, dass wir anschließend in der Redaktion ein großes Lob bekamen.

Allmählich ging es mit meiner Karriere voran. Ich nahm alle Aufgaben an und begann sogar, ein bisschen Geld zu verdienen. Der Tank meines VW Käfers war immer voll. Bald konnte ich von meinem Verdienst leben.

Die erste größere Produktion betraf die Olympischen Spiele 1984 in Los Angeles. Während viele Redakteure in Kalifornien waren, arbeiteten andere, vor allem jüngere, in der sogenannten Heimatredaktion, die gemeinsam mit der ARD in Stuttgart beim damaligen Süddeutschen Rundfunk zu Gast war.

Jeden Tag bekamen wir stundenlange Beiträge aus Amerika geliefert, Rohmaterial wie die Mitschnitte von ganzen Wasserballspielen, von Feldhockey, Gewichtheben oder Pistolenschießen. Diese mussten dann zu kurzen Beiträgen, höchstens sechs Minuten lang, zusammengeschnitten werden, um den Zuschauern in Deutschland die Höhepunkte präsentieren zu können. Natürlich hätte ich auch gerne die Berichte über die ganz Berühmten wie den Schwimmer Michael Groß gemacht, den »Albatros«, der zu zwei olympischen Goldmedaillen flog. Doch waren er oder Stars wie Reiner Klimke, der Reiter, der ebenfalls zweimal Gold holte, mehr als eine Nummer zu groß für mich. Aber ich durfte mich all den anderen Sportarten widmen.

Die ersten journalistischen Gehversuche waren also gemeistert. Aus den Tiefen des Archivs, wo sich Kippenqualm und der Geruch von altem Zeitungspapier vermischten, wo voll gehängte Metallschränke und Regale einen zu erdrücken schienen, hinein in die Redaktionsräume mit den damals hochmodernen Röhrenfernsehern und den ständig klingelnden Telefonen. Vom kleinen Archivdiener zum Praktikanten. Vom Praktikanten zum freien Mitarbeiter. Der dann, mit gerade mal neunundzwanzig, 1986 sogar zur Fußball-Weltmeisterschaft nach Mexiko durfte.

Ein halbes Jahr vor dem Turnier hatte mir Dieter Kürten quasi im Vorbeigehen zugerufen: »Béla, wir wollen dich nach Mexiko mitnehmen.« Im Nachhinein war das der schönste Moment meiner Laufbahn: Weil es eine ganz besondere Auszeichnung war. Damals durften nur Festangestellte vom ZDF zur WM reisen, ich war als einziger freier Mitarbeiter dabei. Noch am gleichen Abend kaufte ich mir eine riesige Landkarte von Mexiko und einen Reiseführer. Stundenlang lag ich zu Hause auf dem Fußboden und machte mich über Land und Leute schlau. Ich konnte es gar nicht erwarten, dass die WM endlich beginnt.

Ganz anders als Birgit, meine Freundin, mit der ich seit Kurzem zusammenwohnte. 1985 hatten Birgit und ich uns kennengelernt. Wir spielten beim gleichen Basketballverein und hatten daher den gleichen Stammgriechen, wo wir abends nach dem Training häufiger mit unseren Mannschaften etwas essen oder trinken gingen. Bei einer dieser Runden lud sie mich, ganz überraschend, zu ihrer Geburtstagsfeier ein. Als ich die Party als letzter Gast verließ, hatten wir uns bereits ineinander verliebt. Und nur kurze Zeit später wurden wir ein Paar.

Als feststand, dass ich für vier Wochen nach Mexiko fahren würde, war sie traurig, so lange von mir getrennt zu sein. Bis dahin waren wir als frisch Verliebte allenfalls mal ein paar Tage nicht zusammen gewesen. Aber über mehrere Wochen und mit Tausenden Kilometern Entfernung zwischen uns, das war für uns beide etwas Neues, Ungewohntes und nicht so ganz einfach auszuhalten. Immerhin gab es damals noch kein Skype, keine Handys und kein Facebook. Wir hatten dann auch tatsächlich nur ganz selten die Möglichkeit zu telefonieren, für wenige Minuten und sehr teuer.

Kurz vor der Abreise kam mir zum Glück eine Idee. Ich schlug Birgit vor, mich nach der WM in Mexiko zu besuchen und mit mir einen dreiwöchigen Urlaub in dem spannenden Land zu verbringen. So beruhigte sich die Situation, und wir hatten etwas, worauf wir uns gemeinsam freuen konnten. Der Urlaub sollte dann sogar, so viel kann ich vorwegnehmen, von einem weiteren wichtigen Moment meines Lebens gekrönt werden: Wir beschlossen zu heiraten.

Passenderweise fand dieser Augenblick auf der »Isla Mujeres«, also der »Insel der Frauen« statt, einem kleinen Paradies zwanzig Fährminuten von Cancún entfernt. Die sieben Kilometer lange und 600 Meter breite Insel ist ein Traum. Mit ihren Überresten alter Maya-Tempel, den weißen Sandstränden und rot, gelb und grün bemalten Häusern wird sie sanft umspült von türkisblauem Wasser.

Wir lagen gemütlich am Strand, genossen die Sonne und ich döste nach den anstrengenden vier Wochen WM-Übertragung im Liegestuhl vor mich hin. In der einen Hand eine kühle Piña Colada, in der anderen die Hand von Birgit. Wir sprachen über uns und darüber, wie unsere gemeinsame Zukunft aussehen könnte. Wir planten Reisen, die wir miteinander erleben wollten. Und irgendwann sagte Birgit: »Eigentlich können wir auch heiraten.«

Ich glaube, dass ich selten in meinem Leben überraschter dreingeschaut habe. Das Glas mit der Piña Colada rutschte mir beinah aus der Hand, so unvorbereitet traf mich Birgits Vorschlag in diesem Moment. Ein paar Augenblicke und einige Gläser später stand der Beschluss aber fest – wir werden heiraten, ohne »eigentlich« oder sonstige Einschränkungen.

»Mir fällt da noch was ein«

Paul ist der Sohn von Béla Réthy. Hier gesteht der Student, wie sein Vater privat wirklich tickt, wonach er süchtig ist und wieso man flüchten sollte, falls er Werkzeug in die Hand nimmt. Zudem verrät Paul, wie der Papa ihn live während des Spiels wissen lässt, dass er an ihn denkt.

Von Paul Réthy

Eine der häufigsten Fragen, die mir in der Schule oder im Sportverein gestellt werden, lautet immer: »Wie ist es eigentlich für dich, deinen Papa im Fernsehen zu hören?« Leider kann ich nichts sonderlich Überraschendes darauf antworten. Ich bekomme keine Panik, ich muss auch nicht den Ton abdrehen, und es ist mir schon gar nicht unangenehm. Ich bin nun einmal damit groß geworden. Für mich ist es nichts anderes als früher, als er mir als Kind die Abenteuer von »Michel aus Lönneberga« vorgelesen hat. Da habe ich genau dieselbe Stimme gehört. Er redet im Fernsehen nicht anders als zu Hause. Er ist nicht lauter, nicht leiser, allenfalls versucht er, einen Tick deutlicher zu reden. Wenn man ganz genau darauf achtet, dann merkt man, dass er im Privatleben etwas mehr nuschelt. Das ist es aber auch schon.

Früher als kleiner Junge fand ich es manchmal schade, dass Papa 180 Tage im Jahr unterwegs war. Als er einmal zu einer Länderspielreise der Deutschen nach Schweden musste (ich war wirklich noch sehr klein) und ich deshalb sehr traurig war, hat er sich zu mir heruntergebeugt, mich angelächelt und gesagt: »Paul, wenn ich beim Spiel die schwedische Königin erwähne, dann denke ich in diesem Moment an dich. Das ist ein heimlicher Gruß an dich, den nur wir beiden verstehen.« Natürlich hat Papa Wort gehalten und mich auf diesem Weg tatsächlich gegrüßt und so strahlen lassen – welches Kind hat das schon!

Er ist wirklich ein guter Vater. Der aber auch ein paar skurrile Geheimnisse hat, die ich hier einmal lüfte.

Er ist eiersüchtig. *Ich kann mich an keinen Morgen erinnern, der bei Papa ohne ein Frühstücksei angefangen hätte. Und mittlerweile kenne ich ihn ja seit über zwanzig Jahren. An die 7000 Eier hat er also bereits verdrückt. Irgendwie gelingt es ihm sogar, dass noch kein Arzt Alarm hat schlagen müssen. Kein Wunder – er regt sich schließlich nur auf, wenn kein Ei auf dem Tisch steht.*

Er ist handwerklich absolut unfähig. *Auch wenn er es nicht wahrhaben will: Er hat zwei linke Hände. Er könnte allein nicht einmal ein Bild aufhängen. Entweder würde der Nagel abbrechen, die Wand in sich zusammenfallen oder er würde sich schwer verletzen. Jedes Werkzeug ist sein Feind. Daran wird sich auch nie mehr etwas ändern. Auch beim Versuch, einen neuen Drucker zu installieren, ist ein Scheitern garantiert. Papa weigert sich, die Gebrauchsanweisung zu lesen. Er glaubt, dass er es auch so hinbekommt, was natürlich nicht funktioniert. Dann kämpft er gegen seinen Stolz, die Tücken der Technik und seine Ungeduld – und verliert.*

Er ist der Erfinder des Chaos. *Außer ihm kann niemand seine Schrift lesen. Außer ihm findet niemand etwas auf seinem Schreibtisch. Außer ihm steigt niemand durch seine Ordnung durch. Aber immerhin beherrscht er sein Chaos.*

Und noch zwei Details: Er liebt »Wer wird Millionär« und kann sich furchtbar über ahnungslose Kandidaten echauffieren. Als Informationsjunkie würde er, da bin ich mir sicher, sehr weit kommen und einen richtig hohen Betrag gewinnen. Der Mann weiß alles. Und er isst furchtbar gerne Chips, natürlich die ungarischen. Ja, klingt nach einem furchtbaren Klischee wegen seiner Herkunft.

Aber keine Sorge, er hat keinen Vertrag mit denen. Er kauft die Tüten ganz regulär und futtert sie dann tonnenweise. Langsam sieht man es. Sorry, Papa, das konnte ich mir hier nicht verkneifen.

Kapitel 3
Mein Neun-Minuten-Finale

Bevor Birgit mir in Mexiko den Heiratsvorschlag machen konnte, musste ich allerdings erst einmal ein wenig arbeiten. Und zwar in Guadalajara, einer 1,5-Millionen-Einwohner-Metropole, 500 Kilometer nordwestlich von Mexiko-Stadt gelegen. Ich war als Redakteur von Rolf Kramer dort sowie als Filmemacher, der Beiträge machen durfte über die Polen, Marokkaner, Franzosen, Nordiren, Spanier und all die Mannschaften, die im Laufe des Turniers in Guadalajara Station machten. Aber vor allem über meine Brasilianer, die dort ihr festes Quartier hatten.

Es war meine erste Berührung mit der brasilianischen Nationalmannschaft überhaupt. Von meiner Zeit in Brasilien her kannte ich die Stars natürlich nur aus der Zeitung und dem Fernsehen.

Ich erfuhr von Kollegen, dass die Seleção in der heimischen Presse sehr kritisch gesehen wurde. Es sei die »schlechteste Mannschaft, die je zu einer Weltmeisterschaft geschickt wurde«, wetterten die nationalen Medienvertreter. Selbst Pelé bot sich an, seinem Land aus der Misere zu helfen und noch einmal das Nationaltrikot anzuziehen, obwohl er bereits sechsundvierzig Jahre alt war und seit acht Jahren nicht mehr Fußball gespielt hatte. »Für eine Hälfte reicht die Luft noch«, sagte er und meinte dieses Angebot durchaus ernst. Trotz der düsteren Prognosen sahen die Londoner Buchmacher Brasilien als Favoriten vor den Argentiniern. Ich selbst machte mir darüber wenig Gedanken. Es war meine erste WM, und ich hatte mit den brasilianischen Fußballstars zu tun. Ich schaute ihnen beim Training zu, unterhielt mich mit ihnen, führte Interviews.

Zu jener Zeit gab es kaum Zugangsbeschränkungen, wie sie längst die Regel sind. Wir Journalisten konnten, wenn wir wollten, in den gleichen Hotels wohnen wie die Spieler. Wir konnten sie, ohne dass Pressesprecher sie beschützten und abschirmten, einfach ansprechen. Das tat ich auch.

»Hey, Sócrates«, rief ich nach einer Trainingseinheit einem der wohl außergewöhnlichsten Fußballer Brasiliens zu. »Ich arbeite beim deutschen Fernsehen, bin aber in São Paulo groß geworden. Können wir reden?« Sofort blieb er stehen, stellte sogar mir ein paar Fragen, zum Beispiel was mich von Brasilien nach Deutschland verschlagen hätte.

Für mich ist Sócrates einer der brillantesten Spieler in der Geschichte der Seleção. 63 Spiele hat er im Trikot der Nationalmannschaft bestritten und dabei 25 Tore erzielt. Seinen Vornamen hatte sein Vater ausgewählt, nachdem er »Die Republik« von Platon gelesen hatte. Mit der Namenswahl wollte er seiner Vorliebe zur Weltliteratur Ausdruck verleihen, verriet Sócrates einmal. Neben seiner Profikarriere absolvierte er ein Medizinstudium mit Schwerpunkt auf Kinderheilkunde, das er auch abschloss. Sócrates hatte darauf bestanden, sich eine Klausel in den Vertrag schreiben zu lassen, die ihm die entsprechenden Freiräume für sein Studium gewährte. Er war anders als andere Fußballer. Zusammen mit Zico, Falcão und Toninho Cerezo bildete Sócrates das magische Mittelfeld-Quartett in einer Mannschaft, die ebenso wie die 1970er-Weltmeistermannschaft um Pelé nach wie vor als beste Seleção gilt, und das, obwohl Sócrates mit ihr nie einen Titel gewinnen konnte. »Mit unserer Art Fußball zu spielen, konnten wir die Menschen auf der ganzen Welt begeistern«, antwortete er gebetsmühlenartig auf die Frage, ob es ernüchternd sei, keinen Titel gewonnen zu haben. »Fragen Sie doch einmal, woran sich die Menschen weltweit erinnern, wenn sie an die WM 1982 denken. Sie werden sagen: Brasilien! Kein Mensch spricht heute noch von dem Finale zwischen Italien und Deutschland. Gewinnen und Erfolg sind für viele Menschen das Einzige, was zählt. Wozu braucht man Titel? Für den Lebenslauf? Den kannst du dir dann in die Tasche stecken, zusammenfalten oder zerreißen. Aber es gibt diese und jene Werte. Ich meine: Jede Sekunde in meinem Leben muss die beste sein, und die nächste muss die vorangegangene übertreffen. Was wirklich zählt, ist glücklich zu sein.«

Es war mein erstes Treffen mit Sócrates, dem noch einige weitere folgen sollten. Drei Jahre später etwa, Brasilien befand sich zur Vorbereitung auf die WM 1990 in Teresópolis bei Rio, begegnete ich ihm wieder. Als ich zum Platz kam, scheuchte der brasilianische Konditionstrainer seine Stars gerade über den Rasen. Alle quälten sich bei Steigerungsläufen, nur einer nicht, Sócrates. Er stand im Schatten, gemütlich an ein Geländer gelehnt und trank Dosenbier während des Trainings. »Es wäre ganz gut«, rief der Konditionstrainer zu dem eigenwilligen Star hinüber, »wenn du auch ein bisschen beim Athletiktraining mitmachen würdest.« Es kam einer Bitte gleich, denn niemand, erst recht kein Konditionstrainer, traute sich, Sócrates Anweisungen oder Befehle zu erteilen. »Ich weiß, dass es gut wäre«, rief er gelassen zurück. »Aber ich bin kein Athlet. Ich bin ein Künstler.« Dann trank er den nächsten Schluck.

Nach dem Abschlussspiel und ein paar Flankenübungen, bei denen er wieder dabei war, schlenderte Sócrates an den Journalisten vorbei und fragte in die Runde, wer Schach spielen könne. Ich meldete mich, und so saßen wir lange zusammen, rauchten gemeinsam und duellierten uns mit Turm und König. Noch Jahre später konnte sich Sócrates daran erinnern. Meinen Namen hatte er zwar vergessen, dafür sprach er immer vom »blonden Jungen mit der Hornbrille«.

Im Oktober 2011 besuchte ich ihn ein weiteres Mal zu einem langen Interview. Zu der Zeit stand es bereits schlecht um ihn. Seit seinem 13. Lebensjahr hatte er geraucht, er wurde später auch Alkoholiker. Gerade war er nach Behandlung einer

Magenblutung und einer Leberzirrhose aus dem Krankenhaus entlassen worden. Wir saßen uns gegenüber. Doch trotz seiner 1,92 Meter Größe wirkte er schwach. Wir sprachen über früher, unser Schachspiel, die momentane Situation der brasilianischen Nationalmannschaft und über Politik. Wir sprachen über Thomas Müller, den er bewunderte. Und über das Leben und den Tod, von dem Sócrates glaubte, ihm noch lange entkommen zu können. Es war ein bewegendes Gespräch, weil ich die Erschöpfung vor allem in seinen Augen gesehen habe. Er hatte den Glauben an sein Leben, was angesichts meiner Eindrücke sehr optimistisch wirkte.

Am 4. Dezember 2011 verstarb Sócrates an den Folgen einer Sepsis, verursacht durch einen Darminfekt. Ich war der letzte Europäer, der ihn interviewte. Wochen nach seinem Tod erhielt ich einen langen Brief von seiner Frau. »Das Porträt, das Sie über ihn angefertigt haben, bekommt einen Ehrenplatz. Es hilft mir, den Verlust besser zu akzeptieren. Es macht mich sehr stolz, wie mein Mann auch im Ausland verehrt wurde.«

Die Begegnungen mit Sócrates gehören zu den Höhepunkten meiner bisherigen Karriere. Ebenso wie die mit Nelson Mandela, dem ersten schwarzen Präsidenten Südafrikas, dem ich 1995 bei einer Länderspielreise in Johannesburg die Hand schütteln durfte. »Willkommen in einem freien, demokratischen Südafrika«, verkündete er stolz. Kurz zuvor hatte ich sein Buch »Der lange Weg zur Freiheit« gelesen.

Auch ein Treffen mit einem mir zunächst Unbekannten in Schottland werde ich nie vergessen. Drei Stunden haben wir zusammen an einer Bar in Glasgow gesessen und geplaudert und getrunken. Irgendwann setzte er sich ans Klavier und spielte. »Du bist Rod Stewart«, sagte ich zu ihm, nachdem wir zuvor lang und breit Diskussionen über die Elfmeterkünste der Engländer geführt hatten, ohne dass er sich richtig bei mir vorgestellt hatte. Er antwortete bloß: »Ich habe nie gesagt, dass ich es nicht bin.«

Aber zurück nach Mexiko 1986. Ich drehte Filme und Porträts über ausländische Stars und recherchierte für Rolf Kramer, damit er im Stadion gut präpariert war. Bei den Spielen saß ich neben ihm, ich war seine rechte Hand. Wenn er Hilfe brauchte, eine schnelle Information, eine Beobachtung, die Taktik betreffend, war ich zur Stelle.

Damals, Jahrzehnte vor dem Internet, musste man sich jede einzelne Information noch selbst zusammensuchen. Ich war Rechercheur und musste Rolf Kramer mit so vielen Informationen wie möglich versorgen. Auch heute noch findet gute Recherche keineswegs vor dem Rechner statt. Es reicht nicht, den Namen eines Spielers in die Suchmaske einzugeben. Natürlich bekommt man auf diese Weise heutzutage tatsächlich viele Informationen, aber das Netz hat auch sehr viel Müll parat. Plötzlich sind verheiratete Familienväter schwul. Absurdeste Transfergerüchte werden in Umlauf gebracht und ungeprüft für bare Münze genommen. Behauptungen werden voneinander abgeschrieben, obwohl es keinerlei Beweise gibt. Und alle Fehlmeldungen multiplizieren sich durch Tweets und Retweets zu einem gewaltigen Nonsens.

Heute geht es in Zeiten des Instant-Journalismus oft nur noch darum, Informationen so schnell wie irgend möglich in Umlauf zu bringen. Die Vielzahl der Internetportale führt zu einer unerbittlichen Hetze, immer heißt es schnell, schnell. Wer als Erstes mit einer Meldung auf dem Markt ist, hat gewonnen. Der Tiefgang und immer häufiger auch die Wahrheit bleiben dabei auf der Strecke. Zumindest bei einigen Medien wird nicht mehr sorgfältig recherchiert. Kaum jemand hat noch die Zeit, ausführliche Hintergrundgespräche zu führen oder Fakten noch bei einer zweiten oder dritten Quelle zu kontrollieren.

Der Konsument hat es heute schwer. Er bekommt Informationen einfach und schnell, aber unreflektiert und vor allem nur noch oberflächlich. Mit dem Sterben der Zeitungen geht auch die Zeit verloren, die man sich nehmen sollte, um sich mit Fakten auseinanderzusetzen. In der virtuellen Welt verbreiten sich Falschmeldungen binnen Sekunden. Eine gefährliche Entwicklung, die mir nicht gefällt. Ich habe das Recherchieren noch von der Pike auf gelernt. Nichts ersetzt den persönlichen Kontakt.

1986 in Guadalajara, sozusagen in der Internet-Steinzeit, haben mir Redakteure von kleineren Radiostationen, speziell aus Porto Alegre und Florianópolis, geholfen, die einen engen Draht zur Mannschaft hatten. Sie wussten, was im Team los war. Ein paar gemeinsame Margaritas am Tresen, und schon war man auf dem aktuellsten Stand.

Als Gegenleistung sprang ich ab und zu bei meinen Informanten als Experte ein. Viele kleine Hörfunksender hatten damals keine Lizenz, um live aus dem Stadion zu senden. Sie waren zwar bei jeder Trainingseinheit dabei, und ihre Redakteure stellten Fragen auf allen Pressekonferenzen. Aber da, wo sich der wichtigste Teil der WM abspielte, war es ihnen untersagt, vor Ort zu sein. Und was machten die cleveren Reporter? Sie legten sich in Badehose und mit freiem Oberkörper aufs Bett in ihrem Hotelzimmer, schlürften brasilianischen Mate-Tee und kommentierten das Spiel vom Fernseher aus. Einer sprach, der andere mischte Stadionatmosphäre, die zuvor per Kassettenrekorder aufgenommen worden war, dazu. Der perfekte Betrug. Dazwischen saß ich, der den brasilianischen Hörern erzählte, wer dieser Hans-Peter Briegel oder Karl-Heinz Rummenigge war. Manchmal konnte ich auch für brasilianische Fernsehanstalten vor der Kamera stehen und kurze Einschätzungen über die deutsche Mannschaft abgeben und sagen, wie man in Deutschland die Brasilianer beurteile. Dabei sah mich einmal meine Tante und rief meine Eltern an: »Euer Sohn gibt gerade Interviews im Fernsehen. Der könnte sich auch mal wieder rasieren.«

Doch ich blieb unrasiert. Dafür war keine Zeit. Ich wollte mit außergewöhnlichen Geschichten auffallen und mich auf diese Weise in der Redaktion unentbehrlich machen. Eines Tages bekam ich den Auftrag, eine Story über Marokko zu machen. Das Team hatte überraschend das Achtelfinale erreicht und traf dort auf Deutschland.

Die Mannschaft wohnte im gleichen Hotel in Guadalajara wie ich. Also traf ich mich mit dem Pressesprecher, um mich mit ihm über Interviews und Drehmöglichkeiten auszutauschen. Der freute sich über unser Interesse und erzählte mir stolz, gerade eben habe der König angerufen, um dem Team zu seiner außergewöhnlichen Leistung in Mexiko zu gratulieren. Sofort sah ich den Einstieg in das Mannschaftsporträt vor mir. Also fragte ich den Pressesprecher ganz naiv: »Können Sie nicht beim König anrufen und ihn bitten, noch einmal der Mannschaft zu gratulieren? Ich würde das Ganze gerne filmen.« Zu meiner Überraschung hatte der Mann tatsächlich einen so guten Draht ins Königshaus, dass König Hassan wenig später wieder am Telefon war und seine Gratulation an das Team, das noch einmal eingepfercht in der Telefonzentrale des Hotels versammelt war, wiederholte. Der Film fand Gefallen in der Redaktion. Es war ein origineller Ansatz, eine Geschichte mit dem Anruf eines Königs zu beginnen. Auch wenn es der letzte Anruf des Königs gewesen sein dürfte, denn Marokko verlor 0:1 gegen Deutschland und flog aus dem Turnier.

Meistens beschäftigte ich mich auftragsgemäß mit Brasilien. Die Mannschaft war behäbig ins Turnier gekommen, zog aber mit drei Siegen über Spanien, Algerien und Nordirland ins Achtelfinale ein, wo Polen 4:0 geschlagen wurde. Was dann folgte, war das beste WM-Spiel aller Zeiten. Wieder saß ich neben Rolf Kramer im Estadio Jalisco in Guadalajara.

Brasilien traf auf Europameister Frankreich mit seinem magischen Viereck, wie es die Franzosen nannten, den »Fab Four« mit Luis Fernández, Jean Tigana, Alain Giresse und Michel Platini. »Wir waren die Brasilianer Europas«, sagte Giresse einmal. Die Brasilianer gingen durch Careca in Führung, doch Platini glich aus. Es gab Chancen im Minutentakt, aber es wollten keine weiteren Tore fallen. Dann lief sich Zico, der Mann, auf den ganz Brasilien gewartet hatte, an der Seitenlinie warm.

Ich hatte mich am Tag vorher noch mit ihm im medizinischen Behandlungszimmer unterhalten. Aus heutiger Sicht ist es phänomenal, was damals alles möglich war. Niemand hielt einen auf. Ich stellte mich als Reporter des deutschen Fernsehens vor und freute mich zunächst über Zicos Lob für meine Portugiesischkenntnisse. Wie schon bei Sócrates erzählte ich ihm kurz meine Herkunft. »Wenn du aus São Paulo kommst, hast du mit meinem Klub Flamengo bestimmt nichts zu tun«, sagte er. Ich überlegte kurz, ob ich bei der Wahrheit bleiben sollte, gestand dann aber unverblümt, eher Anhänger von Palmeiras zu sein. Zico lachte und antwortete: »Du weißt doch, wir in Rio sind sehr tolerant.«

Er war sichtbar angeschlagen, wurde von zwei Physiotherapeuten behandelt und befürchtete, am nächsten Tag nicht von Beginn an spielen zu können.

Im Jalisco-Stadion forderten die brasilianischen Fans immer wieder seine Einwechslung. In der 71. Minute kam er ins Spiel. Mit seinem ersten Ballkontakt, einem Traumpass aus der eigenen Hälfte, schickte er Branco steil in Richtung Tor der Franzosen, wo der brasilianische Verteidiger vom herauseilenden Schlussmann Bats gefoult wurde. Elfmeter für Brasilien! Eine Angelegenheit für Zico. Doch statt zum Held einer Nation zu werden, verschoss er.

Die Zeit verstrich, auch in der Verlängerung fielen keine weiteren Tore, sodass die Entscheidung im Elfmeterschießen gesucht werden musste. Dieses Mal traf Zico, doch nach Fehlschüssen von Sócrates und Júlio César hieß es am Ende 5:4 für Frankreich, das später im Halbfinale Deutschland unterlag.

Als ich das Stadion verließ, sah ich auf einer Wiese einen brasilianischen Radioreporter, der live von dem bitteren Ausscheiden im Viertelfinale berichten sollte. Er war bereits auf Sendung, schilderte das Erlebte, musste allerdings immer wieder abbrechen, weil ihm die Tränen in die Augen schossen. Er fing an, spürte den Kloß in seinem Hals, konnte ihn nicht herunterschlucken und schluchzte und weinte vor seinem Mikrofon. Eineinhalb Minuten ging das so. Ich ließ unseren Kameramann Kurt Drews draufhalten und zeigte die Szene später ungekürzt im ZDF.

Meine Brasilianer raus, meine Deutschen im Finale. Und da ging es gegen niemand anderen als Argentinien, eine an sich mittelmäßige Mannschaft, der im Vorfeld, wie den Brasilianern auch, niemand im eigenen Land etwas zugetraut hatte. »Die Leute haben uns verhöhnt und sich über uns lustig gemacht«, gestand Héctor Enrique, einer ihrer Stars, hinterher. Da selbst die Sponsoren nicht an ihre Nationalmannschaft glaubten, gab es kaum Ausrüstung; Enrique musste sich bei Testspielen im Vorfeld der WM Schuhe seines Mitspielers Giusti leihen.

Nur Trainer Carlos Bilardo war überzeugt, dass seine Mannschaft Großes leisten könne. Bereits vierzig Tage vor Turnierbeginn bezog er in Mexiko-Stadt Quartier auf dem Vereinsgelände des »Club América«. »Wir reisen als die Ersten an«, sagte er, »und kehren auch als die Letzten wieder nach Hause zurück.« Bilardo wollte, dass sich seine Spieler an den Smog in der 20-Millionen-Einwohner-Stadt gewöhnten. Und er hatte einen Maradona im Team, der diese Weltmeisterschaft prägte wie nie wieder ein Spieler vor oder nach ihm ein solches Turnier.

»Ohne Maradona wären wir schon im Viertelfinale rausgeflogen«, sagte Enrique. Doch gegen die Engländer half Maradona zuerst mit seiner sogenannten »Hand Gottes«, seinem irregulären Tor mit der Hand zum 1:0, und anschließend mit einem Solo, bei dem er wie ein unbändiger Tänzer sechs Gegner umkurvte und am Schluss auch noch Englands Torhüter Shilton. Das Halbfinale gegen Belgien war ebenfalls eine Maradona-Show. Er erzielte beide Tore.

Und nun also das Finale, Deutschland gegen Maradona, 29. Juni 1986. 114600 Zuschauer im Azteken-Stadion. Senkrecht knallte die Sonne vom Himmel, kein Körper warf einen Schatten. 50 Grad auf dem Rasen. Karl-Heinz Rummenigge, der deutsche Kapitän, versuchte, so schien es mir von der Tribüne aus, Maradona bei der Begrüßung am Mittelkreis die Hand zu zerquetschen. Einschüchterungsversuche wie vor einem Boxkampf. 12 Uhr. Alle waren bereit. Auch Rolf Kramer saß auf seinem Platz – endlich und nahezu in letzter Sekunde. Denn fast hätte ich für ihn einspringen und das erste Mal live kommentieren müssen.

Früher war es so üblich, dass der Live-Kommentator im Rahmen der Vorberichterstattung noch im Studio sitzt und mit dem Moderator der Sendung und dem Experten über das bevorstehende Spiel spricht. Kramer sprach also über die Elf von Teamchef Franz Beckenbauer, welche letzten Eindrücke er beim Training gesammelt hatte und worauf die Mannschaft insbesondere bei den Argentiniern achten müsse. Wir waren am Vortag extra den Weg vom Studio, das in einiger Entfernung zum Reporterplatz lag, abgegangen, um die Zeit zu stoppen, die Rolf brauchen würde. Wir wollten kein Risiko eingehen. Undenkbar, er hätte sich verlaufen. Er hatte sich perfekt auf den großen Finaltag vorbereitet – nur eines hatte er nicht bedacht: die Menschenmassen, die sich in den Gängen und Katakomben des riesigen Stadions befanden. Mehr als 100 000 Menschen, die zu ihren Plätzen drängten. Sie sangen, feierten und tanzten.

25 Minuten vor Beginn der Übertragung rief Oskar Wark, der damalige Programmchef des ZDF, an unserem Platz an. Als Reporter war es auch immer meine Aufgabe, vor Übertragungsbeginn einen Technik-Check zu machen. Daher war ich früher dort und konnte das Telefongespräch entgegennehmen.

»Ich kann dir Rolf nicht geben. Er ist nicht da«, sagte ich wahrheitsgemäß und fing mir sofort einen Rüffel von Wark ein.

»Ich habe weder Lust noch Zeit für deine albernen Späße. Jetzt gib mich schon weiter«, pfiff er mich an.

»Ich mache keine Scherze. Rolf ist nicht da. Ihr werdet euch darauf einstellen müssen, die Sendung mit einem Ersatzkommentator vom Fernseher aus zu machen.«

Niemand wusste genau, warum Rolf Kramer noch nicht wieder bei mir aufgetaucht war, Handys gab es ja noch nicht. So kurz vor Übertragungsbeginn waren wir daher gezwungen, uns einen Plan B ohne Rolf Kramer zu überlegen. Normalerweise hätte der einen Ersatzkommentator vorgesehen, der immer in der Sendezentrale in Deutschland bereitstand. Doch Oskar Wark wollte beim wichtigsten Spiel des Jahres, dem das ganze Land entgegenfieberte, niemanden, der fernab des Geschehens vor einem Fernseher saß und kommentierte.

»Béla, es wird keinen Reservekommentator geben«, sagte Wark nach kurzer Bedenkzeit. »Es wird jemand aus dem Stadion kommentieren. Und wenn Rolf nicht erscheint, fängst du an!«

Ich konnte nicht glauben, was ich da hörte. »Oskar, ich habe noch nie ein Fußballspiel live kommentiert«, erklärte ich ihm. Achtminütige Berichte aus der zweiten Bundesliga über Meppen und Wattenscheid waren bis dato das Größte für mich gewesen.

Doch Wark interessierte das nicht. »Dann wird es höchste Zeit«, sagte er nur. Sein Beschluss stand fest.

Inzwischen waren es nur noch vierzehn Minuten, und ich dachte: »Das kann die Chance deines Lebens sein. Oder das Versagen deines Lebens.« Mehr ließ ich aber nicht an mich ran. Ich ging noch mal die Infomappen durch und überlegte mir, wie mein erster Satz lauten könnte. Dann sah ich Rolf auf mich zuhetzen. Mit seinen langen Beinen stieg er die Treppen empor, kletterte über Kollegen, die bereits auf Sendung waren. »Dann kann es ja losgehen«, sagte ich zu ihm, während ich ihm lächelnd seine Kopfhörer überreichte. Rolf Kramer setzte sich seelenruhig hin, als wenn nichts geschehen wäre, und begann: »Guten Tag. Willkommen im Azteken-Stadion aus Mexiko.« Ich war heilfroh, dass er doch noch gekommen war. Es war sein Spiel, und ich trug wie vorgesehen meinen Teil dazu bei. Die Sache wäre für mich wahrscheinlich noch eine Nummer zu groß gewesen.

Nach einundzwanzig Minuten segelte Toni Schumacher unter einer Flanke durch, die José Luis Brown eiskalt per Kopf verwandelte. Viel später nannte Schumacher diesen Patzer einmal den »Fehler seines Lebens«, der den frühen Rückstand für Deutschland bedeutete. In der 55. Minute bauten die Argentinier durch Jorge Valdano ihre Führung aus. Doch dann kam Deutschland noch einmal zurück. Ecke Andreas Brehme, Kopfballverlängerung Rudi Völler, und dann steht da Karl-Heinz Rummenigge, der den Ball über die Linie grätscht. Auch beim 2:2 ist es Brehme, der eine Ecke in den Strafraum schlägt, in die Völler seine damals noch nicht ergrauten Locken wirft und den Ausgleich erzielt. »Ist das denn die Möglichkeit«, platzte es aus Rolf heraus, der eher ein ruhiger Kommentator war und sich stets zurückhielt. »Sie schlagen sie da, wo sie unschlagbar schienen.«

Doch die Euphorie hielt nur drei Minuten. Dann kam Maradona. Für einen winzigen Moment ließ Lothar Matthäus das argentinische Wiesel aus den Augen. Maradona drehte sich und spielte aus dem Fußgelenk einen schier unglaublichen Pass auf Jorge Burruchaga. Nur ein Schritt von Karl-Heinz Förster und Hans-Peter Briegel, und der Argentinier hätte im Abseits gestanden. So aber hatte er freie Bahn zum Tor, das vielleicht noch 35 Meter von ihm entfernt war. Bis sich Briegel gedreht hatte, hatte Burruchaga schon zehn Meter Vorsprung. Briegel, ein gelernter Leichtathlet, sprintete los, fest den Ball im Blick. Er verfolgte Burruchaga mit seinen heruntergelassenen Stutzen. Riesenschritte, mit denen er näher kam. Aber ob es reichte? Ich bekam trotz der großen Hitze Gänsehaut. Rolf Kramer blieb wie immer entspannt. An der Strafraumgrenze hatte der Argentinier noch immer einen Meter Vorsprung. Briegel grätschte, Burruchaga schoss. »Toni, Toni, halt den Ball«, rief Rolf Kramer in ruhiger Tonlage neben mir. Pause. Dann hörte ich ihn sagen: »Nein! ER HÄLT IHN NICHT!« Anschließend sagte er nichts. 3:2 für Argentinien. »Ich würde am liebsten sterben«, sagte Andreas Brehme hinterher in der Kabine. Die Deutschen am Boden, ich auch. Man musste aber als fairer Journalist zugeben, dass dieser Diego Armando Maradona einfach phänomenal war. Trotz meiner brasilianischen Vergangenheit war ich nahe dran, ihn über Pelé zu stellen. Die Leistung des fast unsportlich wirkenden, leicht übergewichtigen Linksfußes war bei dieser WM einfach außerirdisch.

Fortan gab es Maradona-Pizzen, und gewiefte Geschäftsleute boten einen Maradona-Ölwechsel an. In Rosario wurde eine Kirche errichtet, um ihm zu huldigen, die Inglesia Maradoniana.

Der Maradona-Hype hielt über viele Jahre an. 1987 begab auch ich mich auf Spurensuche, fuhr mit einem Kamerateam durch Neapel, das mit Maradona unmittelbar vor dem Gewinn der italienischen Meisterschaft stand. Wir drehten in Kneipen, auf der Straße und vor dem Stadion, um den Personenkult, der um ihn herrschte, für die deutschen Zuschauer einzufangen. Tatsächlich war Maradona allgegenwärtig. Nur zu sprechen war er nicht. Er wurde abgeschirmt wie kein anderer zuvor, ein direkter Kontakt schien unmöglich. Aber ich wollte etwas Besonderes in meinem Film, fragte also Taxifahrer, ob sie seine Adresse kannten. Tatsächlich zahlte sich die Hartnäckigkeit aus, und ich erfuhr, wo der prominenteste Bürger der Stadt wohnte.

Als wir vor seinem Wohnhaus, das relativ frei zugänglich war, standen, fuhr gerade ein Lieferwagen vor das Gebäude. Das elektrische Tor öffnete sich und das Auto fuhr hinein. Maradona ließ sich Lebensmittel nach Hause liefern. Er ging nicht einkaufen, sondern hatte jemanden, der ihn vom Gang in den Supermarkt befreite. Schnell bauten wir unsere Kamera auf. Und dann erschien Maradona auf dem Balkon. Er winkte dem Lieferanten, rief ihm etwas zu und verschwand wieder. Ein Hauch von Privatleben des Weltstars, und wir hatten es eingefangen. Als die Türen sich wieder öffneten und der Lieferwagen entschwinden wollte, stoppte ich den Fahrer und bat ihn, noch einmal um die Ecke zu fahren und seine Ankunft von vorhin, als unsere Kamera noch nicht bereit war, nachzustellen. Er zierte sich, doch als ich ihm für seine Mühen zehn 1000-Lire-Scheine, also umgerechnet fünf Euro, in die Hand drückte, konnte er nicht widerstehen.

Leider habe ich nie ein Interview mit Maradona geführt. Ich stand neben ihm im Aufzug, habe seinen Zigarrendampf aus nächster Nähe eingeatmet. Aber ein richtiges Gespräch hat es zu meinem Bedauern nie gegeben. 1986 war er mein Held, auch Jahre später habe ich ihn noch für seine fußballerischen Fähigkeiten bewundert. Erst mit der Weltmeisterschaft 2010, da hatte Maradona allerdings schon einige Entziehungskuren und Drogenexzesse hinter sich, hatte er bei mir verloren.

In Südafrika sollte er Argentinien als Trainer zum Erfolg führen. Im Nachhinein muss man wohl sagen, dass Argentinien eine WM spielen musste, ohne einen Trainer gehabt zu haben. Er hat sich aufgeführt wie ein großes Kind. Großspurig, arrogant, narzisstisch. Er hat sich selbst zur Schau gestellt, anstatt eine Mannschaft zu formen, taktische Dinge einzustudieren und sie auf ein gemeinsames Ziel einzuschwören. Ganz zu Anfang mögen die Argentinier für ihren Maradona, den einstigen Volkshelden, gespielt haben, so wie es bei der WM 1990 bei den Deutschen war. Da sind die Spieler auch für ihren Franz Beckenbauer durchs Feuer gegangen. Sie haben sich für ihn zerrissen, geopfert, sie wollten ihm beweisen, was in ihnen steckt. Aber sie haben einen Beckenbauer erlebt, der authentisch war und das gleiche Ziel hatte wie seine Spieler – er wollte den gemeinsamen Erfolg. Maradona wollte vor allem an seiner Legende stricken. Das Einzige, was er als Trainer (wobei mir die Bezeichnung in diesem Fall wirklich widerstrebt) anzubieten hatte, waren Emotionen. Ein Konzept war selbst mit der größten Lupe nicht zu erkennen.

Als Maradona den Job als Nationaltrainer annahm, verkündete er: »Wir müssen wieder zeigen: Hier kommt nicht irgendeine Elf dahergelaufen.« Große Worte, denen keine Taten folgten. Argentinien qualifizierte sich überhaupt nur mit Ach und Krach für die WM. Maradona probierte in der Zeit mehr als hundert Spieler aus. Er nominierte sie wahllos für die Nationalmannschaft. Selbst Akteure, die sich gerade nach Operationen im Krankenhaus erholten, berief er versehentlich ins Aufgebot. In keinem Moment gelang es Maradona, ein Stück seiner Genialität, die er als Fußballer gehabt hatte, auf sein Team zu übertragen. Nur seine öffentlichen Auftritte waren immer ein Spektakel. Er beleidigte seine Kritiker nach der erfolgreichen WM-Qualifikation so sehr, dass er gesperrt wurde. Immerhin nur verbale Salven, schließlich hatte Maradona auch schon solche Aussetzer gehabt, dass er mit einem Luftgewehr auf Journalisten schoss. Genie und Wahnsinn liegen bekanntlich nah beieinander. Bei Maradona verdrängte der Wahnsinn die einstige Genialität. Er war einmal ein Weltstar.

Fast wäre Deutschland 1986 Weltmeister geworden. Drei Minuten lang sah es damals gut aus. Fast wäre ich wegen des zwischenzeitlichen Verschwindens von Rolf Kramer zu meinem ersten Live-Kommentar gekommen. Neun Minuten sah es danach aus. Während die deutsche Fußballnationalmannschaft vier Jahre warten musste, bis der Titel Wirklichkeit wurde, dauerte es bei mir noch sechs Jahre, bis es zu meinem ersten Auftritt als Live-Reporter kam. Bis dahin galt es, zunächst andere harte Lektionen eines Journalistenlebens zu lernen.

Kapitel 4
Zwischen Lügnern und Drogenbaronen

1988 war ich erstmals bei Olympischen Spielen vor Ort dabei: in Seoul. Ich war fasziniert von dem Trubel, dem Spektakel und dem ganzen Drumherum. Und es waren die ersten beruflichen Erfahrungen mit einem großen Problem im Sport: Doping. Damals stand der mögliche Betrug noch nicht so im öffentlichen Bewusstsein, inzwischen radelt, schwimmt und läuft der Generalverdacht längst mit.

Meine Vorfreude auf das 100-Meter-Finale der Läufer war riesig. Auf Bahn sechs startete Ben Johnson, auf Bahn drei sein größter Rivale, Carl Lewis. Die Schnellsten der Schnellen beim wichtigsten Lauf des Jahres. Nach 9,79 Sekunden flog Johnson ins Ziel – Olympiasieg mit Weltrekord. Eine Fabelzeit, von der der kanadische Sieger behauptete: »Dieser Rekord hält fünfzig Jahre, vielleicht hundert. Eine Goldmedaille können sie dir nicht wegnehmen.«

Wir alle im Stadion fragten uns, über welche unglaublichen Kräfte dieser Mann verfügt. Es schien, als werde Johnson mit der donnernden Wucht von Maschinen angetrieben, so gewaltig wurde er ins Ziel katapultiert. Johnson war bereits Weltrekordhalter, bei der Weltmeisterschaft 1987 in Rom war er die 100 Meter in 9,83 Sekunden gelaufen. Nun unterbot er vor den Augen von Whitney Houston, die den Olympiasong »One moment in time« gesungen hatte, seine eigene Bestmarke. Die Bilder des strahlenden Siegers bei diesem Jahrhundertfinale gingen um die Welt. Kanadas Premierminister dankte dem aus Jamaika zugewanderten Johnson für den »großen Auftritt« und die Goldmedaille.

Auf den Fluren des internationalen TV-Pressezentrums war dieser Endlauf *das* Thema bei den Journalisten. Ich befand mich gerade auf dem Weg zurück in unser Hotel, als eine Meldung sich wie ein Lauffeuer verbreitete: »Ben Johnson gedopt.« Sofort wurde eine Redaktionskonferenz einberufen, das laufende Programm wurde für die Eilmeldung unterbrochen. Anschließend begannen tiefergehende Diskussionen: Wie sollen wir generell mit diesem Thema umgehen? Wird das der einzige Fall bleiben? Wie sollen sich die Live-Reporter in Zukunft verhalten? Kann man Sieger noch voller Euphorie feiern? Natürlich darf man nicht von vornherein möglichen Betrug unterstellen. Eine Gratwanderung, die uns bis zum heutigen Tag beschäftigt.

Keine drei Tage nach dem vermeintlichen Fabellauf verlässt Johnson als Südkorea gebrochener Mann. Überstürzt, er versucht, sich klein zu machen und hinter Polizisten zu verstecken. Ohne Gepäck flieht er aus dem Hilton Hotel, um mit Flug KAL026 Seoul zu verlassen.

Super-Star Johnson war nur ein Super-Doper gewesen, vollgepumpt mit dem anabolen Steroid Stanozolol.

Der Fall Johnson hat natürlich auch mein journalistisches Selbstverständnis berührt. War ich in jungen Jahren noch voller Begeisterung und Naivität in die große Welt des Sports eingetaucht, kam jetzt auch ein großes Stück Nachdenklichkeit hinzu. Und vor allem Realismus. Warum sollte ausgerechnet der Sport ehrlicher sein als manche Teile der Gesellschaft? Die Welt ist, wie sie ist. Der Reiz des Berufs wird durch solche Vorfälle nicht gemindert, aber die Ansprüche an den Journalismus verändern sich.

Einige Jahre später hatte ich Gelegenheit, als Programmleiter die Tour de France zu begleiten. Das war zu einem Zeitpunkt, als der Ruf des Radsports bereits beschädigt war. Im ZDF konnten und wollten wir nicht nur über schöne französische Landschaften und spektakuläre Bergetappen berichten. Das Thema Doping war – anders als noch 1988 – inzwischen unser ständiger Begleiter. Dies übrigens zu einem Zeitpunkt, als die Verdachtsmomente gegen Lance Armstrong noch nicht wirklich belegbar waren.

Inzwischen sind wir schlauer. Lance Armstrong hat meistens gelogen. »Weshalb sollte ein Typ, der dem Tod von der Schippe gesprungen ist, durch Doping sein Leben erneut aufs Spiel setzen? Das würde ich nie tun. Niemals.« Originalton Armstrong 2005. Oder: »Ich kann absolut bestätigen, dass wir keine Dopingprodukte verwenden. Und ich habe all die Unterstellungen satt. Sie sind absolut unwahr. An alle Zyniker: Es tut mir leid, dass ihr nicht an Wunder glauben könnt. Das ist eine harte Sportveranstaltung und wird durch harte Arbeit gewonnen.« Im Jahr 2002 wurde Lance Armstrong von der *Sports Illustrated* zum »Sportler des Jahres« gekürt und als solcher auf dem Titel des Magazins gewürdigt. Zehn Jahre später ernennt das Magazin Armstrong zum »Anti-Sportler des Jahres« und schreibt: »Sein Vermächtnis zerbrach schneller, als seine mit Steroiden vollgepumpten Beine ihn einst durch die Pyrenäen Frankreichs trugen.«

Armstrong hat seine sieben Toursiege verloren. In Erinnerung bleiben leider nur seine Lügen. Ich will mir nicht anmaßen zu beurteilen, wie ich mich in einer ähnlichen Situation verhalten hätte. Aber gelernt habe ich zu Hause etwas anderes. In unserer Familie hieß es: »Erzähl, was los ist. Dann musst du fünf Minuten den Ärger aushalten, und dann hast du es überstanden. Aber erwischt und der Lüge überführt zu werden, wirkt nach. Das verzeiht man nicht so schnell. Also merk dir: Im Hause Réthy wird nicht gelogen.«

Mein Vater hasste Unehrlichkeit. Als er in Brasilien seinen Führerschein machen wollte, ließ ihn der Fahrlehrer trotz einer fehlerfreien Fahrt durchfallen. Er hatte sich geweigert, ihm ein »Handgeld« zu zahlen, wie es bei solchen Prüfungen damals in Brasilien üblich war. Mein Vater wollte seinen Führerschein, weil er Autofahren konnte, und nicht, weil er sich ihn erkauft hatte. Ergebnis: Er fiel auch ein zweites Mal durch. Und ein drittes Mal. Beim vierten Versuch bekam er den Schein. Sie ahnen es – er hat, entgegen seiner Überzeugung, dann doch bezahlt.

Mein Vater war ein aufrechter Mensch. Er lehrte mich, immer Respekt vor anderen zu haben. Und er brachte mir gemeinsam mit meiner Mutter bei, selbstbewusst durchs Leben zu gehen. Beide haben mich nie gebremst, wenn ich mir etwas erträumte. Sie haben mich immer ermutigt, meinen Zielen nachzugehen, waren aufbauend. Nur wenn ich mich in der Schule hängen ließ, provozierte mich mein Vater, um mich anzuspornen. »Dann wirst du halt Kellner oder Taxifahrer«, sagte er mit gespielter Gleichgültigkeit, wenn ich mal wieder eine Fünf von der Schule mit nach Hause brachte. Leider ist er sehr früh verstorben. Ich hätte gern von ihm gewusst, was er von Lance Armstrong gehalten hätte.

Ich bin kein Radsport-Fan, ich bin aber Tour-de-France-Fan. Ich liebe diese Landschaftskunde, ich liebe diese Schlösser und die Erzählungen, wie man Käse herstellt und Rotwein anbaut. Und ich finde im Übrigen auch, dass die Fahrer – Doping hin oder her – eine großartige sportliche Leistung vollbringen. Auch die gedopten Sportler sind großartige Sportler. Zehntausende Trainingskilometer Jahr für Jahr. Unfassbare Qualen im Sattel. Trotz Dopings ist dieses Pensum nötig, um erfolgreich zu sein. Lance Armstrong war ein großartiger Radfahrer, Jan Ullrich ebenso. Und das ist keineswegs zynisch gemeint.

Doch irgendwann ist dem TV-Zuschauer das Ausmaß des Betrugs nicht mehr vermittelbar. Aus diesem Grund sind wir 2007 aus der Berichterstattung ausgestiegen.

Ich fuhr mit meinem Kollegen Rudi Cerne im Auto von Montpellier nach Marseille. Unterwegs erreichte uns die Nachricht, es gäbe einen frischen Dopingfall. Näheres war noch nicht bekannt, angeblich handelte es sich um einen deutschen Fahrer. Das ZDF übertrug die Tour ohnehin nur unter Vorbehalt. Chefredakteur Nikolaus Brender hatte uns angewiesen, sehr sensibel in der Berichterstattung zu sein. Ursprünglich gab es die Vorgabe, in jeder Sendung das Thema Doping anzuschneiden. Das haben wir auch während der ersten vier Sendungen gemacht. Mal hat ein Mediziner die Wirkung von Epo erklärt, mal haben wir die Arbeit der Dopingkontrolleure gezeigt. Irgendwann habe ich gemerkt, dass wir am Zuschauer vorbeisenden. Dieser wollte nicht in einem solchen Umfang über radelnde Apotheken informiert werden. Also haben wir wieder mehr über Land und Leute berichtet und sind auch mal ohne das Dopingthema ausgekommen. Bis jetzt.

In Marseille angekommen war der Name des Sünders bekannt. Es handelte sich um den deutschen T-Mobile-Fahrer Patrik Sinkewitz, der bei einer unangekündigten Trainingskontrolle in den Pyrenäen des Testosteronmissbrauchs überführt worden war. Eine Stunde später der Anruf aus der Zentrale in Mainz und die klare Ansage: »Koffer packen, wir brechen ab.«

Damals konnte ich den Schritt der Programmverantwortlichen nicht zu hundert Prozent nachvollziehen. Ich war der Meinung, man müsse die Sache jetzt erst recht kritisch weiter begleiten, anstatt sich zurückzuziehen. Insbesondere nachdem ich nur drei Tage später erneut nach Frankreich beordert worden bin, um gemeinsam mit meinem Kollegen Lars Ruthemann eine 45-minütige Dokumentation über den Dopingsumpf zu erstellen.

Im Nachhinein kann ich die Entscheidung, die Rennberichterstattung einzustellen – und sie mit einem öffentlichkeitswirksamen Knall zu beenden –, nachvollziehen. Dennoch bleiben Fragen. Wie hätten wir zum Beispiel gehandelt, wenn im Fußball flächendeckendes Doping aufgedeckt worden wäre? Hätten wir ebenfalls nicht mehr übertragen? War der Radsport nur ein billiges Bauernopfer, weil er weniger populär ist? Genau aus diesem Grund haben Radsportnationen wie Belgien, Frankreich, Italien und Spanien – trotz zahlreicher eigener Dopingfälle – keine Konsequenzen gezogen. So hat jeder nach Bedarf seine eigene Moral.

Eines der Dinge, die man in einem Journalistenleben auch lernt, ist es, die richtigen Fragen zu den wichtigen Themen zu stellen. Ein gutes Interview zu führen gehört zur hohen Kunst in unserem Beruf. Einer der ganz großen Fragesteller, einer, der die Kunst des Interviews beherrscht, hat sich selbst einmal so beschrieben: »Mein Profil ist schlecht, meine Nase zu groß, mein Kinn fliehend, und ich hab keinen Hinterkopf.« Es ist niemand anders als Günther Jauch.

Im Oktober 1988 war ich beim Aktuellen Sportstudio Leiter der Sendung. Jauch stand vor seiner Premiere als Moderator. Einer seiner Gäste: Gustav »Bubi« Scholz. In den 50er- und 60er-Jahren war Scholz ein gefeierter Star, Box-Europameister, zu dessen Kämpfen im Berliner Olympiastadion Filmstar Curd Jürgens, Entertainer Harald Juhnke oder Hildegard Knef, die 1948 das Cover der ersten Ausgabe des Magazins *Stern* geziert hatte, und sogar Politprominenz wie Willy Brandt kamen. Bubi Scholz selbst war Teil der Berliner Schickeria. Nachdem er 1964 seine Boxkarriere beendet hatte, ging ihm das Leben nicht mehr so leicht von der Hand. Er versucht sich als Schauspieler, Autor und Sänger.

Vor allem aber macht er durch Alkoholexzesse auf sich aufmerksam. In der Nacht vom 23. auf den 24. April 1984 kommt es dann in seiner Villa im Westend zu einem Streit mit seiner Frau Helga. Am Ende ist sie tot. Die Polizei findet ihre Leiche im Gästebad. Ein Schuss hat sie hinter ihrem rechten Ohr getroffen. »Ich wollte sie doch da nur rausholen«, sagt Scholz nach seiner Festnahme immer und immer wieder. Am Ende geht er wegen fahrlässiger Tötung für drei Jahre ins Gefängnis. Die Sachverständigen hatten herausgefunden, dass Scholz die Gewehrmündung in 1,35 Metern Höhe unmittelbar an die Tür gehalten und in einem leicht ansteigenden Winkel geschossen hatte. Hätte seine Ehefrau auf der Toilette gesessen, wäre das

Projektil 26 Zentimeter über sie hinweggeflogen. Doch da saß sie nicht. Vermutlich hatte sich Helga Scholz in gebückter Haltung an die Tür gelehnt, um zu lauschen, was ihr Mann macht.

Nun war der frühere Boxer gerade aus dem Gefängnis entlassen worden. Lange diskutierten wir in der Redaktion, wie wir dieses sensible Thema behandeln könnten. »Das können wir natürlich nicht auslassen. Wir müssen darauf zu sprechen kommen«, sagten alle, ohne dass jemand eine Lösung hatte. Dann sagte Jauch, gerade mal zweiunddreißig Jahre alt: »Das können wir nicht vorbereiten. Das müssen wir aus dem emotionalen Moment heraus regeln.« Darauf verständigten wir uns.

Das Gespräch war auf zwölf Minuten angelegt. Beim Fernsehen muss jeder Beitrag, jedes Gespräch, jede Moderation exakt getimt sein. Die Zeit lief und lief, sie rannte uns förmlich davon. Jauch und Scholz hatten über das Boxen von früher gesprochen, über Gott und die Welt, aber noch kein Wort über das Thema, auf das alle warteten. Dann schwieg Jauch für einen Moment, ließ seinen Blick durchs Studio schweifen und musterte Scholz: »Tja, Herr Scholz, wie machen wir das jetzt? Okay, fangen wir mal ganz chronologisch an. Sie haben Ihre Frau umgebracht. Sie haben dafür Ihre Strafe verbüßt. Glauben Sie, das Recht für sich in Anspruch nehmen zu dürfen, danach nicht mehr gefragt zu werden?«

Genial. Die richtige Frage zum richtigen Zeitpunkt, ohne sich selbst zu inszenieren. Trotz seiner jungen Jahre hatte Jauch begriffen, dass es in einem Interview um mehr geht als um das schematische Abarbeiten eines vorbereiteten Fragenkatalogs.

Interviews sind eine Kunstform. Ich bevorzuge den Begriff Gespräch statt Interview. Ein Gespräch eröffnet die Möglichkeit, sich auf das Gegenüber einzulassen, statt es zu verhören. Zu viele vorbereitete Fragen verhindern eine Kommunikation. Gerade Anfänger begehen den Fehler, nicht auf Antworten reagieren zu können, weil sie sich mit der nächsten Frage auf ihrem Zettel beschäftigen.

Entscheidend ist auch psychologisches Geschick: Wie schaffe ich es, einen Vorwurf so zu formulieren, dass der Gesprächspartner sich nicht auf der Stelle provoziert fühlt und dicht macht? Ein Beispiel: Nach eine Bundesligapartie zwischen Nürnberg und Dortmund stand der Dortmunder Verteidiger Mats Hummels vor mir, der das Gegentor verschuldet hatte. Zweifellos musste dieser Fehler auch unser Thema sein. Aber ich habe Hummels nicht bedrängt, indem ich etwa fragte: »War das Gegentor Ihr Fehler?« Es war gar nicht notwendig, ihn durch Schuldzuweisung in die Ecke zu drängen. Also habe ich es so formuliert: »Reden wir mal über das Gegentor. Wie war da eigentlich die Zuordnung?« Und der Dortmunder Nationalspieler hat genau verstanden, worum es ging, und hat von sich aus seinen Patzer angesprochen.

Wobei TV-Interviews unmittelbar nach einem Fußballspiel eine besondere Note haben. Die meisten wären im Wortlaut in einer Zeitung nicht druckreif. Diese Talks haben aber auch nicht den Anspruch von besonderer Tiefe und Substanz. Für die meisten Zuschauer ist es in dem Moment ziemlich egal, was der Spieler vor der Kamera erzählt. Sie wollen ihm nach Sieg oder Niederlage ins Gesicht schauen, seine Freude oder seine Enttäuschung sehen. Dass ein 18-Jähriger, der in seinem ersten Spiel für Nürnberg die großen Bayern abschießt, keine eloquenten Antworten liefern kann, ist eigentlich klar. Ihn will man einfach sprechen hören, seine Schüchternheit vor der Kamera erleben.

Knapp eineinhalb Jahre nach Jauchs großartigem Interview stand die Fußball-Weltmeisterschaft 1990 vor der Tür. Es war die Zeit der Vorschauen auf das Turnier. Deutschland wurde in eine Gruppe gelost mit Jugoslawien, den Vereinigten Arabischen Emiraten und Kolumbien. Als einer der großen Favoriten auf den Titel wurde Brasilien gehandelt. Mein Kollege Thomas Wark und ich reisten bereits im März in das Land des damals dreimaligen Weltmeisters, um einen längeren Film zu drehen. Anschließend ging es von Rio weiter zum Gruppengegner Kolumbien, Drehort Medellín – damals eine der gefährlichsten Städte der Welt.

Kolumbien war zu jener Zeit eine Kokain-Republik. Drogenbarone regierten das Land, und wenn ihnen jemand im Weg stand, musste er sterben. Jugendliche wurden in den Fächern Motorradfahren und Schießen ausgebildet. Fürs Töten, für einen gelungenen Anschlag gab es mal ein paar Tausend Mark, mal auch nur ein paar Hundert. Richter und Polizisten hatten oft nur die Wahl zwischen Geld oder einer Kugel. In der Hochzeit der Drogengeschäfte wurden allein in Medellín durchschnittlich zwanzig Morde pro Tag begangen. Als die Regierung mal wieder eine härtere Gangart gegen die Herren des weißen Pulvers ankündigte, drohten diese: »Wir ergeben uns, aber nur tot. Doch vorher zerstören wir das halbe Land.« Solche Sätze lasen wir in der Zeitung, während wir unseren sechsstündigen Flug nach Medellín antraten. Gleichzeitig erfuhren wir von der Ankündigung der Mafia, Flugzeuge der Linie Avianca vom Himmel zu holen. Wir saßen in einer solchen Maschine.

Schnell wurde uns klar, dass wir nicht nur einen Film über José René Higuita, den verrückten kolumbianischen Torhüter, oder über das gute Mittelfeldspiel der Mannschaft machen konnten. Fußball war in Kolumbien eine Drogenwaschanlage. Spiele wurden manipuliert, Schiedsrichter ermordet. Der Pate Pablo Escobar herrschte über das Land und über den Fußball. Er investierte in Stars, sodass Atlético Nacional Medellín 1989 die Copa Libertadores gewann, die südamerikanische Champions League. 1989 wurde Escobar vom *Forbes*-Magazin auf Rang sieben der reichsten Männer der Welt geführt. Bis zu 1,5 Millionen Dollar soll er täglich verdient haben. Niemand wagte es, seinen 1800 Hektar großen Landbesitz zu betreten, auf dem es einen Privatzoo mit Nilpferden, Flamingos und Elefanten gab. Wir haben das alles mit eigenen Augen gesehen. Escobar besaß außerdem eine eigene Stierkampfarena und eine 1280 Meter lange Rollbahn, von der aus er seine Drogenflugzeuge losschickte.

Bereits nach der Ankunft merkten wir, dass wir auf Schritt und Tritt verfolgt wurden. Trotzdem entschieden wir uns, am Abend in einem Merengue-Lokal die Reisestrapazen abklingen zu lassen. Doch plötzlich übertönte das ohrenbetäubende Geräusch von Motorrädern die Musik. Die Lokaltür wurde aufgetreten, und zwanzig uniformierte junge Männer stürmten mit Maschinenpistolen in die Bar. Sie schrien durcheinander, hantierten mit ihren vorgehaltenen Waffen. Sie waren maximal achtzehn, neunzehn Jahre alt, lebten selbst in ständiger Angst vor Anschlägen. Sie riefen: »A la pista. A la pista.« Damit war die Tanzfläche gemeint. Wir sollten uns alle auf den Bauch legen, die Waffen auf uns gerichtet. Der Boden war schmutzig, es roch nach verschüttetem Rum. Wir lagen zwischen Tabakresten, Staub und Glassplittern. Ich hoffte nur, dass diese extrem aufgeregten Männer die Nerven behalten würden.

Einige der Uniformierten durchsuchten die Bar nach Sprengstoff, andere überprüften unsere Personalien. Wie oft empfohlen wird, hatte ich meinen Pass im Hotelsafe eingeschlossen und nur meine Kreditkarte dabei. Ich fingerte sie aus der Hosentasche und rief »Gringo. Gringo. Gringo«. Thomas Wark bekam einen Lachkrampf. Sofort wurde er von der Miliz angeschrien.

Ich dachte an zu Hause, an Birgit und Laura, meine fast dreijährige Tochter. Kurz darauf ging das Licht wieder aus, und während wir regungslos auf dem Boden lagen, begann die Band wieder zu spielen. Der ganze Spuk, es war mir wie eine Ewigkeit vorgekommen, dauerte vielleicht gerade mal drei Minuten. Ich hatte jede Bewegung wie in Zeitlupe wahrgenommen. Während ich mich aufrappelte, war Thomas schon zur Bar geeilt und hatte uns zwei doppelte Rum bestellt. Wir stießen an und dachten nur: Willkommen in Kolumbien.

In der Nacht schlief ich überraschend gut. Ich hatte beschlossen, Birgit nichts von dem Zwischenfall zu erzählen. Ich wollte keine beunruhigte Frau, die um das Leben ihres Mannes bangt. Wir drehten unseren Film, wobei wir sogar die Polizei im Kampf gegen die Mafia im Hubschrauber begleiten durften. Als wir das Land verließen, kamen unsere Aufpasser, die uns bisher auffällig gleichgültig verfolgt hatten, auf uns zu, wünschten uns eine gute Heimreise und wiesen sehr deutlich darauf hin, einen guten Film über das wunderschöne Kolumbien zu machen. »Wir wissen, wo ihr lebt. Seid fair.« Erst da, im Flugzeug Richtung Deutschland, habe ich das erste Mal wirklich darüber nachgedacht, was alles hätte passieren können. Mehr als hundert Menschen waren während unseres achttägigen Aufenthalts in Medellín ermordet worden.

War es deshalb verantwortungslos von mir, mich solchen Gefahren auszusetzen? Egoistisch? Leichtsinnig? Diese Gedanken gingen mir durch den Kopf. Auf der einen Seite sagte ich mir, dass ich so etwas schon machen kann. Zum anderen gehören diese Dinge aber auch einfach zur Arbeit. Und mein optimistisches Grundnaturell verdrängt auch gerne die Gefahr. Mit einigen Jahren Abstand wird wohl jeder, der mich kennt, sagen: Béla, du würdest es wieder tun.

Ich liebe den Geruch von Kerosin. Ich liebe die Geschäftigkeit an Flughäfen. Ich liebe das Geräusch von Rollkoffern. Wenn ich mal länger als zwei Wochen nicht unterwegs bin, werde ich unruhig. Ich brauche diese Reisen, diese Bewegung, ja diese Betriebsamkeit. Auf dem Sofa zu liegen und mich auszuruhen ist ein herrlicher Ausgleich, mehr aber auch nicht. Reisen für den Fußball – großartig!

Wobei ich meinen Job nie als »Arbeit« empfunden habe. Es ist keine »Maloche«, es kostet mich meistens keine Überwindung. Ich schaue nicht auf die Uhr, wann endlich Feierabend ist. Ich kann mir durchaus vorstellen, dieser Arbeit so lange nachzugehen, bis ich umfalle. Nur eines brauche ich, da muss ich nun schon einmal vorgreifen, wirklich nicht: die Weltmeisterschaft 2022 in Katar!

Ich möchte keine Wüsten-WM in einem Land ohne Fußballkultur, mit Temperaturen von durchschnittlich 40 Grad und klimatisierten Stadien. Ich brauche keine WM in einem Land, in dem im Jahr der Vergabe gerade einmal fünfundzwanzig Zuschauer bei einem Pokalspiel zweier Erstligisten anwesend sind und wo der Besuch eines Fußballspiels vor nicht allzu langer Zeit noch kostenlos war. Wo ein VIP-Ticket mit Getränken und Essen zehn Euro kostet. Wo man ein Bonussystem erfinden muss, um den Zuschauern den Stadionbesuch schmackhaft zu machen. Wer häufig genug kommt, erhält zur Belohnung Handys oder Freiflüge. »Für Fußball zu bezahlen, müssen die Leute erst einmal lernen«, sagte der Marketing-Manager der Qatar Stars League, wie die Wüsten-Bundesliga in Katar heißt. 22,5 Milliarden Euro werden in den Bau einer Metro gesteckt, mehr als 14 Milliarden in einen neuen Flughafen. Für die Modernisierung von drei Stadien und die Errichtung von neun neuen werden vier Milliarden Euro veranschlagt. »Do-ha-ha! Der größte Fußballwitz aller Zeiten«, schrieb die norwegische Zeitung *Dagbladet*, nachdem Katar den Zuschlag erhalten hatte. Ganz nebenbei ist es außerdem eine unfassbare Ressourcenverschwendung. Und jetzt habe ich noch gar nicht von den gefährlichen Arbeitsbedingungen auf den Baustellen, der Zwangsarbeit und den Menschenrechten gesprochen.

Die Nationalmannschaft Katars hat noch nie an einer Fußball-Weltmeisterschaft teilgenommen. Auf der Fifa-Rangliste steht sie irgendwo außerhalb der Top-100. Nur mithilfe eines x-Milliarden-Dollar-Tickets haben sie sich Zutritt zum wichtigsten Fußballturnier der Welt verschafft. Ein Land, das nur halb so groß wie Hessen ist, trägt eine WM aus. Was sich bei der Vergabe im Hintergrund abgespielt hat, übertrifft vermutlich die wüstesten Fantasien. Eine WM in Katar ist meiner

Meinung nach pervers. Man hat sich nicht einmal die Mühe gemacht, die Korruption innerhalb der Fifa zu verschleiern. Ich finde es fast schon beeindruckend, wie Sepp Blatters Fifa-Imperium es schafft, das Gerede um die vermutete Korruption zu ignorieren. Sollte ich 2022, im Alter von 65 Jahren, noch dabei sein, so wäre das die erste WM, auf die ich mich nicht freuen würde. Ich will nicht nach Katar. Ich würde, wenn irgend möglich, zu Hause bleiben. Eine Weltmeisterschaft in Katar hat der Fußball nicht verdient. Dort wird es nie eine Begeisterung, eine Atmosphäre, ein Fußballfest geben wie 1990 in Italien.

Frisch erholt vom Kolumbien-Abenteuer bin ich mit dem Wagen zur WM nach Italien gereist, inzwischen als festangestellter Redakteur. Wir fuhren mit drei Fahrzeugen Kolonne. Drei Wagen, neun Redakteure. Erster Zwischenstopp war in Modena. Besuch im Ferrari-Museum, Essen, weiter nach Rom. Ein paar Tage vor Turnierbeginn traf sich die komplette Redaktion zunächst in der italienischen Hauptstadt in unserer Sendezentrale. Dann wurden wir alle bestimmten Regionen zugewiesen. Mein Bereich war der Norden, der nach unserer geografischen Definition freilich bis Florenz reichte.

Ich hatte zwei Aufgaben. Ich war Assistent des Live-Kommentators Marcel Reif und Filmemacher. Unser Schnittplatz befand sich in einem Hotel mitten in Mailand. Im Nebenraum arbeitete ein Kollege der ARD namens Reinhold Beckmann. Wir fieberten alle dem Eröffnungsspiel zwischen Weltmeister Argentinien und einer noch unbekannten exotischen Truppe aus Kamerun entgegen.

Die argentinische Nationalmannschaft bezog Quartier in unserem Hotel. Wir sahen Diego Maradona, Claudio Caniggia und Co. auf dem Weg zum Frühstück. Die Lobby war überfüllt mit Journalisten, besonders viele natürlich aus Südamerika.

Am Abend dann die große Sensation: Der Weltmeister verliert zum Auftakt gegen eine afrikanische Mannschaft mit einem gewissen Roger Milla. Niemand hatte diese Mannschaft auf der Rechnung. Reif kommentierte, ich assistierte. Anschließend sollte ich versuchen, ein paar Interviews zu bekommen. Auf der Suche nach dem richtigen Weg in den Katakomben des Giuseppe-Meazza-Stadions stand ich plötzlich mit dem Kamerateam unmittelbar vor der geöffneten Kabinentür Kameruns. Weil wir uns verlaufen hatten und die Ordner uns nicht aufhielten, bekam wir so die ersten ungewöhnlichen Bilder dieses WM-Turniers.

Eine halbe Stunde später das nächste überraschende Erlebnis, diesmal leider ohne Kamera. Unser Hotel war nur vierhundert Meter vom Stadion entfernt. Ich wollte das soeben gedrehte Kamerun-Material auf mein Zimmer bringen und stehe im Fahrstuhl. Im ersten Stock steigen Leute hinzu, darunter Diego Maradona. Frisch geduscht, frisch parfümiert. Mit Brilli im Ohr und gläsernem Blick. Noch nie war ich dieser Fußballlegende, damals noch immer einer der ganz Großen, so nah. Fünfzehn Zentimeter.

Ich sprach ihn auf Spanisch an, ob er sich ein Interview mit mir vorstellen könne. Maradona lachte nur und guckte durch mich hindurch. Mehr Glück hatte ich mit Pelé. Die Fußballlegende arbeitete als Experte bei TV Globo, also fragte ich die dortigen Kollegen, ob ich ihn ansprechen könne. Pelé erinnerte sich dann sogar an mich, denn wir hatten uns 1986 schon einmal getroffen. Der immer skeptische Pelé traute Brasilien nicht viel zu: »Mein Favorit ist Argentinien oder eure Mannschaft. Die Deutschen sind echt gut. Ich bin Fan von Lothar Matthäus und Rudi Völler.« Damit erwies er sich als großartiger Prophet, immerhin trafen beide Mannschaften im Finale aufeinander.

Mit der deutschen Nationalmannschaft hatte ich damals kaum Berührungspunkte, obwohl sie nur eine knappe halbe Stunde entfernt in Erba ihr Quartier hatte. Für die spätere Weltmeisterelf von Franz Beckenbauer waren andere Kollegen zuständig, Rolf Töpperwien und Michael Palme.

Mein Job war eher der eines Kulturbeauftragten: Erstellen von Stadtporträts, Features über ausländische Mannschaften und die italienische Gastronomie.

Das Finale selbst habe ich schließlich als Fan erlebt. Die ARD war an der Reihe, das Endspiel zu übertragen, Gerd Rubenbauer saß am Mikrofon. Meine Frau und ich hatten Plätze hinter dem Tor, wir warteten auf die Krönung des neuen Kaisers von Rom – Franz Beckenbauer. Dabei waren die Prognosen für Deutschland nicht günstig, zumindest aus Sicht einer wahrsagenden »Hexe«, Ulla von Bernus. Während man später auf Orakel wie Oktopus Paul, dem Krake aus dem Oberhausener Aquarium, vertraute, prognostizierte die Deutsche damals: »Die deutsche Mannschaft wird es nicht schaffen, auch wenn es mir um Franz Beckenbauer leidtut.«

Sie schaffte es doch. Genau so, wie sie es sich im altehrwürdigen Rittersaal in Mannschaftshotel in Erba vor dem Abflug nach Rom geschworen hatte: »Wir holen den Gold-Cup! Wir werden Weltmeister.« Die Spieler hielten Wort. Ganz Rom stand hinter der Mannschaft von Beckenbauer, weil Spieler wie Jürgen Klinsmann, Lothar Matthäus, Rudi Völler, Andreas Brehme und Thomas Berthold in der italienischen Liga spielten. Gleichzeitig hegten die Römer eine Antipathie gegen Argentinien mit Diego Maradona, dem Mann, der für das verfeindete Neapel spielte. In Fußballliedern werden die Einwohner von Neapel als »verdreckte Menschen vom Vesuv« verspottet. Sollte Argentinien, das im Halbfinale noch dazu Italien aus dem Turnier geworfen hatte, verlieren, würde Maradona weinen. Weint Maradona, weint Neapel – und die Römer wären glücklich.

Argentinien tat nichts, um das Spiel zu gewinnen. Kaum einmal kamen sie dem deutschen Tor näher als sechzig Meter. Fußball zum Abgewöhnen, was zum Glück bestraft wurde. Foul an Völler. Den Elfmeter hätte eigentlich Lothar Matthäus schießen sollen. Doch weil ihm in der ersten Halbzeit die

Sohle am rechten Schuh gebrochen war und er ein neues Paar anziehen musste, in dem er sich nicht so sicher fühlte, überließ er Andreas Brehme den Vortritt. »Schieß du!« Die 85. Minute. Brehme nimmt vier Schritte Anlauf. Seine Freistöße schießt er eigentlich mit links, doch nun zieht er mit rechts ab. »Mit links schieße ich härter, mit rechts genauer«, erklärte er hinterher. Er trifft genau. Der Ball schlägt links unten ein, Millimeter neben dem Pfosten. »Ich habe lediglich gedacht: Den Ball tust du nun rein. Dann ist alles erledigt. Dann sind wir Weltmeister.« In seinem 57. Länderspiel erzielt Brehme seinen wichtigsten Treffer. Deutschland ist zum dritten Mal Weltmeister. Bundeskanzler Helmut Kohl gratuliert in der Kabine, und Italiens Außenminister Gianni De Michelis sagt: »Man muss sagen, es ist eben das Jahr der Deutschen.«

Kapitel 5
Vielleicht ist das mit dem Live-Kommentieren nicht dein Ding

1992 erlebte ich meine zweiten Olympischen Spiele live. Was aus Barcelona bleibt, ist vor allem eine Geschichte, die bis heute als mahnendes Beispiel den Praktikanten beim ZDF erzählt wird. Wenn sie auf eine Dienstreise geschickt werden, sagt man ihnen schon mal: »Macht bloß nicht den Réthy!« Was damit gemeint ist: »Kommt bloß nicht zu spät zur Veranstaltung.« Genau das ist mir nämlich passiert.

Ich sollte ein Vorrundenspiel der deutschen Wasserballmannschaft gegen Tschechien kommentieren, Spielbeginn auf dem Montjuïc um elf Uhr. Ich kam ein paar Minuten zu spät … Bis heute behaupten einige, ich habe am Vorabend zu lange gefeiert und sei daher zu spät im Bett gewesen. Natürlich ist das nur ein kleiner Teil der Wahrheit. Neben der aktuellen Berichterstattung hatten Thomas Wark und ich nämlich noch eine gemeinsame Zusatzaufgabe. Wir mussten einen 60-minütigen Olympiarückblick für den Schlusstag erstellen. Dieser Beitrag musste ständig aktualisiert werden, sodass wir die ARD-Sendetage, an denen wir selbst nicht übertragen mussten, dazu genutzt haben, den Film zu schneiden. Meistens bis nachts.

Genauso war es vor besagtem Wasserballspiel. Bis früh um vier Uhr haben wir im Fernsehzentrum gearbeitet, staubtrocken. Danach gönnten wir uns im Hotel einen Feierabend-Brandy, um besser schlafen zu können. Der Schlaf ist anschließend tatsächlich so gut ausgefallen, dass ich verschlief, dann noch in einen Stau geriet und so den Spielbeginn verpasste. Da es damals noch keine Handys gab, konnte ich niemanden vorwarnen. Der Moderator schaltete ins Schwimmstadion – und niemand war zu hören. Auf diese Weise kam Badminton ausführlich ins Programm. Was blieb, war die Behauptung, mein ausgelassenes Feiern sei schuld gewesen. Aber so klingt die Geschichte natürlich auch besser.

Man könnte denken, dass meine Karriere nach diesem Fauxpas einen kleinen Knacks bekommen hätte. Doch wenige Tage später sprach mich, immer noch in Barcelona, unser damaliger Sportchef Karl Senne an. Ich sollte am Dienstag, zwei Tage nach der Abschlussfeier, in Hannover das Supercup-Finale zwischen dem Deutschen Meister VfB Stuttgart und dem Pokalsieger Hannover 96 kommentieren. Auf einmal war ich Fußball-Live-Reporter.

Aber mein Kopf war voller Eindrücke von Olympia. Die Bilder des gerade entstehenden Rückblicks beschäftigten mich. Was musste rein, worauf konnten wir am ehesten verzichten? Nicht auf Boris Becker, das war klar.

Bei seiner Anreise hatte er auf drei Sporttaschen, auf seinen Kulturbeutel und die Schlägertasche bunte Aufkleber mit dem Bekenntnis »Barcelona 92« geklebt. Boris Becker, der dreimalige Wimbledon-Sieger und Multimillionär, war von vielen nicht erwünscht bei Olympia. »Bleib zu Hause«, hatte Ulrich Feldhoff, der damalige Chef der deutschen Mannschaft, unfreundlich gefordert. Zunächst schlug Becker Neid entgegen, für einige Funktionäre war Olympia immer noch mit dem überholten Begriff des Amateurs verbunden. Sie betrachteten ihn als eine Art Klassenfeind. Später sagte er: »Im olympischen Dorf wurde ich anfangs mit Argusaugen beobachtet: Ob sich der reiche Tennisspieler wohl zu uns gesellt? Ob er sich zu fünfundzwanzig anderen Athleten an den Tisch setzt? Oder bestellt er alles über den Roomservice? Fährt er mit dem Mannschaftsbus zur Anlage, oder hat er einen eigenen Chauffeur? Die ersten Tage waren wirklich ein Spießrutenlaufen. Dann bin ich aber einfach in das Knäuel von Sportlern reingegangen, habe mich dazugesetzt und habe versucht, mich ganz normal wie die anderen zu verhalten. Es eilte uns Tennisspielern ja der Ruf voraus, wir fühlten uns als etwas Besonderes – das sind ja alles Millionäre, die gehen bei Olympia ein bisschen auf Urlaub.«

Becker gelang es, die Vorurteile zu entkräften. Er wurde akzeptiert und in den Kreis der anderen Athleten aufgenommen. Er gewann Freunde. Nur einen nicht: Michael Stich, mit dem es Becker dennoch gelang, Sportgeschichte zu schreiben.

Beide konnten sich nie sonderlich gut ausstehen. Sie waren grundverschiedene Charaktere, doch in Barcelona mussten sie sich arrangieren. Beide scheiterten auf ihrem Weg zu einer Einzelmedaille vorzeitig. Was blieb, war der gemeinsame Versuch, im Doppel anzugreifen. Sie taten es, professionell und in aller Feindschaft. »Nachdem wir beide im Einzel draußen waren, haben Michael und ich uns angeschaut und gesagt: Wir müssen irgendwie unsere Animositäten, die wir sonst haben, zur Seite schieben«, gestand Becker Jahre später. »Zwischen den Ballwechseln haben wir gar nicht miteinander gesprochen, denn wir mochten uns wirklich nicht.« Auch so kamen Becker und Stich locker ins Viertelfinale, wo die spanischen Grand-Slam-Sieger Sergio Casal und Emilio Sánchez warteten. Vor 6000 ekstatischen Fans kämpften die verfeindeten Deutschen die Spanier in fünf Sätzen nieder. Im Halbfinale brauchten sie erneut fünf Sätze, um die Argentinier Javier Frana und Christian Miniussi zu schlagen.

Als Feinde ins Finale. Und auch dort waren Becker und Stich am 5. August 1992 nicht zu stoppen. Die Deutschen gewannen den ersten Satz, doch die Südafrikaner Wayne Ferreira und Piet Norval glichen aus. Nachdem Becker und Stich im dritten Satz zahlreiche Breakchancen vergaben, platzte Becker der Kragen, und er schrie: »Leck mich am Arsch.« Die Deutschen holten sich dann den dritten und vierten Satz und gewannen als erste deutsche Tennisspieler Gold bei Olympischen Spielen.

Ein weiteres Highlight unseres Rückblicks war das US-Basketballteam, das sogenannte Dreamteam mit dem legendären Michael Jordan. Er hatte bereits 1984 an den Olympischen Spielen teilgenommen, damals allerdings noch als Student. Nun wurde er begleitet von Legenden wie Magic Johnson und Larry Bird. Er war Teil des wohl besten Teams, das jemals zusammengestellt wurde. »Wenn wir nicht die Goldmedaille holen, wandere ich nach Menorca aus«, sagte Trainer Chuck Daly großspurig. Und Jordan, ein Mann, der sogar eine Einladung aus dem Weißen Haus ausschlug, weil er lieber Golfen gehen wollte, versprach ein »Massaker« in Barcelona. Die Amerikaner hielten, was sie versprachen. Jordan war perfekt. Wenn er sich in die Luft schraubte, schien es, als bezwinge er die Schwerkraft. Die Welt lag diesen Basketballgöttern zu Füßen. Bei einem Spaziergang auf der Flaniermeile La Rambla beobachtete ich, wie eine riesige Menschenmenge durch die Fensterscheiben eines Restaurants gaffte. Das Lokal war komplett für das Dreamteam reserviert. Die Leute schauten ihnen beim Essen zu. Die Menschen ganz vorne drückten sich die Nasen an den Scheiben platt. Grotesk.

Und dann war da noch dieser Dieter Baumann, damals noch mit makellosem Zahnpastalächeln und des Dopings nicht verdächtig. Über 5000 Meter war es ihm gelungen, die Afrikaner zu bezwingen. All diese Eindrücke besetzten meine Gedanken. Der Fußball war seit Wochen weit weg. So kam es, dass ich beinah unvorbereitet zu meinem ersten Profi-Live-Spiel nach Hannover reiste.

Dass Christoph Daum damals Trainer des VfB war, wusste ich selbstverständlich. Ich wusste, dass die Stuttgarter völlig überraschend am letzten Bundesligaspieltag einen Dreikampf um die Meisterschaft für sich entschieden hatten. Alle drei Teams waren punktgleich gewesen. Eintracht Frankfurt hatte aufgrund der besseren Tordifferenz die beste Ausgangsposition, musste aber in Rostock antreten, für die es um den Klassenerhalt ging. Dortmund spielte in Duisburg, ebenfalls ein Abstiegskandidat, Stuttgart musste nach Leverkusen. Dortmund siegte, Frankfurt verlor, und Guido Buchwald traf in der 86. Minute beim Stand von 1:1 und machte Stuttgart zum Meister, der nun im Supercup-Finale auf den überraschenden DFB-Pokalsieger aus Hannover traf.

Die 96er hatten eine sehr durchwachsene Saison in der zweiten Liga gezeigt, waren gerade mal Sechster geworden. Doch im Pokal räumten sie Mannschaften wie Borussia Dortmund und Titelverteidiger Werder Bremen aus dem Weg, ehe sie Borussia Mönchengladbach im Elfmeterschießen besiegten.

Das alles erzählte ich auch schön. Dazu noch ein paar Anekdoten über die beiden Trainer. Bei Hannover saß mit Eberhard Vogel, dem ehemaligen Linksaußen der DDR-Nationalelf, ein Neuer auf der Bank, da sich Michael Lorkowski zum FC St. Pauli verabschiedet hatte. Dann brachte ich noch die wichtigsten Fakten über die Schlüsselspieler sowie die Neuzugänge wie den jungen Sergej Barbarez. Doch nach zwanzig gespielten Minuten hatte ich mein Pulver verschossen. Und das bei meiner Live-Premiere. Weil ich erst morgens aus Barcelona angekommen war, noch voll von Olympia, aber leer vor Müdigkeit, tat ich mich schwer. Das Spiel plätscherte ohne große Höhepunkte vor sich hin. Ich versuchte, Spannung zu erzeugen, wo es keine gab. Ich fühlte mich, als führte ich Selbstgespräche, die nicht mal mich selber interessierten. Stuttgart siegte mit 3:1. Hannovers Pokalhelden schlichen geschlagen vom Platz, Köpfe nach unten, traurig. So fühlte ich mich auch. Als ich meinen Kommentatorenplatz aufräumte und mich im inzwischen fast leeren Niedersachsenstadion umschaute, war mir klar, dass ich als Verlierer gehen würde. »Immerhin habe ich es einmal probiert«, sagte ich zu meinem Kollegen Nils Kaben, der an jenem Abend neben mir saß. Und dachte mir: Vielleicht ist das mit dem Live-Kommentieren nicht dein Ding.

Zwei Tage später trat ich beim Sender zur Nachbesprechung an. »Prima, Béla. Das war ein richtig starkes Debüt«, sagte mir Karl Senne. Ich habe es gar nicht glauben wollen.

Senne merkte auch, dass ich selber skeptisch war, und erklärte: »Wir wollten mal etwas anderes hören, eine frische Stimme. Wir wollten deine Grammatik hören, wie deine Stimme übers Mikro wirkt. Dass du noch handwerkliche Fehler machen würdest, war uns im Vorfeld klar. Aber daraus lernst du. Das ist nicht entscheidend.«

Im November durfte ich wieder live ran, dieses Mal beim Achtelfinale im Uefa-Cup zwischen Ajax und Kaiserslautern im alten Olympiastadion von Amsterdam. Der Anfang war gemacht. Der Junge aus Brasilien, dem sie anfangs in der Schule keine Deutschnote geben wollten, der mit Karl May lesen deutsch gelernt hatte, saß nun vorm Mikrofon. Inzwischen habe ich drei Europameisterschafts-, zwei Weltmeisterschafts- und ein Champions-League-Finale kommentiert. Ich habe von der Geburt von Helden berichten dürfen und vom tiefen Fall von Stars. Und jedes Mal habe ich selber dabei unglaubliche Dinge erlebt.

»Mir fällt da noch was ein«

Dieter Kürten ist ein Urgestein des deutschen Sportjournalismus. 375 Mal moderierte er das Aktuelle Sportstudio im ZDF. Zudem kommentierte er unter anderem das EM-Finale 1980 und das WM-Halbfinale 1990 zwischen Deutschland und England. Kürten war der »Entdecker« von Béla Réthy und ermöglichte ihm den Einstieg in den Sportjournalismus. Inzwischen sind sie gute Freunde.

Von Dieter Kürten

Als ich Béla vor mehr als dreißig Jahren kennenlernte, war ich von ihm irritiert. Da lungerte dieser schludrige Typ mit seiner braunen Lederjacke und den tief in die Taschen vergrabenen Händen auf den Fluren der ZDF-Sportredaktion herum, ohne dass er wirklich dahin gehörte. Schon mehrfach hatte ich diese Gestalt gesehen, wie sie immer montags wie aus dem Nichts auftauchte, sobald unser Programmablauf am Schwarzen Brett ausgehängt wurde, und diesen studierte. Die ersten Male hatte ich mich nur gewundert, wenn ich den mir unbekannten Kerl dort sah, der sich für unsere grobe Themenplanung und die Besetzung für die einzelnen Sendungen, die dem Programmablauf zu entnehmen waren, interessierte. Doch irgendwann kam es mir so seltsam vor, dass ich meinen Kollegen Oskar Wark fragte, ob er wisse, wer dieser Kauz sei, der sich hier ständig auf unseren Fluren herumdrücke? »Das ist ein Taxifahrer«, entgegnete Oskar schelmisch und schickte hinterher, dass der junge Mann damit sein Studium finanziere und außerdem noch bei uns im Archiv zu finden sei. »Können wir nicht dauerhaft etwas für ihn tun?«, fragte Oskar zurück, der Béla schon näher kannte und ihn wegen seiner Arbeit als Archivar schätzte.

So kam es, dass ich mich mit dem Taxi-Driver Béla intensiver beschäftigte. Er erzählte mir im Schnelldurchlauf seine Lebensgeschichte und verriet mir, dass er hoffte, auf dem Programmplan Geschichten und Themen zu entdecken, zu denen er eventuell etwas beitragen konnte. Der junge Bursche imponierte mir mit seiner Art, seinem lebensfrohen Wesen und seiner Hartnäckigkeit, sodass wir ihm tatsächlich eine Chance als Praktikant in der Sportredaktion eröffneten.

Inzwischen ist aus dem ominösen Flurgast einer der renommiertesten Sportkommentatoren Deutschlands geworden, der allerdings an seiner etwas fragwürdigen Kleidungsattitüde von damals wenig geändert hat. Darüber hinaus ist Béla vor allem auch ein Freund geworden, den ich sehr schätze. Ich mag es, ihm zuzuhören, nicht nur dienstlich. Mit ihm kann man wundervoll in der deutschen Sprache jonglieren. Mit seiner anhaltend guten Laune verwandelt er jeden Raum in einen angenehmen Ort.

Vor vielen Jahren haben wir eine Dreierrunde ins Leben gerufen, um von Zeit zu Zeit beisammenzusitzen, Skat zu kloppen und eine Skatkasse zu füllen für einen gemeinsamen Mallorca-Trip. Haha … Bis heute sind sage und schreibe etwa 300 Euro drin! Kaum genug für ein einziges Flugticket. Wir spielen halt zu selten. Entweder ist einer aus dem Trio auf Tour, meistens natürlich Béla, oder wir quatschen uns fest, obwohl wir mittlerweile schon nachmittags am Tisch hocken. Und wenn wir erst einmal ins Ratschen kommen, mag keiner auf die Bremse treten. Béla schon gar nicht. Ich schätze es, mich mit Menschen zu umgeben, von deren Erfahrung ich profitieren kann, wie eben von Béla, auch wenn er mehr als zwanzig Jahre jünger ist. Stets ansteckend humorig, geistreich, belesen, hintergründig, ohne wichtigtuerisch oder bedeutsam daherzukommen. Gespräche mit ihm sind einfach ergiebig.

Amüsant finde ich zudem seine herrliche Inkonsequenz. Einst wollte Béla, nachdem er sich fürchterlich über die Kirche aufgeregt hatte, dieser Institution Adieu sagen. Kurz darauf geschah es, dass während eines heftigen Unwetters mit Blitz und Donner und umgestürzten Bäumen plötzlich ein strammer Baum wenige Zentimeter hinter seinem Auto niederkrachte. Danach hatte er nicht mehr den Mut und beschloss, seine Kirchensteuer brav weiter zu bezahlen.

Ähnlich ist es, solange ich ihn kenne, mit dem Rauchen. Die Ankündigung, sich in allernächster Zeit von den Glimmstängeln loszusagen, ist Programm. Dutzende Male habe ich das schon von ihm gehört. Und ebenso oft hat er damit weitergemacht, sich und mich in Qualm zu hüllen.

Doch so ist mein Freund Béla. Diese Widersprüchlichkeit gehört zu ihm wie seine liebenswerte Art und sein sonniges Gemüt.

Kapitel 6
Per Pizzakarton zum Stoiker

Bei der Europameisterschaft 1996 in England lief alles rund. Deutschland zog als Gruppenerster in die K.-o.-Runde ein. Die Mannschaft von Berti Vogts besiegte Tschechien und Russland und holte einen Punkt gegen Italien. Das Viertelfinale gegen Kroatien gewannen die Deutschen mit 2:1 und erreichten so ein denkwürdiges Halbfinale.

Bereits um 19.33 Uhr Ortszeit, also nach gerade einmal drei Minuten Spielzeit, lagen die Deutschen zurück. Alan Shearer köpfte England in Führung. Das deutsche Team in heller Aufregung, Matthias Sammer muss beruhigen. Er übernimmt Verantwortung, gibt Deutschland Selbstvertrauen zurück. Prompt trifft Stefan Kuntz, Ausgleich. Nach neunzig erbittert umkämpften Minuten steht es unentschieden. Die Engländer fahren, angeführt von Paul Gascoigne, einen Angriff nach dem nächsten auf das deutsche Tor. Dann kommt die 9. Minute der Nachspielzeit. Alan Shearer spitzelt den Ball von rechts in den deutschen Strafraum, Köpke schmeißt sich am kurzen Pfosten zu Boden, streckt seine Fingerspitzen, verpasst aber den Ball um Millimeter. Auch an Markus Babbel und Dieter Eilts läuft der Ball ungehindert vorbei. Alle drei Deutschen sind geschlagen. Das Tor ist leer, der Ball rollt in Richtung Gascoigne, der mit langen Schritten von hinten in den Fünfmeterraum eilt. Er springt ab, schmeißt seinen Oberkörper nach hinten, um auch wirklich den letzten Millimeter seines linken Beines nach vorne schieben zu können. Eineinhalb Meter trennen den Ball vom leeren deutschen Tor. Wenn Gascoigne ihn irgendwie berührt, ist er drin, das Spiel aus und England dank Golden-Goal-Regel weiter. Gascoigne streckt sich, rutscht, landet im deutschen Tor – nur den Ball hat er nicht berührt. Die Verlängerung bleibt torlos, Elfmeterschießen. Die ersten fünf Schützen beider Teams verwandeln, einer sicherer als der andere. 5:5. Dann tritt Gareth Southgate an, legt sich den Ball zurecht, macht neun Schritte und läuft an. Er schießt nach links unten aus seiner Sicht. Köpke taucht ab und hat ihn. Dann drischt Andreas Möller den Ball an David Seaman vorbei. 6:5 für Deutschland, Finale.

Unser damaliger Sportchef Wolf-Dieter Poschmann bat, Thomas Wark und mich zu sich. Noch war nicht klar, wer das Spiel kommentieren durfte. Wir waren befreundet und entschlossen uns, gemeinsam vor Poschmann zu sitzen, wenn er seine Entscheidung verkündete. »Du machst es, Béla«, sagte er. Ich hatte schon zwei Spiele der Tschechen kommentiert, das Spiel in der Vorrunde gegen Deutschland und ihr Viertelfinale gegen Portugal. Donnerstagmittag stand die Entscheidung fest. Noch drei Tage bis zum Finale.

Heute unterscheidet sich meine Vorbereitung auf ein Spiel deutlich von damals. Inzwischen vertraue ich auf mein Können und gehe mit weniger Vorbereitung ins Spiel. Ich habe es komplett abgeschafft, mir Einstiege in meine Live-Reportagen zu überlegen. Auch vor einem Finale frage ich mich nicht, was ich anfangs sagen könnte. Ich habe nur ein paar Stichworte vor mir und weiß, wie die letzten Sätze vom Moderator im Studio lauten. Wenn ich komplett frei spreche, so wie es mir gerade in den Sinn kommt, klingt es besser. Es ist natürlicher, angenehmer für die Zuschauer. Marcel Reif, mit dem ich lange zusammengearbeitet habe, hat einmal gesagt: »Diese Lockerheit kann dich sehr weit bringen. Es kann aber auch gefährlich sein, du verlässt dich immer auf dein Genie.«

Die Arbeit fürs Aktuelle Sportstudio, für das ich immer noch regelmäßig tätig bin, unterscheidet sich völlig von der Vorbereitung auf ein Live-Spiel. Dort erzählen wir Geschichten, jeder zusammenfassende Bericht hat eine eigene Handschrift, man kann um 23 Uhr ja keinen chronologischen Spielbericht mehr zeigen. Früher habe auch ich den Fehler gemacht, mir schon im Laufe der Woche eine Story zu überlegen, an der ich meinen Bericht aufhängen wollte. Mit dem Ergebnis, dass einen in neunzig Prozent der Fälle die Wirklichkeit überholt und man alles Vorbereitete wegwerfen muss. Spielberichte entstehen im Stadion, und erst das Spiel liefert dazu den entscheidenden Beitrag.

Wenn ich zum Beispiel für ein Spiel im Westen, also entweder für eine Partie von Dortmund, Schalke, Gladbach oder Leverkusen, zuständig bin, fahre ich meist morgens gegen elf Uhr los. Dann gibt es feste Rituale: Kurz vor dem Ziel ein Espresso an der Tankstelle. Ein Blick in die regionalen Zeitungen. Ein kurzes Telefonat mit der Redaktion. Um 14 Uhr ist dann die erste Besprechung mit dem Kamerateam. Wir haben Zugriff auf verschiedene Bildquellen. Zunächst bekommen wir das Material geliefert, das die Deutsche Fußball Liga selbst mit zehn bis zwanzig Kameras (je nach Spielbedeutung) aufzeichnet. Jeder Rechteinhaber bekommt diese Bilder. Zudem können wir noch weitere Kameras hinzubuchen. Pflicht ist die Hintertor-Hochkamera und eine Analysekamera. Mit dieser können wir uns auf spezielle Aspekte konzentrieren. Schließlich haben wir noch unseren eigenen Kameramann, der ganz konkrete Aufträge erhält. Wenn Jürgen Klopp beispielsweise am Abend Studiogast ist, wird er schon mal für eine längere Zeitdauer beobachtet. Oder als Marco Reus 2012 sein Debüt für Dortmund gab, war die ZDF-Kamera natürlich nur auf ihn gerichtet.

Während des Spiels liegt eigentlich nur ein Zettel vor mir, auf dem ich mir besondere Szenen mit dem dazugehörigen Timecode aufschreibe, damit wir beim späteren Zusammenschneiden alles schnell finden. Dann suchen wir nach der Geschichte des Spiels. Es kann ein Handspiel sein, das den Ausgang beeinflusst, ein Foul oder ein Spielerwechsel, der alles verändert.

Nach dem Spiel und den Interviews in der Mixed-Zone

(das ist der Bereich, wo die Spieler und Journalisten in den Katakomben des Stadions miteinander sprechen) mache ich mich auf den Weg ins jeweilige Landesstudio des ZDF. Nach einem Spiel im Westen fahre ich also nach Düsseldorf, wo ich dann meinen Spielbericht mithilfe eines Cutters schneide. Bei besonders brisanten Partien bearbeiten wir das Material vor Ort im Stadion in einem Wagen. In München übrigens immer.

Man kann die Arbeit fürs Aktuelle Sportstudio und bei Live-Spielen nicht miteinander vergleichen. Das sind zwei völlig unterschiedliche Jobs. Worauf ich hinaus möchte: Die Arbeit eines Fußballkommentators hat viele verschiedene Facetten. Zum einen das Gestalterische und Feuilletonistische bei Zusammenfassungen, zum anderen das Spontane, durch die Live-Situation Inspirierte, Fachliche und Emotionale.

Während des Spiels, diese Beobachtung hat Oliver Kahn einmal gemacht, wende ich mich immer Martin Schneider zu, meinem Redakteur, der zumeist neben mir sitzt. Er ist wie ein drittes und viertes Auge, achtet auf Sachen fernab des Balles. Martin konzentriert sich auf taktische Veränderungen, eventuelle Diskussionen an der Trainerbank oder sonstige Ereignisse, die ich nicht im Blick haben kann, wenn ich mich auf Ballhöhe befinde. Er sollte innerlich mitkommentieren und genauso konzentriert bei der Sache sein wie der Reporter selbst. Für mich ist er immer mein wichtigster Bezugspunkt während des Spiels – sozusagen ein imaginärer Fernsehzuschauer.

Beim EM-Finale 1996 haben durchschnittlich 28,44 Millionen Zuschauer in Deutschland vor dem Fernseher gesessen, beim WM-Finale 2002 waren es 26,54 Millionen. Und 2006, als Deutschland im Halbfinale gegen Italien in die Verlängerung musste, schalteten 31,31 Millionen Menschen ihre Geräte ein. Das sind wahnsinnige Zahlen, eine Menschenmasse, die man sich vor seinem geistigen Auge nicht vorstellen kann. Würde ich mir vorher bewusst machen, wie viele Menschen mir in einem solchen Augenblick – sei es freiwillig oder mangels Alternativen – zuhören, wäre ich schon sehr irritiert. Man kann auch nicht zu 30 Millionen Menschen sprechen und den Geschmack aller treffen. Egal was ich auf dem Kommentatorenplatz sage, es wird immer Zustimmung oder Ablehnung geben. 25 Millionen finden dich super, drei Millionen bist du egal, zwei Millionen finden dich scheiße. Deshalb wende ich mich dem Redakteur zu, sehe ihn wie einen Freund, dem ich in einem Gespräch erzähle, was sich auf dem Rasen tut. Oder ich stelle mir zwei Menschen vor, anonym, ohne bestimmte Haarfarbe, zu denen ich spreche.

Vor mir liegen immer Salbeibonbons, eine Stoppuhr, damit ich selber die Zeit nehmen kann, und drei Textmarker. Der gelbe ist für die gelben Karten. Einen roten gibt es nicht – Spieler, die vom Platz fliegen, streiche ich auf meinem Notizzettel durch. Darüber hinaus gibt es für jede Mannschaft einen Marker, zum Beispiel einen grünen für Deutschland und einen blauen für Tschechien. Dann folgen ein paar kurze Stimmübungen, ich räuspere mich, brabbele vor mich hin – ein letzter Test, damit die Stimme nicht versagt. Zehn Sekunden, bevor es losgeht, zünde ich mir eine Zigarette an. Dabei drücke ich auf den Räusperknopf. Damit kann ich mein Mikrofon ausschalten, ohne dass ein Zuschauer es merkt. Dann wird nur noch die Stadionatmosphäre gesendet, vom Anzünden meines Glimmstängels bekommt niemand etwas mit. Ich benutze den Knopf höchstens zwei-, dreimal pro Spiel. Wenn ich mich räuspern muss oder husten, oder wenn ich nicht will, dass jemand das Schluckgeräusch beim Trinken mitbekommt.

Ansonsten befindet sich relativ wenig auf dem Arbeitspult vor mir. Auch nach dem Spiel gibt es ein kleines Ritual: Die Papiere, Notizen, Erinnerungen und Stichworte kommen sofort in den Papierkorb. Gesendet! Der Arbeitstag ist abgeschlossen! Fußball ist Tagesgeschäft. Dann ist das Gehirn leer. Und ich bin es auch. Ein US-Forscher hat übrigens einmal herausgefunden, dass die geistige Anstrengung für einen Live-Kommentator bei einem Sportereignis genauso hoch ist wie nach neun Stunden körperlicher Arbeit. Worauf die These genau zurückzuführen ist, habe ich mir nicht gemerkt. Ich weiß nur, dass ich nach Spielen schlecht schlafe. Es dauert manchmal lange, bis ich runterkomme und abschalten kann. Ich fühle mich tatsächlich fertig.

1996 sah mein Arbeitstag noch etwas anders aus. Seit Kurzem besaßen wir alle Laptops. Auf meinem waren alle Informationen für das Endspiel gespeichert. Die Vorbereitung war umfangreicher als heute ausgefallen, schließlich stand mein erstes Finale bevor. Deutschland gegen Tschechien, im noch nicht umgebauten Wembley-Stadion. Es waren mehrere DIN-A4-Seiten zusammengekommen mit Angaben zu den Spielern und den Mannschaften, Angaben, die man vor knapp zwanzig Jahren noch nicht wie selbstverständlich mit zwei Mausklicks komprimiert und problemlos im Netz finden konnte. Ich hatte mir den Weg ins Finale beider Teams notiert und prägnante Aussagen abgetippt, die die Spieler in Interviews oder bei Pressekonferenzen gesagt hatten. Stundenlang hatte ich vor meinem Laptop gesessen, ich wollte perfekt sein.

Dann bin ich am Vormittag durch die Oxford Street, die bedeutendste Einkaufsstraße Londons, geschlendert. Ich wollte mich am Finaltag, kurz vor dem Spiel, noch ein wenig ablenken. Ich las noch ein, zwei Tageszeitungen, um meinen Wissensstand abzugleichen. Das ist genug, das Ritual habe ich mir bis heute bewahrt. Dann kaufte ich zwei T-Shirts für Laura und Paul, meine Kinder, trank noch einen Espresso, während ich dem Treiben im Herzen Londons zusah. Bei einem flüchtigen Blick in die *Times* entdeckte ich noch einen interessanten Aspekt, den ich mir für den Abend im Computer notieren wollte. Doch als ich diesen Stunden später im Hotel anschalten wollte, passierte gar nichts. Der Bildschirm blieb schwarz, obwohl der Rechner am Netz hing. Ich rief einen Techniker, der bis zur Abfahrt zum Stadion versuchte, den Kasten zum Laufen zu bekommen. »Es geht nicht, Béla. Es tut mir wahnsinnig leid«, sagte er kreidebleich und verzweifelt. »Okay, dann nicht. Dann fahre ich halt ohne Laptop.« Was sollte ich anderes sagen?

Am Stadion setzte ich mich mit Martin, meinem Redakteur, vor einem indischen Straßenimbiss auf Klappstühle. Auf meinen Knien lag ein vom Fett durchtränkter Pizzakarton. »Was fällt dir noch ein?«, fragte ich Martin, während wir aßen. Zusammen fiel uns viel ein. Also schnappte ich mir einen Stift, drehte den Karton um, riss den fettfreien Deckel ab und zeichnete zwei Spalten. Links Deutschland, rechts Tschechien. Ich wusste, dass Oliver Bierhoff eigentlich nur bei der EM dabei war, weil Monika Vogts ihrem Berti gesagt hatte: »Der ist doch so nett.« Bierhoff hatte erst im Februar 1996 sein Debüt für die Nationalmannschaft gegeben, als er gegen Portugal eingewechselt worden war. Nun gehörte er vier Monate später zum EM-Kader. So saßen Martin und ich da, aßen und flachsten, und ich schrieb auf einen ekligen Pizzakarton, was wir für wichtig hielten.

Kurz vor 20 Uhr Ortszeit saß ich dann mit Salbeibonbons, einem Glas Wasser, der obligatorischen Zigarette und eben dem Pizzakarton vor mir im Wembley-Stadion. Deutschland hatte Anstoß und galt als klarer Favorit. Doch die Tschechen gingen nach einer Stunde in Führung, Matthias Sammer hatte Karel Poborský gefoult, so der Schiedsrichter. Es gab Elfmeter, eine Fehlentscheidung, und Patrik Berger schoss das Tor für den Außenseiter. Zehn Minuten nach dem Führungstreffer wechselte Berti Vogts Oliver Bierhoff für Mehmet Scholl ein. Weitere vier Minuten später servierte Christian Ziege eine Flanke in den Strafraum, die Bierhoff mit seinem zweiten Ballkontakt ins tschechische Tor lenkte. Ausgleich. Verlängerung.

Und dann bricht die 95. Minute an. Oliver Bierhoff bekommt den Ball im gegnerischen Strafraum. Er steht mit dem Rücken zu Petr Kouba, einem der besten Torhüter seiner Generation. Fünfzehn Meter Torentfernung. Eigentlich, so beschrieb es Bierhoff hinterher, wollte er sich nach links drehen. Miroslav Kadlec, sein Gegner, klebte an ihm dran. Doch dann rief Marco Bode ihm zu, er solle sich anders herum drehen. »Als ich mich drehte«, so Bierhoff, »war da niemand. Und mir blieb nichts anderes übrig, als zu schießen. Einfach blind drauf.« Er trifft den Ball kaum, schon gar nicht platziert. Ein Schüsschen, von denen Kouba bestimmt schon hundert in seiner Karriere locker gefangen hat. Doch nicht diesen. Nicht im wichtigsten Spiel seiner Karriere. Wie bei einer missratenen Blockabwehr im Volleyball lässt er den Ball abtropfen. Der hüpft zweimal auf, trifft den Pfosten und springt ins Tor. Ich brauche einige Sekunden, um zu verstehen, was gerade passiert ist. Dann platzt es aus mir heraus: »Deutschland ist Europameister. Und wieder war es Oliver Bierhoff. Durch das erste Golden Goal in der Fußballgeschichte.«

Für Bierhoff war dieses Finale ein Schlüsselmoment seiner Karriere. Später wird er bei Udinese Calcio Torschützenkönig der Serie A in Italien. In Deutschland wird er zum Fußballer des Jahres 1998 gewählt, und ein Jahr später holt Bierhoff die Meisterschaft mit dem AC Mailand.

Aber auch für mich war das Finale ein Schlüsselmoment. Trotz Laptop-Drama und Not-Pizzakarton hatte ich es geschafft. Von da an dachte ich: Mir kann nichts passieren, es wird immer gut gehen. Ich habe die Gabe, bei unvermeidlichen Dingen eine große Gelassenheit zu entwickeln. Ich wurde zum Stoiker, der getreu dem Motto lebt: »Was soll ich mich aufregen? Es ist, wie es ist. Die Kinder sind gesund. Ich bekomme ein ordentliches Gehalt. Ich kann mir Nachtisch leisten. So what!« Das ist das Brasilianische in mir.

»Mir fällt da noch was ein«

Dieter Nuhr gehört zu den erfolgreichsten und beliebtesten Kabarettisten in Deutschland. Bekannt wurde er durch Auftritte in der »Harald Schmidt Show«, bei »Genial daneben« oder im »Quatsch Comedy Club«. 2009 und 2010 gewann Nuhr den Deutschen Comedypreis als bester Komiker. Béla Réthy kennt er seit 1996, als er ihn hautnah beim deutschen EM-Sieg erlebte.

Von Dieter Nuhr

Ich habe Béla Réthy kurz nach dem Zweiten Weltkrieg kennengelernt. Ich durfte als junger Kabarettist im Rahmen der Berichterstattung zur Fußball-EM 1996 Glossen für das ZDF erstellen, eine große Aufgabe für jemanden, der noch nie Filme fürs Fernsehen gemacht hat und nicht einmal weiß, welches Formular für die Bestellung eines Kamerateams verwendet werden muss … Schön, wenn man dann auf kompetente Hilfe bauen kann.

Die Jungs vom ZDF (Mädchen waren damals in der Sportberichterstattung eher die Ausnahme – und wer hätte das mehr bedauert als Béla …) waren da mehr als hilfreich. Ich wurde als Neuling behutsam eingeführt. Langsam brachte man mir bei, was bei großen Sportereignissen, die sich über mehrere Wochen ziehen, am wichtigsten ist: gut essen, gut trinken, gut ausgehen. Was helfen die besten Sportergebnisse, wenn der Berichterstatter frustriert, hungrig und nüchtern ist? Ist erst einmal der Durst gelöscht, geht alles viel besser von der Hand. Raffinierte und volksnahe Formulierungen fallen auch dem erfahrenen Sportreporter leichter, wenn er die Sprüche schon am Vorabend in Gesellschaft interessierter Damen ausprobieren konnte, am besten bei einem guten Fass Wein.

Unvergessen ist mein abendlicher Besuch mit Béla beim Indian Day in einer Londoner In-Diskothek. Erst als der Eintritt schon bezahlt war, merkten wir, dass es sich nicht um eine Mottoparty handelte, sondern dass der Begriff »Indian« im Titel der Veranstaltung die nationale Zielgruppe umriss. Wir waren die einzigen Westeuropäer im Saal und zogen durchaus Interesse auf uns, auch bei den Damen, was die Herren eher mürrisch zur Kenntnis nahmen. Eine gewisse Feindseligkeit machte sich breit, als Deutsche galten wir als Störenfriede, denen man notfalls auch mit Aggression entgegentreten musste. Ich will nicht behaupten, dass ich damals Béla das Leben gerettet habe, aber doch vielleicht einige Zähne. Wenn hübsche Damen in der Nähe sind, wird für Béla alles andere unsichtbar, auch grollende, stark tätowierte und muskeltechnisch überlegene Herren, deren Gesichter sich von Sekunde zu Sekunde verdüstern. Als ich darauf bestand, den Laden zeitnah zu verlassen, also bevor der ethnische Ärger in Handgreiflichkeiten umschlug, war Béla kaum zu überreden. Ich bekam es hin und schaffte damit vielleicht erst die Grundlage dafür, dass Béla das Endspiel kommentieren konnte, ohne auf neue Zähne zurückgreifen zu müssen.

Das Endspiel war der Höhepunkt des sportlichen Ereignisses. Die EM 1996 war eines der ersten Großereignisse, bei dem die Reporter auf Online-Datenbänke zugreifen konnten, was für ein Fortschritt! Plötzlich war es möglich, dem Zuschauer mitzuteilen, dass der Spieler X morgens gerne linksdrehende Joghurtkulturen zu sich nimmt und deshalb einen Top-Cholesterinwert aufweist. Grandios.

Bélas Computer allerdings stand nicht zur Verfügung. Ich weiß nicht mehr, ob er geklaut, in der Badewanne versenkt oder schlichtweg von irgendeinem Virus zerfressen wurde. Egal. Er stand nicht zur Verfügung. Béla hatte die Mannschaftsaufstellungen und alle notwendigen Zusatzinfos fein säuberlich auf einer Pizzaver-

1. Familienglück: meine Mama Maria, Papa Béla und ich. Wir Réthy-Männer hatten über vier Generationen den gleichen Vornamen.

2 Auf Portugiesisch bedeutet »Bela« die Schöne. Nach Hänseleien auf dem Schulhof überlegte ich, ob ich meinen ersten Vornamen ablegen und meinen Zweitnamen nutzen solle. Doch die Familientradition war stärker.

3. Cooler Beach-Boy am Strand in Santos. Vielleicht hätte ich eine große Surfkarriere hingelegt, wäre ich nicht nach Deutschland ausgewandert. Aber so war die Entfernung zum Strand einfach zu groß.

4. Fußball bestimmte früh mein Leben! Natürlich backte mir meine Mama zum Geburtstag eine Fußballtorte aus Marzipan.

5. Live-Kommentieren schien zunächst nicht so mein Ding zu sein, hier beim Wasserball-Spiel Deutschland gegen Australien 1988 in Seoul.

6. Durch meinen Job habe ich immer wieder die Gelegenheit, Sportlerlegenden hautnah zu erleben. Hier eine von mehreren Begegnungen mit Pelé bei der WM 1990.

7. Ich genieße es bis heute, auch abseits des Fußballs arbeiten zu dürfen. Zum Beispiel bei den Olympischen Spielen 1994 in Lillehammer (Norwegen).

8. Mein erstes Endspiel! Und was für eins: Oliver Bierhoff entscheidet das EM-Finale 1996 per Golden Goal. Ich brauche einige Sekunden, um zu realisieren, was passiert ist. Dann erst rufe ich ins Mikrofon, dass Deutschland Europameister ist.

9. Mit meiner Frau Birgit, die mir kurz nach der WM 1986 in Mexiko einen Heiratsantrag am Strand macht.

10. Auch mit meiner Familie war ich oft sportlich unterwegs: Hier posiert der stolze Papa mit Laura und Paul beim Wandern in den bayerischen Alpen oberhalb des Schliersees.

11. Mit meinem Sohn Paul

12. Mit meiner Tochter Laura

13. Als Sportkommentator reist man viel durch die Welt. Manchmal muss man aber auch abschalten – hier gönne ich mir eine kleine Auszeit in Neuseeland.

packung untergebracht. Das sah vielleicht nicht sonderlich professionell aus, sprach aber für einen gesunden Pragmatismus und vor allem für einen sportlich ergebnisorientierten Arbeitsstil. Was sollte er auch machen. Papier hätte damals beim ZDF wahrscheinlich schon im Frühjahr beantragt werden müssen.

Ich saß zwischen Béla und seinem Redakteur, einer Art lebendiger Datenbank, die auch bei Absturz funktionierte. Leider habe ich seinen Namen vergessen. Folgerichtig, bleiben doch noch heute bei der Übertragung von Sportereignissen die wahren Informationsbeschaffer meist namenlos. Gegen Tschechien stand es nach 90 Minuten 1:1. Verlängerung. Dann Bierhoff! Golden Goal! Damals noch nicht im Anzug festgeschweißt, sondern im teilweise sogar verschwitzten Deutschlandtrikot. Sieg!

Die folgenden 15 Sekunden haben sich in meiner Erinnerung festgetackert. Im Stadion: Torjubel, aber nur wenige hatten auf den Zuschauerrängen begriffen, dass das Spiel damit beendet war. Die Fernsehzuschauer zu Hause waren minütlich auf die Regel hingewiesen worden, auf den Tribünen aber herrschte ganz offenbar die Macht der Gewohnheit, und die sagte: Ein Spiel mit Verlängerung dauert 120 Minuten.

Die Mannschaft jubelte, und Béla brüllte ins Mikrofon: »Deutschland ist Europameister!« Das war faktisch richtig, widersprach aber dem Anschein im Stadion, was auch Béla verunsicherte. Er drückte die Mute-Taste, die das Mikro stumm stellt, und brüllte uns ins Ohr: »Das stimmt doch! Das stimmt doch, oder?« Er hatte recht, nur die Situation in der Arena sprach gegen ihn … Alles sah sekundenlang so aus, als würde gleich wieder angepfiffen. Ich brüllte gegen den Lärm gemeinsam mit dem Redakteur zurück: »Stimmt! Stimmt!«

Béla ließ die Taste los und wiederholte: »Deutschland ist Europameister!« Er hatte Glück. Deutschland hatte gewonnen. Die Information verbreitete sich nach zwanzig langen Sekunden auch im Stadion. Béla hatte seinen Nervenschock unbeschadet überstanden und mir eine wunderbare Erinnerung beschert. Ich kann heute sagen, dass ich Anteil daran hatte, dass die Welt erfuhr: Der Titel war unser. Bierhoff hatte das Tor geschossen, Béla hatte es hinausgebrüllt. Aber ich habe es bestätigt! Sicher, ich weiß, die Welt hätte sich auch ohne mein Zutun weitergedreht. Aber vielleicht andersherum. Wer weiß …

Kapitel 7
Der Kennedy-Mord des Fußballs

Die Weltmeisterschaft 1998 in Frankreich war für mich eher ein trübes Kapitel. Johannes B. Kerner war zuvor von Sat.1 zum ZDF gewechselt und bekam als Shootingstar die wichtigsten Spiele. Er kommentierte die Deutschland-Spiele und besondere Begegnungen, ich war mehr oder weniger nur mit dabei. Immerhin durfte ich dreimal Brasilien kommentieren sowie das Eröffnungsspiel gegen Schottland, dann das Achtelfinale gegen Chile und das Viertelfinale gegen Dänemark. Dabei erlebte ich einen Krimi, der mich zwei Jahre lang fesselte und der an Dramatik nicht zu überbieten war. Er war für die Brasilianer fast so brisant wie der Kennedy-Mord für die Amerikaner – nur dass Ronaldo Luis Nazário de Lima überlebte.

Ronaldo war ein Juwel. Er erzielte beim PSV Eindhoven zwischen 1994 und 1996 54 Tore in 57 Pflichtspielen. Anschließend wurde er Torschützenkönig in der spanischen Primera División und schoss den FC Barcelona zum Gewinn des Europapokals der Pokalsieger. Er wurde mit Auszeichnungen überschüttet, ehe er ein Jahr vor der WM zu Inter Mailand wechselte.

Ronaldo war das Beste, was die Fußballwelt zu bieten hatte. Und entsprechend hoch waren die Erwartungen. Nike hatte einen Privatdeal mit ihm abgeschlossen. Drei Millionen Dollar, so wurde kolportiert, sollte er für jedes Jahr bekommen, in dem er aktiv spielte. Nach seiner Karriere würde er weiterhin bis zu seinem Lebensende eine Million pro Jahr kassieren. Zudem war Nike Sponsor der brasilianischen Nationalmannschaft. Drei Jahre vor der WM war mit dem Verband ein Vertrag über 65

Millionen Dollar geschlossen worden. Viel Geld, für das Nike viel erwartete. Sehr viel sogar.

Im Dezember 1997 drehte das amerikanische Unternehmen einen drei Millionen teuren Werbespot mit Hollywood-Regisseur John Woo, der sonst mit Schauspielgrößen wie John Travolta und Nicolas Cage sowie Tom Cruise arbeitete. Nun folgten Fußballer seinen Anweisungen. Klappe und *action*: Gelangweilt hängen die brasilianischen Stars am Flughafen herum. Der Abflug verspätet sich. Ronaldo holt einen Ball aus seiner Sporttasche, fängt an, damit herumzuspielen. Leonardo, Roberto Carlos und Dunga wollen mitmachen. Sie tänzeln um Wachmänner, umdribbeln Passagiere und Koffer. Selbst ein heranrollender Jumbo auf dem Rollfeld kann sie nicht stoppen.

Sie haben Spaß und können alles am Ball. Doch ganz so locker, wie im Spot vermittelt, sind die Brasilianer nicht. Ronaldo weiß, was von ihm und seiner Mannschaft erwartet wird. »Die Weltmeisterschaft ist das wirkliche Ziel jedes brasilianischen Fußballers. Wenn man sie gewinnt, geht man in die Geschichte des Landes ein. Wenn nicht, könnte man alles andere gewinnen, aber in Brasilien wird man sich dann nur wegen seines Versagens an einen erinnern. Wir können nur dann wirklich glücklich sein, wenn wir gewinnen, guten Fußball spielen und Spieler haben, die aus der Menge herausragen. Das ist es, was die Menschen in Brasilien bei der Weltmeisterschaft in Frankreich von uns erwarten.« Er ist bereit, diese Erwartungshaltung zu erfüllen. Großspurig und voller Selbstvertrauen tönt er, nachdem er im Januar 1998 zum zweiten Mal in Folge zum Weltfußballer des Jahres gewählt worden war: »Ich möchte nur zu gerne sagen, wie leid mir England, Italien, Deutschland und Frankreich tun, weil Brasilien die Weltmeisterschaft gewinnen wird und alle anderen nur um den zweiten, dritten und vierten Platz kämpfen werden.« Ronaldo kündigt sogar an, den Rekord des früheren französischen Nationalspielers Just Fontaine, der bei der Endrunde 1958 in Schweden 13 Treffer erzielt hatte, zu brechen. »In einer Mannschaft wie Brasilien«, so Ronaldo, »erarbeiten wir uns in jedem Spiel sechs oder sieben Torchancen, sodass ich glaube, dass Fontaines Rekord für mich in Reichweite liegt.« Diese Sätze hörte ich bei den Pressegesprächen der Brasilianer, in ihrem Quartier nördlich von Paris.

Ronaldo mimte den starken Mann. Er versprach den Gewinn der Weltmeisterschaft, wohl wissend, dass 160 Millionen Brasilianer auch gar nichts anderes akzeptieren würden. Nirgends auf der Welt ist der Druck so groß. Nachdem Brasilien 1970 in Mexiko den Titel holte, brach Roberto Rivelino nach dem Finale zusammen. »Ich wurde vor Erleichterung ohnmächtig. Ich erinnere mich an nichts. Ich weiß nur noch, dass ich mich im Umkleideraum befand. Ich wusste auch, was passiert wäre, wenn wir nicht gewonnen hätten«, erklärte er hinterher. Der Druck hätte ihn fast kaputt gemacht. Dunga, 1998 Kapitän der Mannschaft, sagte: »Wenn man Brasilianer ist, genügt es nicht, sich einfach das Trikot überzustreifen und abzuwarten, was passiert. Wir müssen den schönsten Fußball spielen, der überhaupt möglich ist.« Und Felipe Scolari, seit November 2012 wieder Nationaltrainer von Brasilien, sagte: »Wenn es um den Fußball geht, gibt es in unserem Land nur Schwarz und Weiß. Heute wirst du gefeiert, morgen gefeuert.«

Die Welt erwartete Wunder von Ronaldo. Um die zu vollbringen, überredete er sogar den damaligen Papst Johannes Paul II. bei einer Privataudienz im Vatikan, sein Trikot mit der Nummer 9 zu segnen. Johannes Paul musste sich zwar von seinem Sekretär, Bischof Stanisław Dziwisz, aufklären lassen, wer Ronaldo war, er erfüllte ihm aber den Gefallen. Danach weigerte sich Ronaldo, sein Trikot nach Spielende mit den Gegenspielern zu tauschen.

Die WM kam näher. Nationaltrainer Mario Zagallo schnappte sich Ronaldo und bereitete ihn darauf vor, dass er wegen seiner außergewöhnlichen Fähigkeiten damit rechnen müsse, hart attackiert zu werden. Ein Hinweis, der Ronaldo Angst machte. Schon seine Berater Reinaldo Pitta und Alexandre Martins hatten ihn ermahnt, er solle schwere Verletzungen vermeiden. Nun fürchtete er sich und sagte: »Diese Attacken von hinten machen mir wirklich Sorgen. Sie haben schon die Karriere des Holländers Marco van Basten und anderer ruiniert. Ich hoffe nur, dass die Schiedsrichter in Frankreich streng durchgreifen.«

Angst vor Verletzungen, der Druck, die Erwartung des ganzen Landes zu erfüllen, dazu Gerüchte über Beziehungsprobleme mit seiner Verlobten Susana – und dann musste auch noch sein Sturmpartner Romário das Trainingslager wieder verlassen, da er nach einer Verletzung noch nicht wieder schmerzfrei war und Zagallo glaubte, er werde nicht mehr richtig fit. Damit verstärkte sich der Druck auf Ronaldo, der gerade mal einundzwanzig Jahre alt war, weiter.

Sehr viel auf einmal. Zudem musste er weiter für Nike paratstehen und selbst eine Woche vor Turnierbeginn noch stundenlang durch den Pariser Verkehr fahren, um bei einer Sportpark-Eröffnung Hände zu schütteln, zu posieren und Interviews zu geben.

Es war komisch, Ronaldo dabei zu beobachten. Jede Möglichkeit, jeden Presse- oder Sponsorentermin habe ich genutzt, um ihn zu erleben, ihn sprechen zu hören, seine Mimik zu studieren. Er sprach leise, auffällig leise. Wenn ein Ball in der Nähe war, wusste Ronaldo immer, was zu tun war. Dann blühte er auf, beförderte ihn mit der Hacke auf seinen Kopf, wo er wie angeklebt liegen blieb, wenn Ronaldo es wollte. Er ließ den Ball tanzen, wie es ein Seehund im Zirkus tut. Dann wirkten seine Gesichtszüge entspannt. Sein Sponsor Pirelli hatte Ronaldo in einer Plakatkampagne zum Erlöser von Rio de Janeiro erhoben und anstelle von Jesus Christus über Brasiliens Metropole wachen lassen. In Anlehnung an das berühmte Wahrzeichen stand Ronaldo oben auf dem Corcovado-Berg, die Arme im 90-Grad-Winkel vom Körper gestreckt, nur auf dem rechten Fuß balancierend. Unter ihm erstreckt sich seine Heimat Rio de Janeiro, die Guanabara-Bucht und der Zuckerhut sind in das wohlige Licht eines Sonnenuntergangs gehüllt. Ronaldo der Weltstar, der Erlöser, der Gigant! Doch wehe, Ronaldo kann keine Kunststückchen vollführen und sich nicht an einen Ball klammern. Dann ist er nichts davon. Dann ist er nur das »glatzköpfige Riesenbaby«, wie ihn das *Jornal do Brasil* taufte. Ein Jüngling mit zartem Bartflaum am Kinn, das bis zu seinem 19. Lebensjahr Zahnspange trug und dennoch eine klaffende Zahnlücke hat. Wenn er in die Kameras redet und seine Parolen verkündet, die die Welt von ihm erwartet, zumindest die brasilianische, weiß er nicht, wo er mit seinen Händen hin soll. Dann kratzt er sich viel und oft, mal an der Hand, mal hinterm Ohr, mal am Oberschenkel. Dann ist Ronaldo ein Kind, das eher den Anschein vermittelt, als brauche es die Liebe und die Zuneigung und Umarmungen von allen Brasilianern, und es sieht ganz und gar nicht so aus, als könne er ihr Erlöser sein.

Am 10. Juni um 17.30 Uhr war es dann endlich so weit. Brasilien eröffnete im Stade de France vor 80 000 Zuschauern gegen Schottland die WM. Ich war der Kommentator. Am Ende stand es 2:1. Ronaldo, der nachmittags im Hotel vor Nervosität geweint hatte, gab erleichtert zu: »Ich habe noch nie so viele Augen auf mir gespürt wie bei diesem Spiel – und es gefiel mir. Wenn ich den Ball berührte, schienen alle zu verstummen. Es war ein magischer Abend. Unvergesslich.« 91 Mal war er im gesamten Spiel am Ball, so haben es die Statistiker gezählt. Ins Tor getroffen hat er dabei nicht.

Das passierte erst im nächsten Gruppenspiel, beim 3:0 gegen Marokko. »Das war das wichtigste Tor meines Lebens, weil es mein erstes Tor in diesem Weltmeisterschaftsturnier war. Ich war verrückt vor Freude, wie ein Strafgefangener, der auf freien Fuß gesetzt wird«, jubelte Ronaldo, der allerdings verschwieg, dass er sich bei einem Foul schwer verletzt hatte. Zagallo hatte ihm unmissverständlich verboten, darüber umfassend Auskunft zu erteilen. Daher sagte Ronaldo nur: »Es kam mir vor, als hätten die Marokkaner es auf uns abgesehen. Sie waren gefährlich.«

Im letzten Vorrundenspiel schlugen die Norweger Brasilien mit 2:1. Eine Überraschung, dennoch waren die Südamerikaner als Gruppenerster für das Achtelfinale qualifiziert. Weil Ronaldo nach dem Spiel schimpfte, Brasilien bestehe nicht nur aus ihm und die Mannschaft müsse auch Ronaldo beistehen, zog er sich den Zorn der Mannschaftskollegen zu. Sie waren mit den Vorwürfen nicht einverstanden und zeigten ihrem Stürmerstar für ein paar Tage, was sie von seiner Kritik hielten. Bis zum Achtelfinale hatte sich die Situation zumindest im Team wieder beruhigt. Ronaldo, der neben seinen gesundheitlichen Problemen noch immer Meinungsverschiedenheiten mit seiner Susana hatte, traf dennoch vor meinen Augen im Pariser Prinzenpark zweimal gegen Chile und trug damit maßgeblich zum 4:2-Sieg und dem Erreichen des Viertelfinals bei. Einen Grund zufrieden zu sein und sich zurückzulehnen sah Ronaldo aber nicht. »Keiner von uns kann sich entspannen, bis wir im Finale stehen, den Pokal hochhalten und nach Brasilien mitnehmen«, verriet er. Seine wichtigste Aufgabe sei es, so verkündete er, »mein Land stolz zu machen. Brasilien ist alles, und Fußball in Brasilien ist so viel mehr, als man sich vorstellen kann«.

Ronaldo verschlang regelrecht Artikel, die über ihn geschrieben wurden, so berichteten es mir meine brasilianischen Kollegen bei unseren regelmäßigen Gesprächen. Er liebte es, Lobeshymnen über sich zu lesen. Und er hasste es, wenn ein negatives Wort über ihn geschrieben wurde, empfand dies gar als persönliche Beleidigung. Trotzdem suchte er gezielt nach Berichten über sich. Obwohl ihm Kritik zu schaffen machte, musste er alles über sich aufsaugen, was er nur finden konnte.

Der *Daily Mirror* bezeichnete ihn nach dem 3:2 im Viertelfinale gegen Dänemark als »Goldkind«. In dem Bericht hieß es, Ronaldo schwebe »wie ein Schmetterling und sticht wie eine Biene. Seine Stärke und seine Ausgeglichenheit sind unglaublich, und bis jetzt hat es sich als unmöglich erwiesen, ihn von seinen Beinen zu holen«.

Doch auch wenn dies nicht gelungen war, so musste Ronaldo doch erstmals öffentlich zugeben, dass er nach den bösen Attacken im Spiel gegen Marokko noch immer Schmerzen hatte. »Es ist ein leichter Schmerz. Es tut weh, wenn ich sprinte oder abrupt stehen bleibe. Ich kann den Schmerz aber ertragen. Während eines Spiels bin ich so konzentriert, dass ich vergesse, dass es wehtut«, sagte er.

Ronaldo spielt trotzdem im Halbfinale gegen Holland. Nach 46 Minuten bringt er Brasilien in Führung, doch Patrick Kluivert kann drei Minuten vor dem Ende ausgleichen. Die Entscheidung muss im Elfmeterschießen fallen. Auch hier trifft Ronaldo, Brasilien siegt mit 4:2 und erreicht das Finale.

570 Minuten hat Ronaldo bereits gespielt. Vier Tore hat er erzielt, drei vorbereitet. Sein Knie schmerzt heftiger, als er zugibt. Noch vier Tage bis zum Finale gegen Gastgeber Frankreich, der Kroatien geschlagen hat.

Als Ronaldo zwei Tage vor dem Endspiel das Training nach nur dreißig Minuten abbrechen muss, behaupten die Brasilianer, es sei eine reine Vorsichtsmaßnahme. Er sei fit für das wichtigste Spiel seines Lebens. Erst später, lange nach Turnierende, enthüllte ein brasilianischer Spieler, wie es wirklich um Ronaldo stand: »Ronaldo wirkte benommen. Er sprach kaum ein Wort, und es war klar, dass ihm irgendetwas zu schaffen machte, doch niemand wusste, wie er darauf reagieren sollte. Wir hatten die Hoffnung, es würde vorübergehen.« Ronaldo hatte Probleme einzuschlafen. Er redete sich ein, er allein wäre schuld, sollte es ihm nicht gelingen, Brasilien zum fünften Weltmeistertitel zu schießen. Leonardo bekam all dies mit und beklagte öffentlich: »Die Ansprüche an Ronaldo, die Erwartungen sind etwas Verrücktes.«

Wollte Ronaldo mal das Mannschaftsquartier verlassen, um sich abzulenken, wurde er sogleich von Reportern und Kamerateams belagert. »Lassen Sie den Jungen in Ruhe. Er hat es schwer genug. Kein anderer Fußballer ist den Weg gegangen, den er auf sich genommen hat«, flehte sein Trainer Zagallo um Verständnis und Rücksichtnahme für seinen Superstar.

Die *Mail on Sunday* erklärte ihn zu einer »Ein-Mann-Marketingkampagne«. Genau das war Ronaldo auch. Er war Brasiliens wichtigster Mann. Er war Nikes wichtigster Mann. Er musste unfehlbar sein, Tore schießen, lachen, tricksen – aber ein Mensch mit Schwächen, schlechten Tagen oder gar Schmerzen durfte er nicht sein. Permanent wurde er nicht nur in den Tagen vor dem Finale mit Cocktails aus entzündungshemmenden Medikamenten versorgt, ungeachtet schwerer Nebenwirkungen wie Krampfanfällen, die Lidocain und Xylocain auslösen können. Ronaldo ließ all das mit sich geschehen. Einblicke in sein Seelenleben gab er nur ganz wenige. Einmal erzählte er Reportern: »Ich musste sehr schnell erwachsen werden. Vor nicht langer Zeit war ich noch ein Kind, aber seit ich fünfzehn war, musste ich fern von meiner Familie leben. Vergessen Sie nicht, ich war siebzehn, als ich nach Holland ging.«

Die ganze Welt schaute auf die Finalteilnehmer Frankreich und Brasilien. Welches Team ist besser in Form? Wie bereiten sich die Mannschaften vor? Reporter zapften ihre Informanten, also befreundete Spieler, Mannschaftsärzte oder Betreuer an, um Interna zu erfahren.

Besonders um Ronaldo brodelte die Gerüchteküche. Sein Knie, so hieß es, sei so kaputt, dass er sich nach dem Turnier einer Operation unterziehen müsse. Mindestens einen Monat falle er anschließend aus. Der brasilianische Verband kochte vor Wut. Das Bild des unverwundbaren Supermanns durfte nicht zerstört werden. Also ließ Präsident Ricardo Teixeira sofort ein Interview mit Ronaldo führen, um den Gerüchten gegenzusteuern. »Wenn ich wie jetzt weitermache, bis ich im selben Alter bin wie unser Kapitän Dunga [der war damals 34 Jahre alt, Anm. B.R.], werde ich fünf Weltmeisterschaftsmedaillen haben. Ich sehe vor mir, wie ich in die Geschichtsbücher eingehe.« Verbandsmitarbeiter schickten das Interview an Zeitungen, um der Welt zu demonstrieren: Unser Ronaldo ist fit, alle Behauptungen sind purer Schwachsinn. Doch damit gaben sich nicht alle Medien zufrieden. *O Globo* recherchierte weiter. Auch ich bekam täglich wechselnde Informationen, die Ereignisse überschlugen sich. Durch meine guten Kontakte zu den brasilianischen Medien und Offiziellen hörte ich ständig neue Versionen und fragte mich, was wohl die Wahrheit war. Inzwischen war immerhin durchgesickert, dass Ronaldo schmerzlindernde Spritzen bekam.

Noch eine Nacht bis zum Finale. Ronaldos Anspannung wuchs weiter. Nicht einmal auf die Unterstützung seiner Verlobten konnte sich Ronaldo verlassen. Anstatt ihn aufzubauen und zu trösten, überschüttete ihn Susana in einem Telefonat mit Vorwürfen. Er vernachlässige sie total, er denke nur an Fußball, nie an sie. Immer nur würde er über den Druck jammern. Eine weitere unruhige Nacht voller Zweifel und Gedanken, dabei sollte er schlafen, um ausgeruht in den so wichtigen Tag zu gehen.

Ob das Rätsel, was dann wirklich passierte, jemals gelöst wird, bezweifle ich. Auf zu viele Menschen wurde Druck ausgeübt. Es wurde gedroht, es wurden Beweise vernichtet. Es wurden Versionen erfunden, die man gemeinsam den Reportern vorsetzte. Es ist ein Krimi, wie ihn kein Hollywood-Regisseur spannender schreiben könnte. Am Ende hat er vor allem einen Verlierer: Ronaldo.

Um 13 Uhr bittet er seinen Zimmerkollegen Roberto Carlos, ihm dabei zu helfen, sich den Kopf zu rasieren. Anschließend schalten sie den Fernseher ein und legen sich aufs Bett, um sich noch ein wenig auszuruhen. Roberto Carlos setzt sich dafür Kopfhörer auf und hört Musik von seinem Walkman. Etwa eine Stunde später vernimmt er dumpfe, sonderbare Geräusche.

Ronaldo schwitzt, ist blass und zuckt, ähnlich wie bei epileptischen Anfällen. Das Atmen sei Ronaldo schwergefallen, heißt es später, Roberto Carlos bekam Angst, dass er die Zunge verschlucken könnte. Die Mannschaftsärzte Toledo und Da Mata eilen in das Zimmer 209, wo auch schon andere Spieler zu helfen versuchen. Sie entfernen Speichel aus Ronaldos Mund, er bekommt nun wieder besser Luft. Die Ärzte und Trainer Mario Zagallo besprechen sich, sie entscheiden, dass Ronaldo nicht von Beginn an spielen wird. Gegen 16 Uhr wird er in die Clinique des Lilas gebracht, ein Krankenhaus mit 24-Stunden-Bereitschaftsdienst für die Teilnehmer an der Weltmeisterschaft. Kurze Zeit später verlässt die Mannschaft ihr Quartier in Richtung Stadion.

»Als sie das Hotel verließen, um zum Stade de France zu fahren, herrschte absolute Stille«, verriet Hoteldirektor Chevalier später. Sonst seien die Abfahrten fröhlich, laut und voller Zuversicht gewesen. »Wir, die wir sie persönlich kannten, wussten in jenem Moment, dass es in der Mannschaft keinen Zusammenhalt mehr gab und dass sie die Weltmeisterschaft verloren hatten«, so der Hoteldirektor weiter.

Um kurz vor sechs erreichte Ronaldo die Klinik. Eine Krankenschwester behauptete hinterher: »Als ich ihn ankommen sah, fragte ich mich, was er hier mache. Er sah glücklich und fit aus. Ich dachte sofort, dass er gekommen sein müsste, um einen Patienten zu besuchen, und nicht, um sich behandeln zu lassen.« Klinikchef Philippe Krief sagte über Ronaldos Zustand: »Wir konnten keine Anzeichen dafür feststellen, dass er einen Krampfanfall gehabt hatte. Wenn Menschen einen Krampfanfall haben, weiten sich ihre Pupillen, sie sabbern und verlieren das Gleichgewicht. Die Auswirkungen dieses Symptoms wären bei Ronaldo noch zu sehen gewesen, als man ihn in die Klinik brachte, doch davon war nichts zu erkennen. Ronaldo wurde eineinhalb Stunden lang untersucht, während er sich mit dem Personal und den Schwestern unterhielt und sich im Fernsehen etwas Fußball ansah. Er wurde auf Herz und Nieren untersucht, und es wurden auch Bluttests vorgenommen. Danach übergaben wir dem brasilianischen Arzt die Ergebnisse. Wir gaben kein Urteil darüber ab, ob er spielen sollte oder nicht. Wir gaben ihnen einfach die Ergebnisse, damit sie selbst entscheiden konnten. Unsere Akten sind vertraulich, aber ich kann sagen, dass man nicht so wie Ronaldo aus einem Krankenhaus wegspaziert, wenn man schlechte Untersuchungsergebnisse gehabt hat. Wir hielten ihn für körperlich gesund.«

Um 19.45 Uhr wurden die französische und brasilianische Aufstellung an die Fifa und an uns anwesende Reporter verteilt. Daraus ging hervor, was bisher nur der engste Kreis der Brasilianer definitiv wusste: Ronaldo würde nicht von Beginn an spielen. Nach den Erkenntnissen der letzten Tage war es für mich keine Überraschung, aber die Aufregung war groß. Hunderte Journalisten suchten nach einer Antwort, wilde Spekulationen begannen. Die französischen Reporter glaubten, es handle sich um einen Trick von Zagallo, um ihr Team psychologisch zu verunsichern.

Fünfzig Minuten vor Spielanpfiff kam Ronaldo im Stadion an. 20.10 Uhr zeigte die Uhr. Alle waren fürs Finale bereit. Da entschloss sich Zagallo, Ronaldo doch von Beginn an spielen zu lassen. Assistenztrainer Zico war schockiert. Er konnte die Entscheidung nicht nachvollziehen, aber sie war gefallen. Ronaldo wirkte nervös. Mannschaftsarzt Lídio Toledo gab ihm ein starkes Beruhigungsmittel. Es wirkte schnell, ließ Ronaldo allerdings apathisch werden. So spielte er auch – unfassbar schlecht. Wirkungslos, ohne jegliche Gefahr auszustrahlen.

Zwei Milliarden Menschen sahen weltweit zu. Zweimal traf Zidane, einmal Petit. Ronaldo stand neunzig Minuten auf dem Platz, doch der Superstar stand völlig neben sich. Es sollte sein Finale werden, es wurde sein Albtraum. Frankreich führte Brasilien vor. Und die Welt rätselt seither, was an diesem 12. Juli 1998 in Paris geschehen war.

»Ich litt an etwas wirklich Seltsamem, was ich vor einem Spiel noch nie gefühlt habe. Ich fühlte mich sehr schlecht – Kopfschmerzen, Übelkeit und Magenschmerzen. Auf mir lastete so viel Druck. Ich hatte das Gefühl, als stütze sich ganz Brasilien auf mich. Man erwartet von mir, dass ich als angeblich bester Spieler der Welt entsprechend auftrete. Ganz Brasilien verlässt sich bei jedem Spiel auf mich«, sagte Ronaldo nach dem Spiel. Die *Daily Mail* titelte auf ihrer letzten Seite über einer Ronaldo-Geschichte: »Ich wäre fast gestorben«, und zitierte den Stürmer mit den Worten: »Ich bekam furchtbare Angst. Wir haben die Weltmeisterschaft verloren, aber ich habe etwas anderes gewonnen – das Leben. Ich erinnere mich nicht mehr genau, aber ich ging schlafen, und dann hatte ich wohl dreißig oder vierzig Sekunden lang einen Anfall. Da bin ich aufgewacht, und mein ganzer Körper tat mir weh.«

Zico, in den 1970er und 1980er Jahren einer der besten Spieler Brasiliens und so etwas wie Ronaldos Ziehvater, schimpfte nach dem verlorenen Spiel über den Einsatz von seinem Schützling: »Es ist immer ein Fehler, jemanden spielen zu lassen, der nicht zu hundert Prozent fit ist. Es ist bewiesen worden, dass er nicht aufs Spielfeld gehen kann, wenn er sich nicht wohlfühlt, auch wenn er der beste Spieler der Welt ist. Ronaldo war müde, richtig groggy. Er war nicht in dem Zustand, zu spielen. Die Ärzte hätten Nein sagen können. Wenn sie gesagt hätten: ›Setzen Sie ihn nicht ein‹, hätte Zagallo ihn nicht spielen lassen. Doch die Ärzte wollten zu keinem Zeitpunkt Nein sagen.« Mannschaftsarzt Da Mata wies die Verantwortung von sich. »Man kann sich das gar nicht vorstellen. Es war die dramatischste Entscheidung, die ich in meinem Leben habe treffen müssen. Es gab sieben dramatische Stunden voller Zweifel. Ich würde diese Erfahrung nicht mal meinem schlimmsten Feind wünschen. Die Entscheidung wurde von mir und Lídio Toledo getroffen und von drei französischen Ärzten gestützt, die in der Klinik Untersuchungen durchgeführt haben.«

Die Journalisten stürzten sich auf die Spieler, wollten offizielle Stellungnahmen, boten ihren Informanten aber natürlich auch an, hinter vorgehaltener Hand zu erzählen, was im Hotel und der Kabine wirklich passiert ist. Dabei kam heraus, dass Verbandsfunktionär Ricardo Teixeira allen befohlen hatte, übereinstimmende Geschichten zu erzählen. Wer die Wahrheit verraten würde, so drohte der mächtige Brasilianer, werde nie wieder für sein Land spielen. Einige hielten sich daran, andere nicht.

»Ich kann mich noch genau an das schreckliche Bild erinnern, das ich etwa gegen 14 Uhr sah. Ronaldo hatte Schaum vor dem Mund, rang mühsam nach Luft und war sehr blass. Nach rund fünf Minuten begann er wieder normal zu atmen«, so lautete die Version von Verteidiger Gonçalves. Roberto Carlos erklärte, sehr zum Missfallen von Ronaldo: »Ich habe keinen Zweifel, dass es ein epileptischer Anfall war, denn ich habe mit Leuten gesprochen, die etwas von diesen Dingen verstehen. Ich wollte vor den Ärzten nichts sagen, aber im Zimmer habe ich gesehen, dass Ronaldo angespannt war und viele Probleme für sich behielt. Kaum war es passiert, glaubte ich, dass es ein epileptischer Anfall war. Aber die Ärzte sagten, es sei ein Krampf, und ich hielt den Mund. Ich wusste, dass Ronaldo es nicht verdient hatte, all das durchzumachen.«

Der Stürmer gab später Entwarnung: »Ich kann nicht erklären, was den Anfall ausgelöst hat. Nur Gott weiß, was mich krank gemacht hat. Grundsätzlich unterziehe ich mich jetzt nicht mehr weiteren Untersuchungen. Ich fühle mich wohl. Die Tests haben bewiesen, dass ich keine Gesundheitsprobleme habe.«

Dann mehrten sich die Gerüchte, der brasilianische Verband und insbesondere ranghohe Vertreter von Nike hätten darauf gedrängt, Ronaldo spielen zu lassen. Er solle, so die angeblich unmissverständliche Anweisung in der Kabine, »ohne Rücksicht auf die Konsequenzen« spielen. Im August 1998 kamen

Gerüchte auf, Ricardo Teixeira sei von der Tribüne des Stade de France hinuntergestürmt, nachdem man ihm die Mannschaftsaufstellung vorgelegt hatte. Er hatte den Millionen-Deal mit Nike eingefädelt. Er hatte Ronaldo zum Spielball des Sponsors gemacht. Nun müsse er auch auflaufen, so der angebliche Befehl von Teixeira.

Stürmer Edmundo glaubte fest an diese Version. Er ließ sich auch nicht von den Drohungen des mächtigen Teixeira einschüchtern, sondern sagte öffentlich: »Diese Nike-Sache ist wahr. Es gibt einen Vertrag, in dem es heißt, dass Ronaldo in jedem Spiel die vollen neunzig Minuten lang spielen muss.« Das Unternehmen reagierte wütend, dementierte heftig und bezeichnete es als »Wahnsinn«, sich in solch einer Situation einzumischen. Doch Edmundo beharrte darauf – obwohl Teixeira zwei Tage später schwor, dass der Stürmer nie wieder für Brasilien spielen werde.

Inzwischen war Trainer Mario Zagallo längst rausgeworfen worden. 107 Siege hatte er mit Brasilien errungen, bei nur zwölf Niederlagen. Das Drama von Paris war eine Niederlage zu viel.

Trotz seines indiskutablen Auftritts im WM-Finale wurde Ronaldo zum Spieler der WM gewählt. Andere wie Landsmann Romário empfanden die Auszeichnung als »schändlich«. Er giftete gegen seinen Mannschaftskollegen: »Als sie mich 1994 dazu wählten, gewannen wir den Titel. In Frankreich gab es viele andere bessere Spieler: Zidane, Petit, David und dann Owen. Ronaldo kommt auf meiner Liste etwa auf Platz zehn.«

Ronaldo selbst sah das ganz anders. »In der ersten Phase der Weltmeisterschaft habe ich sehr gut gespielt. Ich weiß, dass ich am Ende nicht gut war, aber ich bin immer noch der beste Spieler der Welt. Ich hätte mich selbst gewählt. Zidane war gut, aber er wurde nach einem Platzverweis für zwei Spiele gesperrt. Ich habe alle sieben Spiele mitgemacht und vier Tore geschossen.« Auch zu den Gerüchten um Nike äußerte er sich: »Das ist nur ein Unternehmen, das mich unterstützt. Ich habe das Nike-

Logo auf meinem Trikot und an den Füßen. Ich trage ihre Ausrüstung, aber ich trage die Leute nicht auf den Schultern. Nike mischte sich weder in mein Leben noch in die Mannschaft noch in die Mannschaftsaufstellung ein. Mein Verhältnis zu Nike war immer sehr gut, sie haben von mir nur verlangt, ihre Schuhe zu tragen und ein paar Tore zu schießen.«

Ich muss ganz ehrlich sagen, dass ich Ronaldo diese Aussage nicht abnehme. Dafür habe ich selbst zu viele Ungereimtheiten gehört, gelesen und entdeckt. Mehr als zwei Jahre habe ich mich intensiv mit dem Thema beschäftigt. Ich habe mir persönlich von Eduardo seine Beobachtungen des Finaltags schildern lassen. Wie er Ronaldo zuckend und mit Schaum vorm Mund gesehen hat. »Der kann nicht spielen. Man darf einen Menschen, dem das widerfahren ist, nicht spielen lassen«, sagte er mir. Mein Gespräch mit Trainer Zagallo war weniger ergiebig. Er war wie eine Marionette. Fremdgesteuert, nicht mehr Herr seiner Worte und Ansichten. Er erzählte etwas, was nie und nimmer den tatsächlichen Begebenheiten entsprochen haben kann. Er wich meinen Fragen aus. Auch als die Kamera aus war und wir vertraulich hätten reden können, blieb er bei seiner Version. Er war nicht bereit für die Wahrheit. Er hatte dem Druck, der auf ihn ausgeübt wurde, offensichtlich nachgegeben und sich gegen die wirkliche Geschichte entschieden. Damit war er nicht der Einzige.

Selbst große TV-Anstalten haben sich beeinflussen lassen. Ein nationaler Sender von der Grupo Bandeirantes hatte ein Bild eingefangen, wie Ricardo Teixeira und ein hochrangiger holländischer Nike-Vertreter unmittelbar vor dem Finale im Stadion miteinander stritten. Das Bild wurde in Brasilien ausgestrahlt, allerdings nur ein einziges Mal. Dann wurde es gelöscht und verschwand selbst aus den Archiven der TV-Anstalten. Davon habe ich mich selber vor Ort überzeugt, ich habe mir die Bänder im Jahr 2000 bei einer São-Paulo-Reise zeigen lassen. Da ist nichts mehr. Gelöscht für die Ewigkeit.

Ich habe den Verdacht, dass Nike tatsächlich Druck gemacht hat, Ronaldo spielen zu lassen. Es war so viel Geld im Spiel. Nike wollte einfach kein lahmendes Zugpferd akzeptieren. Beweise habe ich keine.

Ronaldo ist inzwischen Botschafter der Heim-WM 2014 in Brasilien. Der Druck wird dort noch größer sein als für Ronaldo und seine Brasilianer bei der WM 1998. Vielleicht kann er durch seine Erfahrung bei dem Turnier in Frankreich ein Stück dazu beitragen, dass Neymar und Co. nicht etwas Ähnliches widerfährt wie ihm selbst. Einen besseren Zeitzeugen als ihn, der daran fast kaputt gegangen wäre, hat Brasilien nicht.

»Mir fällt da noch was ein«

Reiner Calmund gehört zu den beeindruckendsten Persönlichkeiten des deutschen Fußballs. Er machte Leverkusen als Manager groß, verpflichtete dort unter anderem Bernd Schuster, Michael Ballack, Rudi Völler und den Bundesliga-Torschützenkönig der 1990er Jahre Ulf Kirsten. Mit der Verpflichtung von Andreas Thom gelang ihm nach dem Mauerfall der erste offizielle Transfer aus der DDR in die Bundesliga. Die von ihm verpflichteten Brasilianer Juan, Jorginho, Lúcio und Emerson wurden während ihres Europaaufenthalts sogar Kapitän des Rekordweltmeisters. Bayer gewann unter seiner Führung den Uefa-Cup 1988 sowie den DFB-Pokal 1993. Im Jahr 2002 stand »Callis« Werkself im DFB-Pokal- und Champions-League-Finale, unterlag aber jeweils und wurde auch noch in der Meisterschaft Zweiter. Béla Réthy kennt Calmund seit rund fünfundzwanzig Jahren.

Von Reiner Calmund

Am Anfang verwirrte mich Béla Réthy. Nein, nicht er selbst. Sein Name war es. Als ich ihn vor fast fünfundzwanzig Jahren kennenlernte, wusste ich bei ihm nicht, wo hinten und vorne war. Was war Bela? Was war Rethy? Oder war das Belarethy? Was war Vor-, was war Nachname? Aus Sicherheitsgründen, um nichts falsch zu machen, begrüßte ich ihn anfangs mit »Tach, Herr Belarethy«. Das klang komisch, aber ich wähnte mich auf der sicheren Seite.

Längst weiß ich, wo Béla und wo Réthy hingehören. Vor allem aber weiß ich, wofür Béla Réthy steht. Er hat es geschafft, über die Jahre hinweg zu einer Marke zu werden! Nicht so groß wie etwa Coca Cola, Adidas oder Aspirin. Aber immerhin zu einer deutschlandweit bekannten Marke, weit weg von der Beliebigkeit, er ist unverwechselbar dank herausragender Eigenschaften.

Wer dreihundert Top-Fußballspiele live überträgt, wer es schafft, Endspiele bei fünf großen Turnieren vor 20 bis 30 Millionen Fernsehzuschauern unfallfrei zu bewältigen, der hat es in seinem Job geschafft. Mit Kompetenz, Leidenschaft und Begeisterung quatschte Béla sich in die Herzen der Fans. Er war zu Gast bei uns im Wohnzimmer und in der Kneipe. Und wenn die Spiele schwer wurden und die Nerven zu zerreißen drohten, dann war er auch da – emotional, aber immer fair. Korrekt beim Jubel wie in der bitteren Niederlage.

Béla Réthy wurde in der großen ungarischen Fußballzeit, in den 1950er Jahren, im Land von Puskás und Co. gezeugt. Nach der Geburt in Wien verbrachte der kleine Fußballverrückte seine Jugendzeit in Brasilien, bevor es ihn mit seiner Familie nach Deutschland zog. Ungarn, Österreich, Brasilien, Deutschland! Oder Puskás, Happel, Pelé und Beckenbauer. Was für eine Mischung! Was anderes konnte ihn fesseln als der Fußball? Er machte sein Hobby zum Beruf, den er von der Pieke auf erlernte. Sein Fachwissen imponiert. Obwohl ich bei Journalisten sehr kritisch bin, würde ich bei ihm so weit gehen zu behaupten, dass er fachlich fast perfekt ist. Béla besitzt die Fähigkeit, Spielsituationen sofort und meist richtig einzuschätzen und entsprechend emotional zu kommentieren. Da gibt es kein Netz und keinen doppelten Boden, keine Serien von Zeitlupen und Superslomos. Und wenn er danebenliegt mit seiner Einschätzung (was selten vorkommt), dann besitzt er die Größe, Fehler einzugestehen, Urteile zu revidieren. Ob Elfmeter, Abseits, Foul – Béla geht mit, live und mit allem, was er hat. Weil er den Fußball liebt! Zudem besitzt er die Qualität, Spiele zu lesen und Leistungen der Akteure richtig ein-

zuordnen und zu bewerten. Er ist ein Meister seines Fachs, er gehört für mich neben den geschätzten Kollegen Marcel Reif und Tom Bartels zum Führungstrio der deutschen Fußballkommentatoren.

Darüber hinaus kann Béla noch mit einem anderen, richtig dicken Pfund wuchern! Der Junge ist auch in der dritten Halbzeit richtig stark. Die beginnt, wenn das Spiel abgepfiffen, das letzte Interview im Kasten und der Bericht abgedreht ist. Die dritte Halbzeit kann an einer Hotelbar, in einem VIP-Raum oder in irgendeinem Restaurant sein. Nach getaner Arbeit ausspannen oder Gas geben – je nach Gemütslage. Wenn es mal tiefgründig wird, ein wenig privat, und auch mal Themen diskutiert werden, die nichts mit dem Fußball zu tun haben. Wenn das letzte Viertel Wein vom ersten Schnaps abgelöst wird, wenn gelacht wird und irgendwann gesungen. Dann – und das ist nicht bei allen selbstverständlich – kann man Béla hundertprozentig vertrauen, dass er Job und Privatleben streng voneinander trennt. Béla ist dann immer ein totaler Kumpel, dem man die verrücktesten Anekdoten erzählen kann, ohne dass man Gefahr läuft, dass er sie ausplaudert – weder im kleinen Kreis noch am Mikro einem Millionenpublikum. Das macht ihn über den Job hinaus zu einem Großen: Béla ist ein Ehrenmann. Und ein Spaßvogel, bei dem ich manchmal denke, er hätte auch Animateur in einem Ferienklub werden können, so wie er für gute Laune sorgen kann.

Unvergessen bleibt mir einer der ersten Abende mit dem jungen Béla bei der Weltmeisterschaft 1990. Nach dem 5:1-Sieg der deutschen Elf gegen die Vereinigten Arabischen Emirate trafen sich unsere Cliquen zufällig in einem Mailänder Ristorante. Wir hatten die leckeren italienischen Köstlichkeiten noch nicht ganz verputzt, die Teller waren noch nicht abgeräumt, da sprang der damals noch unbekannte ZDF-Journalist (der durch seine angenehm zurückhaltende Art ebenso gefiel wie durch seine verblüffende Vielsprachigkeit: Er spricht Deutsch, Ungarisch, Portugiesisch, Englisch, Französisch und Spanisch) und Assistent von Chef und Kommen-

tatoren-Vorbild Marcel Reif auf, »schnappte« sich die Luftgitarre und ab ging die Post bis früh in den Morgen.

2009 wurden wir beide zusammen mit dem »Herbert-Award« ausgezeichnet. Diesen Preis, benannt nach Herbert Zimmermann, dem legendären Sportreporter der 1950er Jahre (»Aus, aus, aus – das Spiel ist aus!«), loben nicht die Medien aus, sondern in erster Linie aktive Sportler, insgesamt rund 20 000, und zum Teil auch Zuschauer. Ich altes Plappermaul wurde für den »Spruch des Jahres« geehrt. Béla Réthy aber war der große Star des Abends als absoluter König unter den Sportreportern und -kommentatoren. Er erhielt für die »emotionalste Reportage« den Herbert-Award und wurde am gleichen Abend auch noch zum besten »Live-Kommentator« gekürt. Mehr geht nicht!

Am Ende feierten wir gemeinsam an der Bar des Hamburger Elysée-Hotels. Dieses Mal zwar ohne Bélas Luftgitarreneinsatz, trotzdem hätten wir um ein Haar am nächsten Morgen den Flieger verpasst.

Béla Réthy: stark vor der Pause, stark nach der Pause – unschlagbar nach dem Spiel! Fachlich und menschlich top. Béla Réthy ist ein Gewinn für die deutsche Sportberichterstattung. Er ist halt eine der Top-Marken Deutschlands.

Kapitel 8
Ronaldo gewinnt Herzen, ich verliere eines

Bei der Weltmeisterschaft 2002 in Japan und Südkorea drehte sich erneut alles um Ronaldo. Er war inzwischen wieder der beste, aber auch der am meisten gefoulte Spieler der Welt. Nach der WM 1998 war er Stammgast in Kliniken. Im April 2000 riss ein Band in seinem Knie, im Sommer 2001 musste er aufs Neue wegen Knieproblemen unters Messer. Als Ronaldo im November sein Comeback feierte, verletzte er sich nach vierzehn Minuten erneut und musste wegen eines kaputten Oberschenkels vom Platz. Seine Bilanz aus drei Spielzeiten zwischen 1998 und 2002: 1485 Minuten auf dem Feld in 25 Einsätzen in Liga, Champions-League und Uefa-Cup. Elf Tore erzielte er dabei und bereitete zwei Treffer vor. Ronaldo war ein körperliches Wrack, bis er im Februar 2002 ein vierwöchiges Fitnessprogramm in Rio absolvierte. Anschließend überredete Nationaltrainer Felipe Scolari ihn, noch einmal für Brasilien zu spielen. Ronaldo sagte zu, und gleich wurden die Unkenrufe laut. Selbst Brasiliens Legend Pelé spottete: »Ronaldo spielt gegenwärtig mit sechzig bis siebzig Prozent seines Potenzials. Er zögert und hat Angst, er könnte sich verletzen.« Die nationale Presse verhöhnte ihn als »halben Spieler«.

Und was machte Ronaldo? Er traf gegen die Türkei. Er traf gegen China. Er traf zweimal gegen Costa Rica. Auch gegen Belgien war er erfolgreich., und dann noch mal im Halbfinale gegen die Türkei. Einzig im Viertelfinale gegen England blieb er torlos. Sechs Treffer. Der »verängstigte, halbe Spieler« verzauberte die Welt. Trotzdem blieben Zweifel. Noch unmittelbar nach dem Halbfinale behauptete Pelé: »Er hat offensichtlich eine Blockade.« Auch Franz Beckenbauer befand, dass Ronaldo »noch nicht wieder der Alte« sei. Doch Ronaldo hatte inzwischen den Glauben an sich zurückgewonnen und kündigte für das Finale an: »Oliver Kahn ist brillant, aber ich glaube, dass ich den Ball an ihm vorbeibekommen kann.«

Deutschland gegen Brasilien, mein erstes WM-Finale. Ausgerechnet zwischen diesen beiden Mannschaften. Am Abend davor war ich beim Abschlusstraining der deutschen Elf. Vor den bisherigen Partien hatte ich immer Gelegenheit, ausführlich mit Teamchef Rudi Völler über das anstehende Spiel zu reden. Dieses Mal war es anders. Als ich ihn in den Katakomben ansprach, bekam Völler einen Wutanfall. Er hätte jetzt keine Zeit. Und überhaupt sei er es leid, so viel Zeit für Reportergespräche aufzuwenden. Das mache sonst auch kein Mensch.

Obwohl Deutschland völlig überraschend dieses Endspiel erreicht hatte, wirkte der Teamchef extrem angespannt. Immerhin erklärte sich Völlers Assistent Michael Skibbe bereit, ein paar Worte mit mir zu wechseln. Ich habe Völler diese Situation nie übel genommen, er war ansonsten immer ein aufgeschlossener und kooperativer Partner.

Mit diesem Endspiel hatte niemand gerechnet. Beide Mannschaften hatten sich erst in November 2001 für die Endrunde qualifiziert. Die Mannschaft von Völler war alles andere als ein Favorit, gerade mal sechs Spieler verfügten über WM-Erfahrung. Sieben Akteure waren 25 Jahre alt oder jünger. Es war eine Truppe von Lehrlingen, in der ein Torsten Frings und Christoph Metzelder mit sechs beziehungsweise acht Länderspielen Schlüsselpositionen besetzen sollten. Die Experten waren sich im Vorfeld einig: Das Erreichen des Achtelfinales wäre gut, bereits das Halbfinale käme einer Sensation gleich. Nicht mal die *Bild* wagte es, vom Titelgewinn zu schreiben. »Wir werden versuchen, für die eine oder andere Überraschung zu sorgen«, so Rudi Völlers unerlässlicher Aufruf zu Bescheidenheit.

Auch meine Eindrücke deckten sich mit den Prognosen. Das 8:0 gegen Saudi-Arabien zum Auftakt erlaubte noch keine Bewertung. Anschließend quälte sich Deutschland mit Spielen gegen Irland und Kamerun durch die Vorrunde. Einem äußerst langweiligen Achtelfinale gegen Paraguay folgte ein sehr glücklicher Erfolg gegen die USA.

Immer wieder ist es Oliver Kahn, der sich zum herausragenden Torwart dieses Turniers entwickelt und der auch den Finaleinzug nach dem Sieg gegen Südkorea im Halbfinale ermöglicht. »Ohne Oliver wären wir vielleicht schon nach der Vorrunde nach Hause gefahren«, sagte Völler. Nie zuvor hat eine Mannschaft so sehr aus einem Torwart bestanden. Deutschland war Kahn-Land.

Die Deutschen spielen schlecht, aber Kahn ist überragend. Noch heute unterhalte ich mich mit unserem ZDF-Experten des Öfteren über dieses Turnier. Nur über das Finale möchte er ungern sprechen.

Es ist ein Spiel Kahn gegen Ronaldo. Die beste Abwehr gegen den besten Sturm. Bis zu diesem Finale hatte Deutschland nur ein Gegentor kassiert, in der Nachspielzeit gegen Irland. Die Brasilianer trafen sechzehn Mal.

»Vor vier Monaten hätte kein Mensch auf der Welt solch ein Finale getippt«, sagte Pelé und bezeichnete das Finale für Ronaldo als »persönliche Revanche am Schicksal«.

Deutschland spielt hinten mit Thomas Linke, Christoph Metzelder und Carsten Ramelow, davor komplettieren Didi Hamann und Jens Jeremies die Defensive, die die drei großen Rs, also Ronaldo, Ronaldinho und Rivaldo, nur ganz selten gefährlich werden lassen. Die Deutschen kennen die Schwächen der Brasilianer, die Löcher im Mittelfeld, die Schläfrigkeit bei Ecken und Freistößen. In der ersten Halbzeit haben die Deutschen 56 Prozent Ballbesitz. Sie schlagen fünf Ecken in den brasilianischen Strafraum, haben gleichzeitig nur zwei gegen sich. Teils spielen die Deutschen brasilianischer als die Brasilianer selbst, vor allem Bernd Schneider. Sie tunneln sie, heben Bälle gefühlvoll über die Gegner, legen Bälle mit der Hacke ab, als gehöre das zum Standardrepertoire jedes deutschen Kickers. Die Deutschen entpuppen sich als Teilzeitzauberer, mit einem Kahn hinten drin, der schon dreimal Ronaldos Versuche entschärft hatte. Die Mannschaft war hervorragend auf den Gegner eingestellt. Sie machte aber keine Tore.

Und dann passiert, was man durch keine taktische Besprechung, keine Videoanalyse und auch keine noch so akribische Vorbereitung ausschalten kann. Didi Hamann bekommt nach einem an sich schon vereitelten Angriff der Brasilianer den Ball. Von links stürzt Ronaldo herbei. Vor Sekunden noch lag er auf dem Boden, doch blitzschnell sprang er auf, rannte hinter Hamann her, stichelte in dessen Beine, sodass der Ball hervorspringt. Eine Drehung, ein Pass, ein Schuss von Rivaldo, den Kahn nach vorne abprallen lässt, von wo aus Ronaldo ihn nur noch zum 1:0 einschieben muss. Ich sage: »Fehler von Kahn«, erinnere aber sofort daran, dass man ohne ihn schon Wochen früher nach Hause gefahren wäre.

Zwölf Minuten später trifft Ronaldo erneut, sein achter Turniertreffer. Diesmal ist Kahn schuld- und machtlos. 2:0 für Brasilien. Ende. Aus. Nach dem Schlusspfiff sitzt Kahn minutenlang am Pfosten. Er blickt ins Leere, bloß nicht zu den brasilianischen Spielern schauen, die sich übereinandertürmen und betend vor ihrer Nationalflagge knien. 629 Minuten war Kahn fehlerlos. Nur in dieser einen verfluchten Minute konnten seine viel gelobten Hände einen einzigen Schuss nicht festhalten. Es dauert ein wenig, bis Thomas Linke und Carsten Ramelow zu Kahn kommen, um ihm Trost zu spenden, den er in diesem Moment gewiss nicht hören will.

Im Fernsehen war Oliver Kahn seit April des Jahres in einem Werbespot von Nestlé zu sehen. Er stand im Tor, knurrte wie ein Löwe und jagte so einen Elfmeterschützen in die Flucht. Kahn als König der Tiere, der fortan für viele mächtige

Pranken hatte. Was überhaupt nicht stimmte. Nachdem ich bei meinen Spielvorbereitungen vielfach Analysen über seine Hände gelesen hatte, habe ich einmal beim Händeschütteln mit ihm darauf geachtet, wie sich die angeblichen Kahn-Pranken anfühlen, und sie mir dann ganz genau angeschaut. Zu meiner eigenen Verwunderung sind Kahns Hände eher elegant und feingliedrig.

Doch auch wenn es keine Pranken waren, stürzte sich Kahn so brachial auf die Bälle in der Nähe seines Tores wie ein Löwe auf die Antilopen. Nun aber war ihm seine Beute, die er eigentlich schon festhielt, entkommen.

Während Ronaldo seine Auferstehung glückte, standen Kahn die schlimmsten Monate seine Karriere bevor. Über Jahre war er als Bayern-Torwart der Feind in fremden Stadien. Aus dem Spott, den er aus den gegnerischen Fankurven erfuhr, zog er zusätzliche Kraft. Jetzt aber wurde er bemitleidet. Das hat ihm, wie er mir einmal verriet, extrem zu schaffen gemacht.

Nie zuvor hatte es ein WM-Spiel zwischen Deutschland und Brasilien gegeben. Nun dieses eine unvergessliche, das auch bei mir in Erinnerung bleibt. Am Tag vor dem Finale rief mich ein Journalist der Berliner *BZ* an. Ich sei ja in Brasilien geboren, sagte er und wollte von mir wissen, wie viel Brasilien ich denn noch im Herzen trage. Eine legitime Frage, deren Antwort ihn allerdings nicht im Geringsten interessierte. Denn nach dem anfänglichen Drumherum rückte er mit dem eigentlichen Grund seines Anrufs heraus. »Wenn wir schon beim Thema Herzen sind«, holte er aus, »wie groß ist noch der Anteil Ihrer Ehefrau in Ihrem Herzen?«

Ich stand im 48. Stock meines Hotelzimmers in Yokohama und war wie versteinert. Dann fragte ich den Reporter, was diese Frage solle. Der Schreiber sagte, ihm sei zu Ohren gekommen, dass unsere Ehe vor dem Aus stünde. Das war faktisch zwar nicht ganz falsch, aber es bestand beiderseits eine Art Resthoffnung. Ich fragte mich bloß, welcher Vollidiot da mit der Zeitung gequatscht hatte. Ich habe die Frage des Journalisten nur knapp beantwortet. Es sei a) meine Privatsache, und b) würden wir uns weiter um den Erhalt unserer Familie bemühen.

Am Endspieltag rief mich meine Frau an und wollte wissen, ob ich schon Zeitung gelesen hätte? Mehrere Blätter würden über unsere Situation berichten, sich dabei auf die Berliner *BZ* berufend. Ich schilderte ihr das Telefonat. Sie wirkte recht ruhig und wünschte mir eine gute Übertragung.

Erst nach meiner Rückkehr nach Deutschland sah ich die Schlagzeilen. »Béla Réthy: Scheidung? ZDF-Endspielreporter muss um seine Ehe kämpfen.« Ich erfuhr auch, dass Fotografen sogar versucht hatten, unsere Kinder im Garten abzulichten.

Ich hätte mich meinerseits nicht von Birgit getrennt. Vielleicht waren es die zahlreichen Reisen und das ständige Arbeiten am Wochenende, die zur Entfremdung geführt haben. Wegen meines Jobs hatten wir es zeitlich nicht einmal geschafft, eine Hochzeitsreise zu machen. Stattdessen unternahmen wir Jahr für Jahr mehrere Städtereisen, um die ausgefallenen Flitterwochen zu kompensieren. So war also dieser Finaltag in Japan: Deutschland verliert gegen Ronaldo. Und ich bin öffentlich konfrontiert worden mit dem drohenden Verlust meiner Ehefrau.

Drei Jahre später haben wir uns schließlich scheiden lassen, wir sind aber bis heute gut befreundet.

Kapitel 9
Der Rätselhafte und der Unterschätzte

Das Klingelschild war irreführend. »Rubens« stand da. Aber natürlich war es nicht Peter Paul Rubens, der sich hinter der dazugehörigen Tür in München verbarg. Der große flämische Maler, dessen »Kindermord von Bethlehem« 2002 für 73,5 Millionen Euro den Besitzer wechselte, ist schon seit mehr als dreihundertfünfzig Jahren tot. Der, der seinen Namen benutzte, war ursprünglich Maler und Lackierer, aber kein flämischer Künstler. Das mag anmaßend erscheinen, vor allem ist es komisch. So wie Otto Rehhagel, der Fußballlehrer, nun einmal in seiner gesamten Art ist.

Ich kenne Otto gut. Sehr gut, würde ich sogar sagen. So gut jedenfalls, dass er mich am Tag des EM-Endspiels 2004, nur Stunden vor dem Anpfiff, im Teehaus eines Lissaboner Hotels als einzigen Journalisten empfing. Wir plauderten eine halbe Stunde. Für mich war es eine weitere halbe Stunde, um das Phänomen Otto Rehhagel zu enträtseln. Es gibt wenige Menschen, die so kompliziert sind wie er. Wie funktioniert dieser Mann? Was hat er? Genau beantworten kann ich es nicht, ich habe aber eine Vermutung.

Seine Geschichte beginnt 1981 als »Otto Notnagel«. Er galt als Krisenspezialist, bis dahin war er immer nur kurzzeitig bei abstiegsgefährdeten Klubs beschäftigt. Doch in Bremen prägte er ab 1981 eine Ära. Zweimal wurde Bremen mit Rehhagel als Trainer Deutscher Meister, zweimal Pokalsieger, und er gewann den Europapokal der Pokalsieger. Nach vierzehn Jahren engagierte ihn Franz Beckenbauer für Bayern München. Die Liaison dauerte zehn Monate, dann war Schluss. Die Trennung war notwendig, weil die Mannschaft der Bayern von Anfang an nicht mit ihm konnte. »Wir waren schon nach drei Monaten so weit, dass der Otto meinte: ›Es hat keinen Sinn mehr, ich gehe‹«, sagte Franz Beckenbauer später. Der Rauswurf war mehr als bloß Rehhagels vierte vorzeitige Entlassung; sein Traum, in der Endphase seiner Karriere noch einmal Trainer der deutschen Nationalmannschaft zu werden, geriet mit dem unrühmlichen Rauswurf außer Reichweite.

Rehhagel ging in die zweite Liga zu Kaiserslautern. Und führte sie geradewegs wieder ins Oberhaus des deutschen Fußballs. Gleich am ersten Spieltag ging es gegen die Bayern. Lautern siegte. *Der Spiegel* schrieb später, der damalige Bayern-Manager Uli Hoeneß »schäumt noch jetzt wie ein Flascherl Shampoo« beim Gedanken an den Sieg von Lautern, »angeführt von einem Trainer, bei dessen bloßen Andenken Uli Hoeneß die Stirnader schwillt wie dem Gockel der Kamm«. Das 1:0 sei, so Rehhagel, »ein Schlüsselspiel für meine wunderbaren Jungs. Da habe ich meinen Männern gesagt: ›Wer bei den Bayern gewinnt, der braucht nirgendwo mehr Angst zu haben.‹ Und sie haben daran geglaubt. Plötzlich haben wir auch auswärts gewonnen. In Bochum und in Karlsruhe. Der Glaube an sich selbst, an die eigene Kraft, ist ganz wichtig.«

Dieser Glaube an sich selbst trug Lautern so lange, bis sie das Unfassbare verwirklichten. Mit einem 4:0 gegen Wolfsburg wurde der Aufsteiger Meister, weil Bayern nur 0:0 in Duisburg spielte. Rehhagel, das Arbeiterkind aus dem Ruhrpott, hatte es geschafft. Als »gealteter Faschingsprinz« war er verschmäht worden. Nun, nach dem letzten Bundesligaspieltag der Saison 1997/98, zeigte die Anzeigetafel im Fritz-Walter-Stadion eine Fotomontage von Rehhagel mit einer Krone auf seinem Haupt. Jetzt war er wieder Otto, der König von Fußballdeutschland. »Auch wenn man von ganz unten kommt, kann man die Spitze erreichen. Auch im Alter kann man noch etwas Großes schaffen. Ich bin fast sechzig, fühle mich aber fit wie ein Vierzigjähriger. Andere Menschen in meinem Alter müssen in Rente gehen, weil es ihr Arbeitgeber so will. Dabei ist gerade die Erfahrung so unwahrscheinlich wichtig«, verkündete Rehhagel.

Held in Bremen, Versager in München, nun wieder Held durch sein Wunder mit Lautern. Üble Nachreden hatte er sich nach seinem Aus beim Rekordmeister gefallen lassen müssen. Antiquiert seien seine Methoden, er könne es einfach nicht, behaupteten sogar einige Spieler. Offenbar konnte er es schon. »Er hat uns an der langen Leine gelassen, hat uns nicht kontrolliert«, verriet Andreas Brehme, der Weltmeister von 1990.

Mit der *Bild* machte Rehhagel eine exklusive Serie und verriet einige seiner Geheimnisse. Auch seine »goldenen Trainer-Regeln« wurden dabei gedruckt, zum Beispiel:

- »Gehen Sie nie mit Ihrer Mannschaft in eine Diskothek. Der Arbeitsplatz eines Trainers ist der grüne Rasen.«
- »Lege dich als Trainer nie vor der Mannschaft auf die Erde und mache gymnastische Übungen vor. Das ist Sache des Co-Trainers. Als Chef musst du den Überblick behalten.«
- »Direkt nach dem Spiel ist der Trainer in höchster Gefahr. Emotionen und Ärger sind aufgestaut. Deshalb gilt dann: Reden ist Silber, Schweigen ist Gold. Das sollten sich auch Präsidenten merken.«
- »Gehe unbeirrt deinen Weg. Egal ob deine Entscheidung Beifall findet oder nicht. Wer zu oft verliert, wird ohnehin entlassen.«
- »Verbiete deinen Spielern teure Sportwagen. Das ist oft ein Zeichen von Größenwahn und reißt eine tiefe Kluft zu den treuen Fans.«

Wer auf Rehhagel hört, hat Erfolg. Das weiß auch der damalige FCK-Aufsichtsratsboss Dr. Wieschmann. »Otto ist ein Geschenk des Himmels«, lobt er in der Nacht des größten Triumphes. »Aber man muss tun, was er sagt. Dann wird alles richtig.« Auf dem Meisterbalkon greift Rehhagel selbst zum Mikrofon und richtet sich an die Fans. »Hier spricht euer Trainer«, beginnt er. »Heute ist ein Wunder geschehen. Denkt daran, dass wir vor elfeinhalb Jahren noch in Meppen verloren haben. Und jetzt sehen wir bald Barcelona in der Champions League.«

Er hat nie vergessen, wie er in München behandelt wurde, der Stachel sitzt tief. Daraus macht er kein Geheimnis. »Da erlaube ich mir die kleine menschliche Schwäche und sage: Ja, ich empfinde eine kleine Freude darüber. Denn schließlich waren es doch die Bayern, die behauptet haben: ›Der Otto hat keine Ahnung von Fußball. Der Otto macht antiquiertes Training.‹ Und jetzt? So schlecht kann ich doch als Trainer gar nicht sein, wenn wir trotzdem Deutscher Meister geworden sind.« Noch später in der Nacht breitet er sogar die Arme wie ein Dirigent aus und stimmt ein Liedchen an: »Sag mir, wo die Bayern stehen. Wo sind sie geblieben …?«

Es dauerte nicht lange, bis die Bayern wieder vor Lautern standen. Rehhagels Wunder hat ihm zwar einen Platz in den Geschichtsbüchern beschert, allerdings keine lebenslange Jobgarantie bei den roten Teufeln vom Betzenberg. Die Erwartungshaltung der Fans stieg, und sie wurde nicht erfüllt. Im Herbst 2000 der unrühmliche Abgang: Der Held fällt wieder. Es ist wie der Jojo-Effekt bei einer Diät. Mal sind die Kilos weg, dann wieder da. Mal ist Rehhagel erfolgreich, dann wieder nicht mehr. Wieder heißt es, der Mann, der die Bundesliga als Spieler und als Trainer fünfunddreißig Jahre geprägt hat, sei nicht mehr vermittelbar. Zu eigenwillig seine Methoden, mal wieder nicht mehr zeitgemäß. Seine goldenen Trainerregeln haben ihren Glanz und vor allem ihre Anwendbarkeit verloren.

War Otto also am Ende? Hätte man meinen können, immerhin war er schon über sechzig. Genug Geld hatte er bestimmt auch schon verdient. »Mit fünfzig Jahren bist du als Trainer reif für die Klapsmühle. Dann will ich aber so viel verdient haben, dass ich erster Klasse liegen kann«, hat er einmal geäußert. Diesen Wunsch konnte er sich längst erfüllen. Aber Rehhagel war niemand für den Ruhestand. »Natürlich kann ich eine Weltreise machen. Aber was mache ich am dritten Tag?«, fragte er keck. Also nahm Rehhagel 2001 einen neuen Job an – als Nationaltrainer Griechenlands.

So schlecht wie es momentan um die griechische Wirtschaft steht, so schlecht stand es damals um den griechischen Fußball. Seit mehr als einem Jahrzehnt war die Mannschaft bei keinem großen Turnier mehr dabei. Die Aufstellung erfolgte nicht nach dem Prinzip der Besten. Teils diktierten einflussreiche Journalisten die Aufstellung, meist übten die Klubbesitzer, die sich zum Zeitvertreib einen Fußballverein hielten, Einfluss auf den Nationaltrainer. Kurzum: Der Fußball war am Boden und von Vetternwirtschaft zersetzt. Doch nun kam Rehhagel, der vermeintliche Mann der Antike, als Fußball-»Rettungsschirm« für die Griechen. Gleich sein Debüt ging mächtig daneben, 1:5 gegen Finnland. Schnell schossen sich die Journalisten auf ihn ein, führten akribisch Buch über seine häufigen Heimatbesuche. Sie zeigten sich empört, dass Rehhagel sich weigerte, die Landessprache zu lernen. Außerdem, so ihre Meinung, habe er keine Ahnung vom griechischen Fußball. Im Oktober machte sich *Fos*, die auflagenstärkste Zeitung Athens, daran, Rehhagel durch öffentlichen Druck abzusägen. »Er verdient viel Geld, aber er führt uns an der Nase herum und pfeift auf uns«, schrieb die Zeitung. »Dieser Mann weiß nicht, was um ihn herum geschieht.« Auf dem Titel druckten sie ihren größten Wunsch: »Auf Wiedersehen, du Supertrainer.«

Störrisch arbeitete Rehhagel weiter. Auf seine Art. Er kappte die Seilschaften, die die Arbeit seiner Vorgänger beeinflussten. Er vertrieb die Spieler, die seine Autorität anzweifelten oder nur für sich und ihr Renommee spielten. Rehhagel suchte und fand die beste Elf. »Meine Herren, kämpfen Sie für Ihr Land. Nehmen Sie Ihre Chance wahr, mit Patriotismus können Sie viel erreichen. Ich brauche Profis, die charakterlich einwandfrei sind.« Mit Worten wie diesen, die er von seinem Dolmetscher Topalidis übersetzen ließ, wandte er sich an seine Mannschaft.

Und sie verstand ihn. Nach zunächst zwei Niederlagen in der Qualifikation folgte eine phänomenale Siegesserie, Rehhagel führte die Griechen zur Europameisterschaft nach Portugal. Nach dem entscheidenden Sieg in der EM-Qualifikation verneigte sich ein beim Verband angestellter Chauffeur, der Rehhagel fahren sollte, vor ihm und sagte: »Sie sind ein Magier.« Die Leser der größten griechischen Tageszeitung *Ta Nea* wählten ihren Landestrainer zum »Gesicht des Jahres 2003«.

Der »alte Mann«, als Prediger des Verhinderungsfußballs verspottet, machte den griechischen Fußball, dessen größter Erfolg bis dahin die Qualifikation zur WM 1994 war, wo das Team allerdings mit 0:10 Toren ausschied, zu einem attraktiven Aushängeschild des Landes. Ein Sieg gegen Portugal und ein Unentschieden gegen Spanien reichten, um die Gruppenphase zu überstehen. Es folgte ein Sieg über Frankreich, den Weltmeister von 1998 und EM-Titelverteidiger, den Favoriten mit Zinédine Zidane. Doch all das interessiert Zagorakis überhaupt nicht, als er im entscheidenden Moment um Lizarazu herumturnt, in die Mitte flankt, wo Charisteas hochspringt, den Ball perfekt erwischt und so an Fabien Barthez vorbeiköpft. Als Nächstes schlagen die Griechen, die unter Rehhagel lernen, was Ordnung und Disziplin bedeuten, Tschechien und stehen im Finale.

So saßen Otto und ich am Sonntag, den 4. Juli 2004, nachmittags um 15 Uhr bei einer Tasse Tee und sprachen miteinander. »Was willst du wissen, Béla?«, fragte er mich. Wie eine Sphinx saß er da, mutterseelenallein im Teehaus. Dass seine Mannschaft in wenigen Stunden ein EM-Finale spielen würde, merkte man ihm nicht an. Er war so ruhig, als erwarte er einen entspannten Fernsehabend mit »Wetten, dass …?« und einer Tüte Chips. Manche Trainer haben entgegen ihrer öffentlichen Behauptung, sie seien nicht nervös, feuchte Hände. Sie weigern sich, Journalisten, und seien sie noch so gut bekannt, vor einem großen Spiel zu empfangen. Sie bekommen in der Nacht zuvor kein Auge zu. Sie sehen sich zum hundertsten Mal die wichtigsten Szenen des Gegners an, um ja keine Nuance in der Spielvorbereitung zu verpassen. Nicht so Otto. Er wusste, was ihn und seine Mannschaft an diesem Abend erwarten würde. Er wusste, wie ein Fußballspiel gegen einen stärkeren Gegner funktioniert. Er wusste, dass er schon jetzt Sensationelles erreicht hatte. Und er wusste, dass er gegenüber seiner Mannschaft vor allem Gelassenheit und Ruhe ausstrahlen musste, um niemanden zu verunsichern. Er redete wie immer. Er lachte, unaufgeregt, ehrlich, locker.

»Wie spielst du? Sag mir bitte die Aufstellung«, forderte ich ihn auf und schnappte mir einen Bierdeckel, weil ich gerade nichts Besseres fand. Die Namen seines Torwarts Nikopolidis und des ersten Verteidigers Seitaridis diktierte er mir noch, und ich schrieb. Dann nahm er mir den Stift aus der Hand, griff sich den Bierdeckel und schrieb die ganze Aufstellung selber auf den Untersetzer. »So spielen wir«, sagte er lächelnd, als er mir den Bierdeckel wieder zuschob. Er sah mir in die Augen. Auf meinen Einwand hin, ob diese Defensivaufstellung nicht ein wenig aus der Zeit geraten sei, entgegnete Otto mit einem später viel zitierten Satz:

»Mein Junge, modern ist, wenn man gewinnt.«

Da ahnte ich, dass der Sieger am Abend trotz seiner Stars um Figo, Deco und Cristiano Ronaldo nicht Portugal heißen würde.

Griechenland stand gewohnt sicher, perfekt, ausschließlich auf Verteidigung bedacht. Dann, in der 57. Minute, der erste Eckball für die Griechen. Niemand fühlt sich für den groß gewachsenen Angelos Charisteas zuständig. Er darf sich nahezu unbewacht im Fünfmeterraum bewegen. Er köpft, er trifft, Griechenland führt. Die Antwort der Portugiesen bleibt aus. Die Mannschaft verharrt im Schockzustand. Schiedsrichter Markus Merk pfeift ab. Ich sage: »Die Götter müssen verrückt sein. Griechenland ist Europameister. Jamas.« Wenig später wendet sich Portugals Trainer Felipe Scolari an das Land: »Wir bitten ganz Portugal um Verzeihung.« Portugal am Ende, Griechenland feiert.

Und König Otto? Er hat es mal wieder allen gezeigt, die an ihm gezweifelt haben. In seinem Lieblingscafè, dem »Dionysos« am Fuß der Akropolis in Athen, muss er fortan nicht mehr zahlen. Wenn er nach Mitternacht im Nobelhotel »Metropolitan« einkehrt, wird die Küche extra für ihn noch mal geöffnet, und der Chefkoch greift selbst zum Löffel. Die Verehrung nimmt groteske Züge an. Mehmet Scholl bezeichnete Rehhagels Trainingsmethoden als völlig veraltet, er sei aus der Zeit gefallen. Michael Schulz hingegen sagt, Otto sei sein bester Trainer gewesen. »Wir hatten ein Spiel gegen den VfB Stuttgart. Montags kam Otto im Training zu mir und sagte: ›Michael, denk dran. Dieser Bobic. Auf den musst du aufpassen.‹ Und dann zeigte er mir, wie Bobic immer an den Verteidigern vorbeizieht. Am Dienstag kam er wieder zu mir: ›Denk an Bobic. Du weißt.‹ Gegen Ende der Woche habe ich diesen Bobic so sehr gehasst, dass ich mir geschworen habe, ihn nicht ein Mal an mir vorbeigehen zu lassen. Ich habe mir geschworen: ›Michael, diesen Bobic, den frisst du auf.‹«

Er war aus der Zeit gefallen und plötzlich wieder modern. *Bild* taufte ihn »Rehhakles« und forderte nach der EM: »Rehhakles muss Deutschland retten.« Ein Fußball-Deutschland, das am Ende war. Gegen die Niederlande ein Unentschieden in der Vorrunde, dann gegen Lettland ebenfalls nur remis. Und schließlich eine Niederlage gegen die zweite Mannschaft von Tschechien, die bereits vor dem Spiel fürs Viertelfinale qualifiziert und, um sich zu schonen, mit neun Reservespielern angetreten waren. Deutschland scheiterte nach der Vorrunde. Im Hotel Ria Park Garden in Almancil an der Algarve, zwischen Palmen und Pinien, erklärte Bundestrainer Rudi Völler an einem Morgen zwischen zwei und vier Uhr den wichtigsten DFB-Funktionären seinen Entschluss, zurückzutreten. Er war einer der großen Verlierer der EM.

Ein anderer Verlierer: David Beckham, der für mich am meisten überschätzte Fußballer. Er kann flanken, seine Freistöße sind auch gefährlich. Aber sonst ist da nicht viel. Er ist ein Popstar. Beckham ist eine Kunstfigur, einer, der wunderbar mit Gastauftritten bei MTV glänzen kann. Aber es ist eine große Ungerechtigkeit, ihn in einem Atemzug mit Andrés Iniesta, einem Mann, der mit seinem Fuß denkt, oder Lionel Messi zu nennen.

Einst wurde Beckham bei Manchester United zu einem Fußballroboter programmiert. Alex Ferguson, sein Trainer, war ein Mann der ganz alten Schule. Einer, der seine harte Kindheit in den Docks von Glasgow verbracht hat und nun jeden Morgen um 7.30 Uhr am Trainingsplatz stand, egal, wie tief die Temperaturen auch gefallen sein mochten und wie penetrant der Regen ihm ins Gesicht schlug. Ferguson ist ein Feldherr. Unbarmherzig, erfolgsbesessen, er duldet keinen Widerstand. »Kein Spieler darf größer werden als der Verein«, lautete sein Motto. Auch David Beckham hat das befolgt. Zwölf Jahre lang. Doch dann kam Victoria, das Spice Girl. Erst wurde das Haus größer, dann wurden Beckhams Haare anders. Und er begann, seine Fingernägel zu lackieren. Er wurde zum blonden Glamourboy, zu einem Popstar, der nicht mehr um den Fixstern Ferguson kreist. Er driftete aus dessen Universum. Schlimmer noch: Er wurde selbst zu einem Fixstern, um den sich alles drehte.

Ferguson liebt Soldaten. Männer, die rennen bis zum Umfallen und anschließend in der Kabine verschwinden. Doch die Medien riefen Beckham zum Popstar aus. Er verdiente Millionen mit Werbung. Jugendliche begannen, sich ihre Haare nach seinem Vorbild zu schneiden. Der Absatz des Haargels, das er benutzte, stieg rasant an. Universitätsprofessoren machten ihn verantwortlich für das sich ändernde Männerbild des 21. Jahrhunderts. Plötzlich gab es den Begriff »metrosexuell«, womit Männer gemeint sind, die sich mehrmals am Tag mit teurer

Gesichtscreme pflegen, sich die Brusthaare rasieren und ihre weibliche Seite betonen.

Fergusons bester Lehrling entfremdete sich von seinem Lehrmeister, ohne dabei allerdings bequem zu werden. Beckham schob weiterhin Extraschichten, feilte an seiner Freistoß- und Eckballtechnik. Als er England in letzter Minute durch ein Freistoßtor gegen Griechenland doch noch die Teilnahme an der WM in Japan/Südkorea ermöglichte, jubelte ihm das Volk zu. Nur Ferguson nicht mehr. Als Beckhams Sohn Brooklyn, elf Monate alt, krank im Bett lag, hatte David es gewagt, sich abzumelden und dem Training fernzubleiben. Ferguson grollte, setzte ihn sogar auf die Bank. »Du bist deinem Verein gegenüber verantwortlich, nicht deinem Sohn«, schrie er. Als Beckham später einmal seinem Trainer widersprach, eskalierte die Situation. Ferguson schrie, kickte wutentbrannt einen am Boden liegenden Fußballschuh durch die Kabine – und traf Beckham, der einen blutenden Cut überm Auge davontrug.

Beckham floh nach Madrid, wo Präsident Pérez die große Show liebte. »Wir sind ein Unterhaltungsbetrieb«, sagt er. »Wir sind wie eine Filmproduktion. Universal Pictures könnte seine Filme auch mit billigen Schauspielern drehen. Aber sie nehmen Tom Cruise oder Tom Hanks. Teure Männer, aber Garanten für gute Kassen«, so Pérez, der Mann mit der dicken Geldbörse und der Liebe zu Superstars. Erst kaufte er Luís Figo für 60 Millionen Euro, dann Zidane für 78 Millionen, Ronaldo kostete 45 Millionen und Beckham schließlich 35 Millionen. Beckham ist eine Marke, die auf den Plakatwänden alles überstrahlt. Es gab eine lange Zeit, da war sein Schuh der bestverkaufte auf dem Globus. Beckham, ein Hochglanzprodukt der Mediengesellschaft.

In Portugal jedenfalls glänzte er nicht. Es passierte etwas, was selbst den Anhängern, die weniger genau auf seine fußballerischen Fähigkeiten achten, nicht verborgen blieb. Nachdem es im Viertelfinale gegen Portugal auch nach der Verlängerung

2:2 stand, kam es zum Elfmeterschießen – und dem erneuten Scheitern Beckhams. Schon in der Vorrunde gegen Frankreich konnte er einen Strafstoß nicht verwandeln. Beim Stand von 1:0 für England gelang es ihm nicht, die Führung auszubauen. Am Ende drehte Frankreich das Spiel. Ein Fußballhalbgott mit irdischen Schwächen. »Die Beckhams sind ganz sicher die größte täglich wiederkehrende Real-Seifenoper seit Lady Di und Prinz Charles«, lautete einmal die Bewertung im *Spiegel*.

Nach dem Aus von England blieb noch einer im Turnier, der anfangs nahe an die Beckham-Show herankam, inzwischen aber das Gockelhafte weitgehend abgelegt hat: Cristiano Ronaldo. Als er auf Beckham bei Manchester United folgte, nannten ihn die Engländer zunächst »Zirkuspferd«. Sein Ohrring glänzte bis in die höchsten Ränge im Stadion. Er hatte einen Hang zur Exzentrik und musste erst lernen, mit der englischen Härte umzugehen. Aber Cristiano Ronaldo kann etwas, was Beckham nicht so gut konnte – herausragend Fußball spielen.

Warum Beckham es geschafft hat, so viele Menschen auf der Welt von sich zu überzeugen, habe ich nie ganz begriffen. Warum Otto Rehhagel es geschafft hat, Fußballwunder zu ermöglichen, glaube ich dagegen schon verstanden zu haben. Er vermittelt in diesem kühlen Business intern eine Menschlichkeit, die dafür sorgt, dass seine Spieler für ihn durchs Feuer gehen. Er ist schlau. Ehrlich. Aufrichtig. Er ist ein Arbeiter. Einmal endete eine seiner Mannschaftsansprachen so: »Heute treten wir wie die Wiener Philharmoniker auf und bringen unsere Geigenkästen mit. Aber nach dem Anpfiff öffnen wir die Geigenkästen, holen die Maschinenpistolen raus, und dann geht es ratatatata …«

Das hat wenig mit Rubens und dessen feinem Pinselstrich zu tun. Das ist eher die Metapher für ein Bild, das aus dem Mund eines Malers und Lackierers stammt. Rehhagel ist vieles, sein Leben ist ereignisreich. Er darf sich hinter solchen kräftigen Vergleichen verstecken, ohne dass es anmaßend wirkt –

denn dass er nicht unter Selbstüberschätzung leidet, sondern Großes vollbringen kann, hat er oft genug gezeigt. Einen Beweis dafür habe ich schriftlich von ihm, auf einem Bierdeckel.

Eine ganz ähnliche Gelassenheit wie Rehhagel damals vor dem EM-Finale hat übrigens Jupp Heynckes 2013 unmittelbar vor dem Champions-League-Finale gegen Dortmund ausgestrahlt. Als ich ihn eine Stunde vor dem Anpfiff im Wembley-Stadion zusammen mit Marcel Reif in einem kleinen Raum neben der Bayern-Kabine zum finalen Gespräch getroffen habe, war er locker wie einst Otto. Wir sprachen vor dem letzten internationalen Spiel seiner Karriere über sein erstes internationales Spiel seiner Karriere. Heynckes konnte sich zwar an den Zeitpunkt erinnern, es war in der Saison 1979/80; an den Gegner von damals, es war Stavanger, erinnerte er sich allerdings nicht mehr.

Es hat mich überrascht, noch mehr als bei Rehhagel, wie ruhig Heynckes über das Finale, das Jahrhundertspiel für Millionen Fans, sprach. Insbesondere nach all dem, was ihm in den letzten Wochen, Monaten und Jahren widerfahren war. Er hat viele Kränkungen im Laufe seiner Karriere erfahren müssen. Seine Sensibilität, die fehlende Gabe, Kritik und Häme zu überhören, haben es ihm in drei Jahrzehnten Trainerjob nicht leichter gemacht. Er ist gut. Aber auch stolz. Seine herausragende Arbeit, die er ohne Zweifel geleistet hat, möchte er auch gewürdigt wissen. Heynckes braucht das Lob, auch wenn er es nicht so ausdrücken würde. Schon leise Kritik trifft ihn hart. Als Christoph Daum den damaligen Trainerneuling mit der Aussage »die Wetterkarte ist interessanter als ein Gespräch mit Jupp Heynckes« provozierte, nahm er sich das zu Herzen. Dass er in Deutschland »Osram« getauft wurde (von seinem Gladbacher Spieler Wolfram Wuttke), weil er in der Erregung oft einen roten Kopf bekommt, empfand Heynckes als abschätzig. Dass Clarence Seedorf nach dem gemeinsamen Champions-League-Sieg 1998 mit Real Madrid sagte, »wir haben nicht wegen, sondern trotz Heynckes gewonnen«, kam einer Demütigung gleich. Diese Kränkungen ziehen sich wie ein roter Faden durch Heynckes' Karriere. Erweitert wurde die Liste durch Rudi Assauer, der Heynckes als Auslaufmodell bezeichnete, indem er sagte: »Der Jupp ist ein Fußballspieler der alten Schule, aber wir haben 2004.« Sein nächstes Engagement (2006/07), noch einmal bei Borussia Mönchengladbach, geht völlig daneben. Nach nur 215 Tagen tritt Heynckes zurück. Seine Mannschaft steht da auf einem Abstiegsplatz, und Heynckes erhält Morddrohungen.

Heynckes wurde einen Tag nach dem Ende des Zweiten Weltkriegs geboren. Er hat neun Geschwister, die Eltern sind nicht reich. »Meine Mutter hatte einen Tante-Emma-Laden, man konnte anschreiben lassen. Aber es haben nicht alle bezahlt«, verriet Heynckes einmal. »So musste ich von Haus zu Haus gehen und das Geld eintreiben.« Er machte das natürlich ohne Gewalt, dafür mit Witz und Geschick. 1958 sammelte er auf einer Tennisanlage sonntags Bälle ein. »Für einen ganzen Tag habe ich fünf Mark bekommen.« Einmal fehlte ihm das Geld fürs Kino. »Ich hatte eine Mark, aber das Kino kostete 1,10 Mark. Wegen zehn Pfennig konnte ich den Film nicht sehen. Da habe ich mir gesagt: ›Der Tag wird kommen, wo ich genug Geld habe.‹« Heynckes behielt recht.

Er wurde einer der besten deutschen Stürmer, Torschützenkönig in den Jahren 1974 und 1975, insgesamt erzielte Heynckes 220 Bundesligatore. Er wurde Welt- und Europameister. Später führte Heynckes als Trainer Mönchengladbach ins Europapokalfinale gegen Eintracht Frankfurt, wurde mit Bayern 1989 und 1990 Deutscher Meister. Als er 1999 Benfica Lissabon übernimmt, sagt er: »Mein Wunsch ist es, meine Karriere hier zu beenden.« Heynckes ist zu diesem Zeitpunkt 54 Jahre alt. Als er im Sommer 2000 noch einmal zu Bilbao geht, verkündet er: »Ich bin in meiner Karriere 16 Mal umgezogen. Es reicht. Hier will ich in Rente gehen.« Als er drei Jahre später die Herausforderung Schalke annimmt, sagt der inzwischen 58-jährige Heynckes: »Ich bin nicht mehr der Jüngste.«

Nach dem gescheiterten Gladbach-Experiment macht Heynckes Pause, übernimmt dann aber kurzfristig den FC Bayern. Der erste Modernisierungsversuch an der Säbener Straße mit Jürgen Klinsmann wird auf diese Weise gestoppt, man vertraut wieder einem Wertkonservativen. Es sind nur fünf Spiele, aber sie helfen, die Rentengedanken wieder zu verdrängen. Zwei Jahre lang trainiert er Leverkusen, um dann noch einmal nach München zurückzukehren. Das erste Jahr endet mit dem dramatischen Finale gegen Chelsea. Heynckes ver-wechselt sich. Er nimmt den Torschützen Müller heraus, bringt dafür Daniel van Buyten – die Geschichte ist bekannt.

Trotzdem darf Heynckes weitermachen, und er setzt zu einem bemerkenswerten Endspurt an. Er, der ohnehin seit »Rain Man« nicht mehr im Kino war und auch schon zahlreiche Esseneinladungen vom Münchner Starkoch Alfons Schuhbeck abgelehnt hat, arbeitet noch härter und gönnt sich noch weniger Pausen. Er schaut Spiele, mehr als je zuvor. Viele Nächte verbringt er vor dem Fernsehgerät und analysiert die Gegner. Auch im Gespräch vor dem Champions-League-Finale sagt er: »Ich habe Dortmund sehr lange studiert. Natürlich kenne ich diesen Gegner beinah so gut wie meine eigene Mannschaft. Aber ich finde immer wieder neue, kleine Details, die uns helfen können.«

Öffentlich markiert er den harten Mann, gibt sich strenger und fordernder als je zuvor. »Ich werde den Spielern nicht erklären, warum ich wechsle«, sagt er einmal barsch. Geschichten machen die Runde, er habe den Spielertrakt mit Vorschriften, etwa einem durchgestrichenen Handy auf weißem Papier, tapeziert. Er gefällt sich in der Rolle des harten Hundes, der nach den drei zweiten Plätzen der Vorsaison knallhart durchgreift. In Wirklichkeit ist er gegenüber seinen Spielern viel entspannter. Er weiß, wann er beide Augen zuzudrücken hat. Etwa als Manuel Neuer zu einer Mannschaftsbesprechung zehn Minuten zu spät kommt und sich lapidar herausredet, er habe gedacht, es ginge erst um halb los, nicht um Viertel nach. Als Philipp Lahm in unmittelbarer Nähe zu einem der Handy-Verbotsschilder in der Kabine sitzt und eine SMS schreibt, ignoriert es Heynckes ebenso großzügig. Was er macht, macht er richtig. Doch dann widerfährt ihm die wohl größte Kränkung seiner Karriere.

Obwohl Uli Hoeneß Anfang Januar 2012 sagt, er könne sich vorstellen, »dass uns Jupp irgendwann sogar bei der Suche nach seinem Nachfolger berät«, wird diese Suche letztlich hinter seinem Rücken geführt.

Heynckes arbeitet wie besessen, er bringt Offensiv-Diva Franck Ribéry die Abwehrarbeit bei, macht aus Arjen Robben einen Teamplayer, seine Bayern gewinnen in Serie, doch die Klubführung bereitet parallel ein anderes Großprojekt vor. Im Sommer 2012 fliegt Karl-Heinz Rummenigge nach Barcelona, um sich mit Pep Guardiola zu treffen. Der Trainer erklärt dem Vorstandsvorsitzenden seinen Fußball. Der Vorstandsvorsitzende erklärt dem Trainer seinen Verein. Anfang November teilt Guardiola Rummenigge dann telefonisch mit, er wolle zum FC Bayern. Die Bayern, da sind sich Uli Honeß, der damalige Finanzchef Karl Hopfner und Matthias Sammer einig, wollen Guardiola auch.

Problematisch ist nur, dass die Bayern-Bosse seit Wochen öffentlich eine ganz andere Version erzählt haben. Sie sagten, Jupp Heynckes sei erster Ansprechpartner des Vereins. Davon geht Heynckes, der inzwischen ernsthaft in Erwägung zieht, noch ein weiteres Jahr als Bayern-Trainer dranzuhängen, selbst auch aus. Die Bosse wissen, dass sie unaufrichtig gegenüber dem Mann sind, der als Freund gesehen wird. Sie haben aber Angst vor seiner Reaktion, wenn er von den Gesprächen mit Guardiola erfährt. Was, wenn er hinschmeißt? Also schweigen sie zunächst weiter. Am 18. Dezember fliegt Uli Hoeneß zu Guardiola nach New York. Zuvor macht er seinem Freund

Heynckes zumindest ein paar Andeutungen. Am 16. Januar redet dann auch Rummenigge mit ihm. Er informiert ihn, dass im Sommer Schluss sei beim FC Bayern, dass Guardiola komme. Heynckes fragt, warum man ihm erst jetzt etwas sagt? Warum er nicht eingebunden war? Er ist verärgert, spricht einige Tage weder mit Sammer noch mit Rummenigge oder Hoeneß.

Doch die große Kränkung lähmt Heynckes nicht. Sie macht ihn besser denn je. Er investiert noch mehr Zeit in seine Analysen, er gönnt sich keine Pausen. Er analysiert, er dirigiert, er moderiert mit einem Elan, als wolle er es der ganzen Welt noch einmal zeigen.

Am Ende wird seine Mannschaft Deutscher Meister, DFB-Pokalsieger und Gewinner der Champions League. Am Ende tanzt Jupp Heynckes morgens um zwei Uhr in einem Londoner Luxushotel. Das Hemd ist ihm aus der Hose gerutscht. Er lacht. Er singt. Bei der Siegesfeier auf dem Rathausbalkon am Münchner Marienplatz skandiert er selbst seinen Namen.

So glücklich habe ich Heynckes nur ein einziges Mal gesehen. Das war, als wir uns das erste Mal richtig kennengelernt haben, 1999. Er war Trainer bei Benfica Lissabon. Heynckes hat das Kamerateam des ZDF und mich mit dem Auto vom Flughafen abgeholt. »Wollt ihr meine Stadt ein bisschen kennenlernen?«, fragte er, bevor er uns seine liebsten Plätze und Lokale präsentierte. Vor einer ganz kleinen, einfachen Fischkneipe stoppte er. »Hier fühle ich mich zu Hause.« In dem Moment war nichts an ihm aufgesetzt. Das war kein Lächeln für die Kamera. Da strahlte er pure Zufriedenheit aus – mit der gleichen Intensität wie 2013 beim Tanzen und auf dem Balkon, als er die Früchte seiner unfassbar guten Arbeit endlich genießen konnte.

Kapitel 10
Das unerwartete Sommermärchen

Unmittelbar nachdem Deutschland den Zuschlag für die Austragung der Fußball-Weltmeisterschaft 2006 bekommen hatte, jubelte Franz Beckenbauer, der Vorsitzende des Bewerbungskomitees: »Das ist ein Geschenk des Himmels. Natürlich bietet diese WM eine einmalige Chance, das Land zu verbessern, seine Infrastruktur und vor allem sein Image in der Welt.«

Tatsächlich verwandelte sich Deutschland durch dieses Großereignis. Wir präsentierten uns von einer Seite, die besser war, als wir es in unseren kühnsten Träumen hätten erwarten können. Die WM war perfekt organisiert. Deutschland zeigte sich als ausgelassener Gastgeber, der feiern kann und nicht im Stechschritt marschiert. Die Deutschen schwenkten ihre Fahnen einfach nur aus Spaß – sie waren schlicht und ergreifend fantastisch.

Eigentlich war ich ja ein wenig enttäuscht gewesen, als Deutschland den WM-Zuschlag bekam. Ich befürchtete, für mich ganz persönlich, eine langweilige WM. Weil sie in den Städten stattfinden würde, in denen ich ohnehin jedes Wochenende arbeite und die ich seit Jahren jeden Samstag bereise. Deren Kultur ich kenne, deren Restaurants, deren Menschen.

Ich bin ein Entdecker, sauge fremde Kulturen auf. Doch was sollte es für mich bei der WM 2006 noch aufzusaugen geben? Was sollte ich in Gelsenkirchen, Hannover oder Frankfurt Neues entdecken? Ich hatte Fernweh nach etwas Fremdem.

Nach einer wenig überzeugenden Vorbereitung der Mannschaft von Jürgen Klinsmann war ich außerdem ziemlich skeptisch, was den sportlichen Erfolg in der deutschen Heimat anging. Einem 7:0 gegen Luxemburg folgte ein 2:2 gegen Japan – Pfiffe in der Leverkusener Arena. DFB-Boss Theo Zwanziger schimpfte nach dem Kick: »Wir hätten fünf oder sechs Tore kassieren können. Das muss uns noch große Sorgen machen.« Die Abwehr wurde als »Schlappwehr« bezeichnet, die lediglich die Gegner froh machen würde. Die Zweifel in der Bevölkerung waren groß. Nur vier Prozent der Deutschen glaubten sicher an den WM-Titel, 25 Prozent hielten ihn immerhin für möglich. Mehr als zwei Drittel der Befragten trauten Klinsmanns Männern allerdings keinen Triumph bei der WM zu.

Ursprünglich sollte in Berlin eine Eröffnungsfeier stattfinden, wie man sie eigentlich nur von Olympischen Spielen kennt. Eineinhalb Jahre lang hatte der österreichische Künstler André Heller die Veranstaltung geplant. Peter Gabriel sollte auftreten, Pelé, Maradona, die BlackEyedPeas. Doch dann sagte die Fifa die Gala wieder ab. Aus Angst, man schaffe es nicht, nach der Veranstaltung mit ihrer aufwendigen Bühnenkonstruktion den Rasen zum Spiel Brasilien gegen Kroatien perfekt zu präsentieren. Nach inoffiziellen Angaben waren die Kosten der Veranstaltung mit rund 25 Millionen Euro zu hoch.

Das war ein herber Rückschlag für Heller, der sich danach aber noch an der Planung der alternativen, kleineren Eröffnung in München beteiligte. Über eine Agentur ließ er mich damals anrufen, mehrfach. Er bat um ein Treffen. Kurios, denn normalerweise bin ich es, der sich um Gespräche bemüht.

Als ich Heller in München traf, konnte man ihm seinen Zorn über die Absage immer noch anmerken. Mit den Worten: »Jetzt suchen wir uns eine Fifa-frei-Zone«, begrüßte er mich und dirigierte mich in eine typisch bayerische Kneipe mit Holztischen und einer folkloristischen Wirtin. Heller wollte bloß weg von allen, die ihn um seine Gala gebracht hatten. Er trank warmes Wasser. Das sei gesund und mache schön. Dann erzählte er mir von seinem großen Projekt. Es hätte eine musikalische Reise mit Artisten, Tänzern, Musikern, die das traditionelle mit dem modernen Deutschland verbinden, geben sollen. Der frühere Frontmann von Genesis, Peter Gabriel, hatte bereits fest zugesagt, die musikalische Leitung zu übernehmen. Eineinhalb Jahre Planung steckten in der Show, als die Fifa sie im Januar 2006 überraschend absagte. Dem Fußballweltverband hatte das Konzept bei der Präsentation nicht gefallen. Heller erzählte mir von alten Männern, die ihre Gesichter verzogen, ihr graues Haupt schüttelten und gar nichts mit seiner Kunst anfangen konnten. Da sei ihm endgültig klar geworden, dass solche Spektakel nicht für die Menschen, sondern für die Funktionäre gedacht seien.

Was von Hellers Plänen übrig blieb, war eine stark verkürzte, bayerisch geprägte Eröffnungszeremonie in München, unmittelbar vor dem Eröffnungsspiel Deutschland gegen Costa Rica.

André Heller trug auch hier eine Mitverantwortung, er wollte mir als dem Kommentator der Feier jedoch mitteilen, was ihm ursprünglich vorgeschwebt hatte. Dann der abrupte Aufbruch, Heller bestellte von einer Minute auf die andere die Rechnung und ging mit den Worten: »Ich habe letzte Woche an einer Talk-Show, die aufgezeichnet wurde, teilgenommen. Sie wird jetzt ausgestrahlt. Bin gespannt, was die alles rausgeschnitten haben.« Und dann ein herzliches wienerisches »Baba«.

Als am 9. Juni 2006 um 16.52 Uhr offiziell die Weltmeisterschaft eröffnet wurde, war Deutschland wie verwandelt. Kaiserwetter bei der halbstündigen Heller-und-Co.-Feier in München. Claudia Schiffer brachte den WM-Pokal, und Thomas Gottschalk moderierte, wie Trommler in Lederhosen und Hip-Hop-Tänzerinnen ein Deutschland zwischen Tradition und Moderne präsentierten.

Ab da herrschte in ganz Deutschland Fußballfieber. Plötzlich hingen überall schwarz-rot-goldene Girlanden, junge Frauen schminkten sich die Gesichter in den Nationalfarben, Kinder trugen Trikots der Nationalmannschaft.

Und auf einmal war etwa Ostwestfalen fest in portugiesischer Hand. Nach der Landung der portugiesischen Mannschaft in Münster gab es eine Eskorte ins fünfzig Kilometer entfernte Quartier. Oder Baden-Baden: Das Schlosshotel Bühlerhöhe wurde zum selben Zeitpunkt zur Pilgerstätte für Englandfans.

Als ich zu den verschiedenen Spielstätten fuhr, begegnete mir ein Land, das verändert war, ein Deutschland, in dem nationale Symbole auf einmal sympathisch daherkamen. Ein Land, indem man gängige Vorurteile anderer Nationen nicht mehr wiederfand. Bis dahin wusste man, dass die Deutschen perfekte Organisatoren waren, die Komponenten Charme, Gastfreundschaft, Toleranz und Gelassenheit verbanden viele hingegen keineswegs mit den Deutschen. Und das war nicht nur bei den Gästen aus dem Ausland so. Die Deutschen haben sich ja selbst kaum wiedererkannt und kamen aus dem Staunen über sich selbst nicht mehr heraus. In diesen vier Wochen im Sommer 2006 bin ich durch ein anderes, ein neues Land gereist!

Vor dem Auftaktspiel der Deutschen gegen Costa Rica war ich in ihrem Mannschaftshotel im Münchner Arabellapark. Dort erfuhr ich vom damaligen Assistenztrainer Joachim Löw, dass Michael Ballack nach überstandener Verletzung nicht in der Startelf stehen würde. Und das, obwohl der »Capitano« sich selbst gesund gemeldet hatte; klar, dass er bedient war. Trotz einer wenig überzeugenden Abwehrleistung fuhr die Mannschaft die ersten drei Punkte auch ohne ihn ein.

Im zweiten Gruppenspiel in Dortmund durfte Ballack dann wieder mitspielen. In dieser Begegnung gegen Polen erlöste Oliver Neuville die deutsche Elf aber erst in der Nachspielzeit. Dieses Spiel habe ich im Berliner Sony Center gesehen, von wo aus das ZDF sein Studioprogramm mit dem Erfolgstrio Johannes B. Kerner, Jürgen Klopp und Urs Meier gesendet hat. Das Spiel war so aufregend, dass ich Mühe hatte, eine Live-Schalte, für die ich von der *heute*-Nachrichtenredaktion angefragt worden war, unfallfrei über die Bühne zu bringen. Überall sprangen,

14. Bei der WM 2002 war Oliver Kahn fehlerlos – bis zum Finale. Bei diesem Spiel kommentierte ich, was eine ganze Nation mit ansah: zwei bittere Tore von Ronaldo gegen den Titan.

15. Früher habe ich über Oliver Kahn berichtet, heute arbeite ich mit ihm zusammen. Zwischen uns die ZDF-Moderatorin Katrin Müller-Hohenstein.

16. Bei der WM im eigenen Land 2006 feierten meine Deutschen auf einmal ganz brasilianisch.

17. Philipp Lahm schoss das erste Tor des Eröffnungsspiels, das ich für das ZDF kommentierte. Am Ende besiegte Deutschland Costa Rica 4:2.

18. Während der WM 2006 in Deutschland auf meinem Reporterplatz. Vor mir liegen meine obligatorischen Notizzettel, ohne die geht nichts.

FC BAYERN

1	**Manuel NEUER**	26J--TW-34 CL-Spiele-blieb in der letzten CL-Saison in 5 der 12 Spiele ohne Gegentor, wehrte starke 79,1% der Schüsse ab--U21-EM 2009-seit WM 10 auch Nummer eins im deutschen Tor-DFB-Pokalsieger 2011 und Fußballer des Jahres 2011, dann Wechsel zu Bayern, große Fanproteste zunächst-mehrere Patzer in seiner Premierensaison (de Camargo, Reus), aber 17 Spiele zu Null und nur 22 Gegentore-
4	**DANTE**	28J-**BRA**-IV-noch kein CL-Spiel, aber 15 mal international-**NEU**-spielt seit 2004 in Europa-Lille, Chaleroi, Lüttich (Meister 08), ab 09 Gladbach, ganz starke letzte Saison, jetzt FCB (auch CL TOP ???)-gg Mainz vollkommen unnötig einen Elfmeter gg Baumgartlinger verursacht-
7	**Frank RIBÉRY**	29-**FRA**--31 CL-Spiele, 10 Tore-seine letzten 7 CL-Tore alle in der Allianz-Arena-5 Torvorlagen letzte CL-Saison-schon 5 Jahre FCB, es gab immer mal wieder Wechselgerüchte (Sprungbrett),l-seit WM 06 Nationalspieler, Katastrophen-WM 2010, aber bei EM Rehabilitierung-08 Fußballer des Jahres in Deutschland-persönliche Rekorde 11/12: 12 Tore, 12 Vorlagen-
8	**Javi MARTINEZ**	24J-**SPA**-noch kein CL-Spiel(Bilbao), aber 25 mal international und 2 Tore-**NEU**-r 40 Mios aus Bilbao (verzichtet angeblich auf Teile seines Gehlats)-in der Liga von 12 Duellen gg VAL nur 4 gewonnen, dabei 2 Tore-EL-Finale wurde mit 0:3 gg Atletico Madrid verloren, auch europäische Finalniederlage wie seine neuen Kollegen-U19-EM und U21 EM, dazu WM 10 und EM 12, aber nur mit jeweils einem Spiel-Spitzname: „Kaiser von Ayegui (Geburtsstadt)"t-Unterwäsche-Model-erster Spanier beim FCB-bei Bilbao hat er oft IV gespielt, u.a auch bei der 0:3-Niederlage im März gg VAL, als Soldado 3 Tore schoß-
9	**Mario MANDŽUKIĆ**	26J-**CRO**-ST-noch kein CL-Spiel, aber 33 mal international und 11 Tore-**NEU**-er trifft und trifft und trifft … erster Neuzugang beim FCB, der in den ersten 5 Pflichtspielen immer trifft (6 Tore)-auch bei der EM mit 3 Toren-spielt mehr mit als Namensvetter Gomez-lebte schon von 92 bis 96 als Kriegsflüchtlingskind in Deutschland (Ditzingen mit dem Fußball begonnen)-dann Kroatien und im Sommer 10 für 7 Mios nach Wolfsburg-zu Beginn ohne Tor, dann maßgeblich am Klassenerhalt beteiligt, letzte Saison 12 Tore und 8 Assists-
10	**Arjen ROBBEN Rücken+Addukt.**	28J-**NED**-RM-60 CL-Spiele, 14 Tore-8 Tore für FCB in CL, alle in KO-Runden- letzte CL-Saison nur gut die Hälfte aller Minuten dabei, trotzdem 4 Tore-frühere Stationen: Eindhoven, Chelsea, Real Madrid-seit 3 Jahren FCB-10 Fußballer des Jahres in Deutschland (16 Tore)-WM 10 große Chance im Finale vergeben, davor 2 ToreV-starke Rückrunde mit 12 Toren-11/12 wieder oft verletzt und nur 12 von 24 Bulispielen über die volle Distanz, trotzdem wieder 12 Tore-Elfmeterdramen gg Dortmund und Chelsea-nationale Meistertitel in vier verschiedenen Ländern, **aber internationaler Titel fehlt-**
11	**Xherdan SHAQIRI**	20J-**SUI**-1.-LM-12 CL-Spiele, 1 Tor-**NEU**-kosovo-albanische Eltern, damals im ehemaligen Jugoslawien geboren-als Kind kam er in die Schweiz-dreimal Meister mit Basel, 11 und 12 Fußballer des Jahres in der Schweiz-teuerster Schweizer Transfer mit 11,6 Mios-„Kraftwürfel"-Lehre als Herrenausstatter-
14	**Claudio PIZARRO**	33J-**PER**-,-ST-60 CL-Spiele, 17 Tore-mit EC1 wäre es heute Abend sein 100. europäisches Spiel- (44 Tore), das 50. CL-Spiel für den FCB, das erste vor 11 Jahren gg Sparta Prag noch im alten Olympiastadion (0:0)-**NEU**-spielte 07 mal mit Chelsea gg Valencia in CL (0:0)-- 01 bis 06 FCB, Weltpokal und drei Mal Double, traf in seinen ersten fünf Spielzeiten immer zweistellig-dann Chelsea und wieder Bremen, jetzt schließt sich der Kreis beim FCB-erflogreichster ausländischer Spieler in der Buli (vor Elber, schon 10/11 überholt)-
17	**Jérôme BOATENG**	24J--IV/RV-13 CL-Spiele, 0 Tore-verpasste letzte CL-Saison keine Minute (wie sonst nur Petr Chech)-bester Zweikämpfer des FCB in CL 11/12-Hertha BSC, HSV, Man City (FA Cup 2011), dann FCB-U21-EM 2009-115 Bulispiele ohne Tor-)-Stammspieler bei WM 10 und EM 12-
21	**Philipp LAHM**	28J--RV-61 CL-Spiele, 0 Tore !!!-in München geboren, schon 95 im Bayern-Trikot, dann von 03-05 Ausbildeung in Stuttgart-seit 7 Jahren wieder FCB, Kapitän-11/12 meiste Ballkontakte in Buli, schon drei Mal mit FCB das Double gewonnen, aber internationaler Titel fehlt--„Mit dieser Mannschaft, mit diesem Verein bekommen wir die Chance wieder."-„Vorsicht vor Valencia"-"-„Mein Ziel bleibt ein großer Titel."-noch vier Jahre Vertrag-
25	**Thomas MÜLLER**	23J-,-MF-33 CL-Spiele, 8 Tore-traf im Finale gg Chelsea zur Führung-trifft gerne spät in der CL-kam 2000 in die Jugendabteilung des FCB-erstes Pflichtspieltor im EC gegen Lissabon (7:1) im März 09-3Saisontore wie Mandzukic(top)
28	**Holger BADSTUBER**	23J-IV/LV-27 CL-Spiele, 0 Tore-2002 aus der Jugendabteilung des VfB zum FCB gewechselt-unter Louis van Gaal zum Stammspieler geworden-t-wegen Verletzung Alaba musste er öfter nach links ausweichen jetzt, da hat er auch angefangen-
30	**Luiz GUSTAVO**	25J-**BRA**-DM-12 CL-Spiele, 0 Tore-seit 07 Hoffenheim, in den ersten beiden Spielzeiten 4 Platzverweise, immer vorne dabei bei den gelben Karten-im Winter 2010 verplichtete ihn der FCB für 15 Mios-gerade international hat er zu Beginn die Erwartungen nicht erfüllt, jetzt aber im Finale gg Chelsea solide und auch in der Buli mit guten Leistungen-aber Martinez wird er kaum dauerhaft verdrängen können-im August 11 Debüt in BRA-Nationalmannschaft gg Deutschland-
31	**Bastian SCHWEINSTEIGER 2 Saisontore(Kopf)**	28J-DM-63 CL-Spiele, 7 Tore-letzte CL-Saison nur gut die Hälfte aller Minuten dabei-kam mit 14 in die Jugendabteilung des FCB-je 5 Meisterschaften und Pokalsiege mit Bayern,- internationaler Titel fehlt noch-zwei Verletzungen letzte Saison, vor allem in der Rückrunde erholte er sich nicht mehr richtig davon-wohl der enttäuschteste Bayer nach der Finalniederlage, sein Elfmeter wurde von Chech pariert, er konnte kaum noch laufen-Kritik bei der EM an ihm, nicht richtig fit-
36	**Emre CAN**	18J--MF/LV-noch ohne internationales Spiel-Frankfurter Bub-aus der Jugendabteilung der Eintracht-deutschen und türkischen Pass-2009 Wechsel zum FCB, Anfang 2012 erstmals auf der Bank-Kapitän bei der U17 WM 2011 (3. Platz)-sein Trainer Steffen Freund: „Emre ist der kompletteste Spieler, den ich je in meiner Karriere gesehen habe – und ich habe einige gesehen."-
39	**Toni KROOS**	22J-MF-20 CL-Spiele, 2 Tore-5 Torvorlagen letzte CL-Saison- 1,5 Jahre Leverkusen unter Jupp Heynckes (10 Tore, 10 Vorlagen)-unter van Gaal nicht gut, aber seitdem Heynckes wieder sein Trainer ist stark--verschoss im HF gegen Madrid einen Elfer, wollte dann im Finale nicht mehr, so musste Manuel Neuer ran-
44	**Anatoliy TYMOSHCHUK**	33J-**UKR**-DM-45 CL-Spiele, 2 Tore-seit Sommer 09 FCB, von St. Petersburg,-im CL Finale IV, gute Partie, wollte aber auch keinen Elfer schießen-109 Europapokalspiele(**der erfahrenste**)-2011 zum vierten Mal Ukraines Fußballer des Jahres-Rekordnationalspieler seines Landes, durchwachsene EM-spielt beim FCB wohl keine Rolle mehr, aber wer weiß ….
22	**Tom STARKE**	31J--TW-noch kein internationales Spiel-in Sachsen geboren, früher Dresden, dann Leverkusen, HSV, Paderborn, Duisburg, Hoffenheim (2 Jahre), erst dort setzte er sich in Buli durch, jetzt Schattenmann von Manuel Neuer ohne Ansprüche auf einen Platz im Tor-

19. Für jedes Spiel schreibe ich mir die wichtigsten Fakten zur besseren Übersicht auf. Mein Sohn Paul findet, ich habe eine Sauklaue, die niemand lesen könne – finden Sie auch?

FC VALENCIA

1	**Diego ALVES**	27J-**BRA**-1,88-TW-6 CL-Spiele-linker Fuss-kam im Sommer 11 von Absteiger Almeria-in der Primera Division 10 von 17 Elfmetern gehalten und auch bei der Copa del Rey im Februar gg Messi-Vertrag bis 2015-letzte Saison kein Stammtorhüter, nur 12 Spiele, aber international gesetzt-jetzt in der Liga viermal im Tor, bei Barca und Real jeweils nur 1 GT-machte jetzt beide Spiele für BRA gg RSA und CHI ohne Gegentor-
3	**Aly Cissokho (Nachf.v.Tschordi Alba)**	25J-**FRA**-1,81-LV-29 CL-Spiele (1 Tor)-**NEU**-4-Jahresvertrag-kein aktueller Nationalspieler-in FRA geboren, hat auch Senegal-Pass-kam für 6 Mio von Lyon, (Ende August) die hatten ihn für gut 16 Mios aus Porto gekauft, damals war er 21-POR Meister+Pokal, FRA Pokal-spielte 09/10 im HF mit Lyon gg Bayern und schied klar aus (Olic 3 Tore im Rückspiel)-im Frühjahr 2010 auch bei Bayern im Gespräch-
4	**Adil RAMI**	26J-**FRA**-1,90-IV-6 CL-Spiele (1 Tor per Kopf)-marokkanische Wurzeln, - in Bastia geboren-rechter Fuss-machte sein letztes LS bei der EM im VF gg SPA, bei EM alle Minuten dabei bei FRA, jetzt zweimal nur im Kader-kam im Sommer 11 für 6 Mio aus Lille-sehr kopfballstark-athletisch-mit Lille noch Doublesieger 2011 (von VAL direkt ausgeliehen)-alle CL-Spiele letztes Jahr, 1 Tor-
7	**JONAS**	28J-**BRA**-1,81-ST-6 CL-Spiele (3 Tore)-kam im Jan 11 für 1,25 Mio von Porto Alegre (war dort Torschützenkönig)-aktueller NS BRA, meist Kurzeinsätze-alle vier Spiele von Beginn an als hängender Stürmer, 1 Tor in Madrid, 2 Vorlagen gg Depor-letzte Saison 34 Spiele, 10 Tore in PD-drei Tore in der letzten CL-Saison (zweimal gg LEV!!!)-
8	**Sofiane FEGHOULI**	22J-**ALG**-1,78-RM-7 CL-Spiele (0 Tore)-seit Sommer 10 bei VAL,-NS ALG, in der Nähe von Paris geboren wurde-in diesem Jahr auf rechts 4 Spiele und 2 Tore, auch am WE gg Celta-
9	**Roberto SOLDADO Keine EM(Negredo Sev.)2010 Tor g.Neuer**	27J-1,79-ST-16 CL-Spiele (12 Tore !!!, 11 davon zuhause)-erlöste SPA in Georgien mit dem 1:0-kam vor zwei Jahren für 10 Mio aus Getafe-in VAL geboren-beidfüßig, alle vier Spiele in PD, zwei Tore gg Depor-letzte Saison 17 Tore, davor 18 Tore für VAL--Vertrag bis 2017 verlängert im Sommer--5 Tore in der letzten CL-Saison (von 12)-von 2000 bis 2008 bei Real unter Vertrag und ausgebildet, bei Meisterschaft 08 allerdings nur 5 Einsätze-Nachfolger von David Villa
12	**Joao PEREIRA**	28J-**POR**-1,72-RV-3 CL-Spiele (0 Tore),insg.61xEC-**NEU**-kam von Sporting Lissabon (dort auch ausgebildet) für 3,7 Mios-erste Auslandsstation-Vertrag bis 2015-als RV bei Valencia gesetzt, auch in Nat- LUX (2:1)- und bei der EM alle Minuten gespielt-fleissiger Spieler, oft an Fairnessgrenze (schon 2 gelbe in Liga)-bei EM gg GER schwach, starke Vorlage für CR7 gg NED-
13	**Vicente GUAITA**	25J-1,91-TW-4 CL-Spiele-in Torrente nahe Valencia geboren-Vertrag bis 2015-letzte Saison noch Stammkeeper, 26 Spiele-jetzt noch ohne Einsatz-kommt aus der eigenen Jugend, war mal ein Jahr an Huelva ausgeliehen-verdrängte 2008 Timo Hildebrandt als 2. TW auf die Tribüne-
14	**Antonio BARRAGÁN**	25J-1,87-RV-1 CL-Spiel (0 Tore)-war 09 ein halbes Jahr vereinslos (nach La Coruna)-ein Jahr Liverpool mit 18 ohne PL-Spiel-Backup für Pereira, noch ohne Minute diese Saison (11/12 immerhin 18 Spiele)-2006 U19-EM mit Spanien
15	**Jonathan VIERA**	22J-1,71-OM-ohne internationales Spiel-**NEU**-für 2,5 Mio aus Las Palmas (spielte dort in der Segunda Division, 60 Spiele, 16 Tore, 17 gelbe Karten)-in Barcelona eingewechselt, gegen Celta dann von Beginn an mit Torvorlage (also erst 2 PD-Spiele)-auf Gran Canaria geboren-
16	**Nelson VALDEZ**	28J-**PAR**-1,78-ST-16 CL-Spiele (4 Tore)-**NEU**-für ein Jahr von Rubin Kasan ausgeliehen mit Kaufoption, früher Bremen (Double 2004) und Dortmund-bei Kasan nur 19 Spiele und drei Tore-diese Saison in der PD dreimal eingwechselt, erst 45 Minuten ohne Tor und Vorlage-193 Bulispiele, 37 Tore-WM 06, WM 10, beide als Stammspieler aber ohne Tore, traf nur im Elferschießen gg Japan im Achtelfinale-erzielte bei seinem kurzen Gastspiel in Alicante direkt zwei Tore zum 2:0 gg Barcelona-
17	**Andrés GUARDADO**	25J-**MEX**-1,69-LM-ohne CL-Spiel, aber 8 Spiele EL, 1 Tor-**NEU**-von Depor tivo La Coruna ablösefrei, Vierjahresvertrag,-die ersten 3 Spiele von Beginn an, am WE ohne Einsatz-MEX NS, bereits mit 18 Debüt, schon 84 LS, 13 Tore mit 25-WM 06 schon dabei--bei der WM 2010 3 Spiele, einmal ein, zweimal ausgewechselt-sehr schneller, technisch starker Flügelflitzer-in Guadalajara geboren-
18	**Victor RUIZ**	23J-1,85-IV-6 CL-Spiele (0 Tore)-linker Fuss-hat alle Spiele in der PD gemacht als IV-kann auch LV spielen-kam im Sommer 11 für 8 Mios vom SSC Neapel-
20	**Ricardo COSTA** 3x g. FCB (0-1-2)	31J-**POR**-1,83-A-5 CL-Spiele (2 Tore)-durfte für POR im August gg Panama 90 Minuten spielen, bei EM ohne Einsatz-WM 10 AF gg SPA ROT-auch WM 06 dabei-Stamm-IV zu Beginn, dann gelb-rot gegen La Coruna und Rami spielte gg Barca-kam im Sommer 10 ablösefrei von Lille, davor 2,5 Jahre WOB mit DM 09 (Magath), aber nur 11 Spiele in Vorrunde, in der starken RR ohne Einsatz-davor lange Porto-Uefa-Cup-Sieger (03) und CL-Sieger (04) mit Porto (Mourinho)+2 mal Weltpokal und 4 mal POR Meister-
21	**Daniel (Dani) PAREJO**	23J-1,78-ZM-3 CL-Spiele (0 Tore)-bei Real Madrid ausgebildet,-span. Juniorennationalspieler früher, Freistoßtor zum Finalsieg gg GRE bei EM 07 (U19)-2011 auch U21-EM-an den ersten beiden Spieltagen jeweils eingewechselt-auch in der ersten Saison kein Stammspieler, 16 Spiele PD-
22	**Jérémy MATHIEU**	28J-**FRA**-1,92-LV-13 CL-Spiele (0 Tore)-Sommer 09 aus Toulouse-linker Fuss-erste beiden Spiele, dann von Cissokho abgelöst-erst 2 Tore in PD, in FRA 15-erstes und letztes LS am 11.11.11-spielte schon gg Dortmund, Leverkusen und Schalke im EP-
24	**Tino COSTA**	27J-**ARG**-1,76-Mdef-CL-Spiele (3 Tore)-in Buenos Aires geboren, kam im Sommer 10 für 6,5 Mios aus Montpellier, davor lange FRA-Fenerbahce hatte im Sommer lange Interesse, VAL wollte ihn auch abgeben, aber Deal kam nicht zustande-in dieser Saison alle Spiele über 90 Minuten gemacht, 2 Vorlagen-davor immer über 20 Spiele, viele gelbe Karten
30	**Carlos DELGADO**	22J-1,...-VT-0 CL-Spiele (wäre EC-Debüt)

(28) Juan BERNAT – 19J – ... 8x PD ... U19 EM (Joker) –

(32) Cristian PORTUGUES – 20J – ...

20. Unvergesslich: Als das Bild beim EM-Halbfinale Deutschland gegen die Türkei 2008 ausfiel, musste ich im Stile eines Radiokommentators weiter berichten.

21. 2013 vor dem Wembley-Stadion. Als 56-Jähriger kam ich zu meiner Champions-League-Final-Premiere. Das Endspiel zwischen Bayern und Dortmund kommentieren zu dürfen, war ein ganz besonderer Moment für mich.

22. Neymar ist ein schüchterner Junge – und ein begnadeter Fußballspieler. Ich habe ihn während des ConfedCups 2013 kennengelernt, bei dem er mit der brasilianischen Mannschaft Spanien im Finale besiegte.

23. Aber gewinnen, so meine Vermutung, wird die Seleção die Heim-WM nicht, der Druck im eigenen Land ist zu groß. Das habe ich auch Rudi Völler gesagt, als wir uns in Frankfurt 2013 anlässlich einer Veranstaltung trafen.

tanzten und tobten ausgelassene Menschen um uns herum, sodass wir lange kein ruhiges Plätzchen fanden.

Nach einem 3:0 im Berliner Olympiastadion gegen Ecuador war das Achtelfinale erreicht, sogar als Gruppensieger. In der Runde der letzten Sechzehn wurden die Schweden dann nach einer grandiosen Podolski-Show mit 2:0 geschlagen. Als ich mir anschließend zur Vorbereitung auf das kommende Viertelfinale in Gelsenkirchen das Spiel Argentinien gegen Serbien anschaute, saß neben mir ein älterer Rundfunkkollege der britischen BBC. Mit glänzenden Augen und immer noch ein wenig angeheitert erzählte er mir, dass er bis morgens um sieben in einer Düsseldorfer Kneipe den Unterschied zwischen englischem und deutschem Bier empirisch überprüft hätte. »Ich liebe euer Deutschland«, rief er mir glücklich zu. »Ich komme immer wieder. Ich erzähle allen meinen Landsleuten, wie schön es bei euch ist. Ihr seid die Besten.«

Solche und ähnliche Aussagen habe ich immer wieder gehört. Ob in Hamburg, Köln, München oder Berlin, immer wieder traf ich auf großen Fanpartys oder bei kleinen Zusammenkünften auf Spanier, Kroaten, Italiener, Franzosen oder Australier, die vom ungewohnten Laissez-faire und der freundlichen Stimmung bei uns beeindruckt waren.

Selbst Ronaldo. Nach dem Achtelfinale der Brasilianer gegen Ghana bekam ich die unerwartete Möglichkeit, ein Studiointerview mit dem brasilianischen Superstar zu führen. Als er in den Katakomben des Stadions, wo unser Studio eingerichtet war, vom Pressesprecher hörte, dass eine deutsche Fernsehanstalt ein Interview angefragt hatte, wollte er zunächst ablehnen, da er nur portugiesisch sprechen wollte. Glücklicherweise stand ich nur wenige Meter entfernt, schnappte das Gespräch auf und sprach ihn direkt in seiner Muttersprache an. Jetzt sagte er zu.

Bevor das offizielle Gespräch begann, schwärmte er in den höchsten Tönen von der Atmosphäre und den Menschen. So eine Begeisterung hätte schon fast brasilianische Ausmaße. Daneben erinnerte er sich an einen Auftritt noch als Teenager im deutschen Fernsehen, als er bereits Profi beim PSV Eindhoven gewesen war. Dort musste er, so Ronaldo, Bälle auf eine Wand schießen, in der zwei Löcher waren – die berühmte Torwand des Aktuellen Sportstudios des ZDF. Als ich ihm erzählte, dass ich just für diesen Sender arbeite, lachte er, nahm mich typisch brasilianisch in den Arm und sagte, dass er da gerne noch mal hingehen würde.

Wenige Tage später, am 30. Juni, stand dann in Berlin das Viertelfinale gegen Argentinien auf dem Programm. Martin Schneider und ich hatten Mühe, das Berliner Olympiastadion zu erreichen. Die Hauptstadt war wie entfesselt. Mir kam es vor, als seien Millionen Menschen auf den Straßen.

Das dramatische Spiel lief in der ARD. Da ich für das Halbfinale mit deutscher Beteiligung eingeteilt war, wollte ich mir vor Ort einen Eindruck verschaffen. Nach der Partie und dem zeitgleichen Erfolg der Italiener gegen die Ukraine (3:0) war klar: Mein Halbfinale lautete Deutschland gegen Italien!

Für dieses so wichtige Spiel durchbrach ich meinen festen Ablauf und fuhr bereits zwei Tage früher nach Dortmund. Ich wollte die Stimmung einatmen, die Stadt erleben, die euphorisierten Menschenmassen beobachten.

Ich steuerte auch das Stadion an, wo mich die Ordner erkannten und hinein ließen, obwohl ich eigentlich noch keinen Zutritt gehabt hätte. Da stand ich nun fast ganz alleine in diesem Stadion. Ein paar Putzkräfte wischten noch über die Tribünen, fegten und richteten alles für das Spektakel zwei Tage später. Ich schritt über den Rasen und fühlte diese Mischung aus Weidelgras und Wiesenrispe, die bei jedem Schritt unter meinen Schuhen nachgab. Vor der menschenleeren Südtribüne, die an jedem zweiten Wochenende, wenn hier die Borussia spielt, zu einer schwarz-gelben Wand wird, bestehend aus 27000 Menschen, hielt ich inne. Übermorgen würde sie in

Schwarz-rot-gold getaucht sein. Voller Hoffnung und Euphorie würden die Fans in diesem riesigen Resonanzraum ihren Beitrag leisten, damit Klinsmanns Elf das Finale erreichen wird. Noch nie hatte Deutschland in diesem Stadion ein Länderspiel verloren. Von vierzehn Begegnungen hatte sie dreizehn gewonnen, nur gegen Wales hatte es 1986 einmal eine Punkteteilung gegeben. Was für eine Serie!

Dass Italiens Trainer Marcello Lippi hier mit Juventus Turin im Europapokal gute Ergebnisse erzielt hatte, änderte wenig an meiner Siegesgewissheit. »Schade, Lippi«, dachte ich lächelnd, während ich einfach so dastand, den Augenblick einfing und die Beinahe-Einsamkeit genoss.

Zwei Tage später, am 4. Juli 2006, bin ich nicht mehr allein. 65 000 Fans feiern in diesem Kessel der Leidenschaft. Daheim vor den Fernsehgeräten sitzen im Durchschnitt 29,66 Millionen Menschen und bescheren dem ZDF den bis dahin höchsten jemals gemessenen Zuschauerwert seit Beginn der Quotenerhebung im Jahr 1985. Als es in die Verlängerung geht, schalten noch einmal mehr ein. 31,31 Millionen Menschen starren gebannt auf den Fernsehschirm, als Gilardino nach nur vierzig Sekunden den Pfosten trifft. Die Millionen von Fans, die auf den überfüllten Fanmeilen oder in Gaststätten zuschauen, sind bei diesen Zahlen noch nicht einmal mitgerechnet. Zambrotta hämmert aus 25 Metern an die Latte. Dann probiert es Podolski aufs italienische Tor, aber Buffon fischt den Ball raus. Und dann wechselt Marcello Lippi einen weiteren Stürmer ein. Klinsmanns Leute scheinen von dieser Maßnahme überrascht. Italien, das zwischenzeitlich müde zu werden schien, wird plötzlich immer stärker.

Am Mikrofon sage ich nach 117 Minuten und 30 Sekunden: »Jetzt geht es für die deutsche Mannschaft nur noch darum, sich ins Elfmeterschießen zu retten.« Nach 118 Minuten und 12 Sekunden schlägt del Piero eine Ecke in den Straftraum der Deutschen. Kopfballabwehr vor die Füße von Pirlo, der auf Grosso passt. Vier Deutsche stehen in der Nähe des Mannes aus Palermo, aber niemand nah genug. Er zirkelt mit links, Lehmann ist ohne Chance – 0:1. So kurz vor dem Elfmeterschießen! Ich erinnere an das Champions-League-Finale zwischen Bayern München und Manchester United, das die Engländer 199 Sekunden vor dem Ende noch drehten. Aber es ist schwer, Hoffnung zu machen, wenn es keine Hoffnung mehr gibt. Als del Piero dann auch noch das 2:0 für Italien erzielt, ist der Traum endgültig geplatzt. Dieses Mal hat Dortmund Deutschland kein Glück gebracht. Lippi siegt, Italien steht im Finale.

Deutschland war draußen, das Sommermärchen war vorbei. Und plötzlich schienen die schwarz-rot-goldenen Fahnen nur noch traurig im Wind zu hängen. Schlaff, ohne Spannung. Die Gesichter derer, die sie wochenlang stolz schwenkten, waren mit einem Mal völlig leer. Als ich an diesem Abend das Stadion verließ, war der Sommer vorbei. Schlagartig war es Herbst geworden. Da war es nicht mehr als ein schwacher Trost, dass sich die Welt trotz des Ausscheidens vor Land und Mannschaft verneigte. Franz Beckenbauer sprach »vom besten Spiel, das ich in letzter Zeit gesehen habe«. Pelé beglückwünschte Deutschland zu einem »Wahnsinns-Turnier«. Die spanische Sportzeitung *Marca* sprach von einer »Huldigung an den Fußball. 120 Minuten Leidenschaft, Spannung und Qualität – der Fußball war der große Gewinner in Dortmund.«

Nur vier Tage später habe ich einen auf den ersten Blick eher undankbaren Termin. Im ganzen Land ist die Niedergeschlagenheit nach der Halbfinalniederlage körperlich spürbar. Und nun wartet noch ein Spiel der Verlierer, das Match um Platz drei gegen Portugal.

Ich reise mit der Bahn nach Stuttgart. Als ich den Zug verlasse, traue ich meinen Augen nicht. Tausende von Menschen stehen vor dem Bahnhofsgebäude, es läuft eine riesige Party. Die deutsche Fußballnationalelf checkt gerade ein, das Hotel liegt genau gegenüber. Und die Fans feiern die Mannschaft, als sei sie soeben Weltmeister geworden. Das Sommermärchen hatte gerade mal wenige Tage Pause! Eine Stunde bleibe ich am Bahnhof, um die Stimmung zu genießen. Viele Fans erkennen mich und verwickeln mich in lange Gespräche. Von der Enttäuschung über das Ausscheiden ist nichts mehr zu spüren. Die Fans hier sind noch nicht bereit, das große Sommerfest zu beenden. Ihre Begeisterung steckt mich an. Auf einmal freue ich mich, als Reporter dieses an sich unwichtige Spiel kommentieren zu dürfen.

Und die deutsche Nationalmannschaft enttäuschte ihre Fans nicht. Was wir zu sehen bekamen, war eine hochklassige Begegnung. Eine große Schweinsteiger-Show und ein historischer Augenblick.

Nachdem Jens Lehmann als Nummer eins ein starkes Turnier gespielt hatte, brachte Jürgen Klinsmann bei diesem letzten Spiel Oliver Kahn. Der Titan, der Deutschland 2002 ins WM-Finale brachte und mit dem FC Bayern große Erfolge feierte und sich dann doch plötzlich auf der Ersatzbank wiederfand. Trotz dieser ungewohnten Rolle verhielt sich Kahn während der vier Wochen stets loyal und war bereit, als zweiter Mann für die Mannschaft zur Verfügung zu stehen. Dass er gegen Portugal aufgestellt wurde, war sicher auch ein Dankeschön des Trainers.

Kahn machte ein sehr gutes Spiel und kam dann zum Live-Interview zu meinem Kollegen Boris Büchler, wo er für alle überraschend verkündete: »Heute war mein letztes Länderspiel für Deutschland.« Am 8. Juli 2006 war die internationale Karriere von Oliver Kahn beendet. Nach genau 86 Länderspielen, wovon er 49 als Kapitän bestritt.

Begegnungen mit meinem heutigen ZDF-Kollegen Oliver Kahn waren immer etwas Herausforderndes. So erinnere ich mich an ein Interview, das ich mit ihm ausgerechnet am 1. April 2007 führte.

Tags zuvor hatte der FC Bayern den FC Schalke mit 2:0 besiegt, worüber ich im Aktuellen Sportstudio berichtet hatte. Die Redaktion der ZDF-Sportreportage bat mich dann am Abend um einen Nachbericht für die Sendung am Sonntag.

An sich war es ein unspektakuläres Spiel gewesen, und ich wusste noch nicht recht, welchen thematischen Ansatz ich wählen sollte. Die einzige bemerkenswerte Geschichte war die, dass Oliver Kahn den Schalker Stürmer Søren Larsen etwas unsanft mit einer Art Würgeattacke angegriffen hatte.

So saß ich also in einem Münchner Hotel beim Frühstück und las die *Welt am Sonntag*. In der Ausgabe gab es ein längeres Interview mit Oliver Kahn, in dem er sich über seine einseitige Darstellung als Wüterich beschwerte. Er werde in eine Schublade gesteckt, und immer wieder würden dieselben Klischees bemüht. Das Zeitungsinterview war vor dem Schalke-Spiel und der Attacke auf Larsen geführt worden.

Gegen 9.30 Uhr machte ich mich auf den Weg an die Säbener Straße, nun schon mit konkreteren Vorstellungen, wie die Story aussehen könnte. Ich wollte versuchen, Kahn mit dem Interview in der *Welt am Sonntag* zu konfrontieren und sein Verhalten vom Vortag dazu in Relation zu setzen. Nun ist es allerdings nicht so, dass man sich beim FC Bayern oder auch bei anderen Vereinen aussuchen kann, mit wem man sprechen möchte. Die Presseabteilungen der Bundesligisten stellen den Medienvertretern am Sonntag in der Regel einen, maximal zwei Spieler oder den Trainer zur Verfügung. An die anderen kommt kein Journalist heran, und schon gar nicht mit einer Fernsehkamera.

Nach einer längeren Wartezeit erschien plötzlich Bayerns Pressedirektor Markus Hörwick und informierte die wartenden Journalisten mit nur zwei Worten: »Kahn kommt.« Es waren einige Sender auf dem Gelände, und da es unmöglich schien, dass jeder seine eigenen Fragen stellt, mussten wir uns absprechen. Ich musste mich gar nicht erst vordrängeln – die Kollegen schauten alle auf mich und sagten in etwa: »Du kennst ihn am längsten, mach du mal.«

Nach einer harmlosen Aufwärmfrage zum Schalke-Spiel legte ich nach. Wie es denn sein könne, dass er einerseits sein negatives Image im Zeitungsinterview beklage, andererseits aber alles dafür tue, damit dieser Ruf bestehen bleibe? Ob er denn zwei Persönlichkeiten habe?

Kahns Züge erstarrten. Er kam ganz nah zu mir. Von links und rechts rückten diverse Mikrofone ins Bild. Mit einem Gesichtsausdruck, als wolle er mir gleich an die Gurgel, antwortete er: »Wie meinen Sie das? Zwei Persönlichkeiten? Was wollen Sie mir unterstellen?«

Jetzt hieß es, Nerven bewahren. Ich erwiderte, dass ich das genauso meinte wie eben gesagt, und wiederholte die Frage einfach noch einmal.

Es entstand dann ein sehr spannendes Gespräch, in dem Oliver Kahn ausführlich seine Sicht auf das Spiel vom Vorabend und grundsätzlich auf die mediale Berichterstattung darstellte. Ich hatte meine Sonntagsgeschichte im Kasten.

Der Keeper beschwerte sich allerdings noch Monate später in einem *Sport-Bild*-Interview über meine Fragen.

Als er Jahre später Experte für das ZDF wurde, trafen wir uns bei einem Länderspiel in Helsinki wieder. Er begrüßte mich sehr freundlich, vergaß aber nicht zu erwähnen, dass wir miteinander mal ein kleines Sträußchen ausgefochten hatten.

Diese herausfordernde Begegnung mit Kahn fand ungefähr ein dreiviertel Jahr nach seinem Rücktritt aus der Nationalmannschaft statt. Als Reservist hatte er 2006 zwar nur einen kleinen Anteil an der Sympathiewelle, die die Mannschaft ausgelöst hatte. Aber mit seiner Bereitschaft, auf der Ersatzbank Platz zu nehmen und für den Notfall bereitzustehen, hatte er seinen Teil dazu beigetragen, dass eine lockere, frisch aufspielende Mannschaft auf eine ebenso lockere, gelassene und fröhliche deutsche Bevölkerung traf und so das gern zitierte Sommermärchen wahr werden konnte.

Kapitel 11
Nörgeln, Neid und nutzlose Diskussionen

Deutschland hatte bei der Weltmeisterschaft im eigenen Land doppelt gewonnen. Sportlich einen dritten Platz, menschlich sogar den WM-Titel. Vielleicht sind in diesen vier Sommerwochen auch ein paar Negativeigenschaften in den Hintergrund gerückt, die mich seit sechsundvierzig Jahren an diesem Land stören. Obwohl ich schon so lange hier lebe und mich wohlfühle, erlaube ich mir gelegentlich einen Blick von außen. Als einer, der seine ersten Jahre in einer anderen Kultur zugebracht hat, als einer, der durch die zahlreichen Eindrücke aus fremden Ländern Vergleiche ziehen kann.

Am meisten irritiert mich immer der stark ausgeprägte Hang zu Neid und Missgunst. Tommy Haas, einst Nummer zwei der Tennis-Weltrangliste, hat einmal kritisiert: »Generell sind die Menschen in Deutschland sehr negativ. Jeder kann sehr gut rumjammern. Was schade ist. Ich glaube, dass Deutschland ein geiles Land ist. Trotzdem herrscht hier diese negative Einstellung. Wenn man in Amerika mit einem großen, schnellen Auto vorfährt, bekommt man Anerkennung, man klopft dir auf die Schulter. In Deutschland würde es dir keiner gönnen, man würde dich als neureich oder als Prolet abstempeln.«

Im Kern hat Tommy Haas recht. Jugendliche zerkratzen in Deutschland teure Wagen. Der Mercedes-Stern wird inzwischen nicht mehr auf die Motorhaube geschraubt, da er nach spätestens vier Wochen abgebrochen ist. Nirgends auf der Welt, außer bei uns und in der Schweiz, habe ich diese Form von Neid gespürt. Nicht nur gegenüber Sportlern.

Wir beschweren uns darüber, dass unsere Staatsmänner und

-frauen in großen Autos vorgefahren werden. In Griechenland sagte mir einmal ein wildfremder Mann in einer Taverne, er würde sich schämen, wenn sein Staatspräsident mit einem Golf oder einem Renault unterwegs sei.

Natürlich haben beispielsweise auch die Amerikaner ihre Schwächen. Überzogener Patriotismus, ein fast fundamentalistisches Religionsverständnis, Großmannssucht, um nur einiges zu nennen. Trotzdem finde ich es vorbildlich, wie dort mit erfolgreichen Menschen umgegangen wird. Sie sind stolz auf ihre Millionäre und auf diejenigen, die es geschafft haben. Bei uns werden Sportler für ihre Gehälter kritisiert.

Dirk Nowitzki etwa ist trotz seiner Millionen sehr sympathisch – dennoch gibt es Menschen, die Rechtfertigung für sein Gehalt verlangen. Warum? Warum gönnen wir es ihm nicht, dass er für seine harte Arbeit und seine außerordentliche Leistung fürstlich entlohnt wird? Warum haben wir die Angewohnheit, immer nach dem Schlechten zu suchen, nach dem Negativen? Bei uns ist die Vogelgrippe immer schlimmer als überall sonst in Europa, und der Regen fällt besonders sauer. Bei uns ist das Waldsterben stärker als überall, während die Franzosen nicht einmal ein eigenes Wort dafür haben. Während des BSE-Skandals war ich in England, dort standen die Leute vor den Steakhäusern Schlange.

Als die deutsche Mannschaft 2012 gegen Schweden eine 4:0-Führung verspielte und es am Ende unentschieden stand, wurde Bundestrainer Jogi Löw infrage gestellt. Am selben Tag lobten ausländische Zeitungen unser Team als »beste Mannschaft seit Jahrzehnten« – kein Wort der Kritik wegen des kurios verspielten Sieges.

Als der Entschluss fiel, Südafrika, immerhin ein Land mit einer gewissen Fußballtradition, die Weltmeisterschaft 2010 zu geben, war der Aufschrei der Empörung bei uns natürlich am lautesten. Das gehe nicht, in dieses Land dürfe man nicht reisen, es sei kein Ort, an dem man das größte Fußballereignis der

Welt austragen dürfe. Wir stießen Sicherheitsdiskussionen an und suchten akribisch nach vermeintlichen Mängeln. Für mich hat das etwas Herablassendes, es ist fast Wirtschaftsrassismus. Steckt dahinter nicht der arrogante Hintergedanke: Wir können alles besser?

Die Weltmeisterschaft 2010 war dann grandios, allerdings war sie kein wirtschaftlicher Erfolg. Die Zahl der sogenannten weißen Elefanten, also der Stadien, die seit Turnierende nicht mehr gebraucht werden, ist hoch. Aber: Für das Image des Landes war die WM ein absoluter Gewinn. Der Tourismus, der zuvor schon wachsende Zahlen vorweisen konnte, hat noch mehr zugelegt. Nach dem Turnier war in der westlichen Öffentlichkeit interessanterweise kaum noch die Rede von Kriminalität und der alltäglichen Gewalt, obwohl sich an diesem realen Problem wenig geändert hat. Entscheidend ist, dass die Menschen nun auch Augen für die anderen Seiten des Landes haben.

Wir sind immer die Ersten, die entsetzt die Hände über dem Kopf zusammenschlagen. Wir hatten Bedenken wegen der Olympischen Spiele in Peking. Wir waren skeptisch vor Südafrika. Und wir haben uns darüber aufgeregt, dass Polen und die Ukraine gemeinsam eine EM durchführen durften. Dabei ist Polen ein großartiges Land. In der Ukraine war ich zu kurz, um darüber urteilen zu können. Die Polen werden von uns häufig auf ein Volk von Handwerkern, Saisonarbeitern und vermeintlichen Nutzern nicht selbst erworbener Fahrzeuge reduziert. Eine absolute Frechheit! Bei der EM erlebten die Besucher ein kulturell hoch entwickeltes Land mit einer ausgeprägten Liebe zu Kunst und Musik, zu Literatur und Film. Und ein Land mit bezaubernden Menschen. Meine Dienstreisen sind auch immer Reisen gegen Vorurteile. Sie öffnen mir die Augen.

Durch die Olympischen Spiele 2008 beispielsweise rückten die Menschenrechtsverletzungen in China ins Bewusstsein der Öffentlichkeit. Die westliche Politik und Presse waren gezwungen, sich nun stärker damit auseinanderzusetzen. Wer hätte ohne die EM 2012 über Julija Timoschenko gesprochen? Ohne den Sport wären uns diese Probleme kaum eine Zeile wert gewesen.

Auch unseren sportlichen Kontroversen nach dem EM-Aus 2012 fehlte die Souveränität. Über Wochen beherrschten nach der Halbfinal-Niederlage gegen Italien die Diskussionen um eine Hymnenpflicht die Schlagzeilen. Franz Beckenbauer befeuerte den Riesenwirbel um die Nationalhymne mit seiner Aussage: »Schon vor dem Anpfiff liefen mir Schauer über den Rücken, mit welcher Inbrunst und welchem Selbstbewusstsein die Italiener ihre Nationalhymne schmetterten. Sie haben sich heiß gemacht. Anders als die Deutschen. Wobei die Migranten den Mund überhaupt nicht aufkriegten, obwohl sie einen deutschen Pass haben und bei uns groß geworden sind. Das gefiel mir nicht.« Und der Kaiser legte noch nach: »Die Begeisterung muss vor dem Anpfiff schon einsetzen – und dabei hilft gemeinsames, lautes Singen. Bei der Hymne vor meinem ersten Spiel als DFB-Teamchef 1984 kauten unsere Spieler Kaugummi oder guckten in die Luft. Die Argentinier dagegen sangen aus vollem Herzen – und gewannen 3:1. Da habe ich den Text unserer Hymne an die Spieler verteilen lassen und die Singpflicht eingeführt. So wurden wir 1990 Weltmeister.«

Plötzlich kamen die Kritiker aus allen Ecken. Armin Hary, der Leichtathletikstar und Olympiasieger über 100 Meter von 1960, befand: »Wer es als deutscher Nationalspieler nicht fertig bringt, unsere Hymne zu singen, gehört für mich nicht in die Nationalmannschaft.« DFB-Ehrenpräsident Gerhard Mayer-Vorfelder forderte noch drei Wochen nach dem EM-Aus: »Der Bundestrainer muss die Singpflicht durchsetzen. Notfalls in einem Vier-Augen-Gespräch. Er sagt immer, er könne sie nicht zwingen. Ich sage aber: Klar kann man die Spieler zwingen. Wenn sich einer der Spieler dann immer noch beharrlich weigert, dann wird er eben nicht mehr eingeladen. Und wenn Löw einem seiner Spieler sagt, dass er singen muss, weil er sonst nicht mehr nominiert wird, dann wird er ganz schnell springen.«

Ruderer wurden befragt, ebenso Hockey-Nationalspieler. Politiker jeder Partei meldeten sich selbstverständlich auch zu Wort. Sie wollten die Gunst der Stunde nutzen, sich öffentlich profilieren und ihren Namen in die Zeitungen bringen. Natürlich wurden auch die blumigen Aussagen der Italiener überhöht, etwa die von Torwart Gianluigi Buffon: »Ich singe die Hymne mit geschlossenen Augen, weil ich mich bis ins Mark italienisch fühle, weil mir die Tricolore, meine Fahne, und mein Land sehr viel bedeuten. Ich habe zwei Großväter im Krieg verloren, und ich glaube, zu singen und in diesem Moment an sie zu denken, ist eine Form des Respekts.«

Teammanager Oliver Bierhoff verteidigte seine Spieler. »Wenn ich in die Gesichter unserer Spieler während der Nationalhymne schaue, dann erkenne ich Stolz, für unser Land auflaufen zu dürfen. Wir müssen dafür Verständnis haben, wenn ein Spieler nicht mitsingen will. Aus welchen Gründen auch immer. Wir fordern Toleranz, also müssen wir sie in diesem Fall auch selber leben.«

Fest steht: Wenn Deutschland Europameister geworden wäre, hätte es diese Diskussion niemals gegeben. Funktionäre, Presse und Hobby-Bundestrainer suchten nach den Ursachen für das Scheitern. Und mit der nicht gesungenen Hymne hatte man einen Grund gefunden, auch wenn er vollkommen irrelevant war. Das Ganze zeigt vor allem eines: Wie unsachlich so manche Debatte in Deutschland geführt wird. Übrigens sangen die Italiener unmittelbar vor dem Finale erneut voller Energie. Am Ende verloren sie aber 0:4 gegen die Spanier. Deren Hymne hat gar keinen Text.

Wir sind ja sonst zu Recht so stolz auf unsere Weltoffenheit, unsere Toleranz und unser Demokratieverständnis. Wir sind ein multikulturelles Land, und da muss ich von einem Menschen mit polnischen, türkischen, ghanaischen oder tunesischen

Wurzeln, der hier groß geworden ist, nicht verlangen, dass er die Nationalhymne mitsingt. Das ist im besten Fall kleinlich.

Als Louis van Gaal, der damalige Trainer des FC Bayern München, in einem Interview erzählte, dass er von seinen Töchtern verlangt habe, dass sie ihn siezen, war das Gelächter groß. »Das war damals in Holland üblich. Und ich will das noch heute von meinen eigenen Töchtern. Ich finde es gut, wenn ein Abstand da ist. Ich bin ein Freund meiner Kinder, und sie lieben mich. Aber ich bin eine andere Generation, das müssen sie wissen. Meine jüngere Tochter hatte mit dem Siezen nie ein Problem, meine ältere schon. Jetzt versucht sie das Siezen selbst. Ich denke, das ist gut«, erklärte er und wurde daraufhin etwa als »der schrullige Herr van Gaal« bezeichnet.

Natürlich erscheint diese Einstellung zunächst einmal als sehr konservativ. Aber auch in Ungarn ist es zumindest in ländlichen Regionen bis heute üblich, sich von den eigenen Kindern siezen zu lassen. Und überhaupt: Gibt es denn nichts Wichtigeres? Als ob diese Angewohnheit in der Familie van Gaal etwas über seine Trainerqualitäten aussagen würde! Wir mischen uns zu sehr ein. Wenn jemand freiwillig etwas von sich preisgibt, kann es nicht sein, dass wir es gegen ihn verwenden und ihn der Lächerlichkeit preisgeben.

Mir hat es gut gefallen, wie er sich gewehrt und der dreisten Art einiger Kollegen Paroli geboten hat. Gerade wir Journalisten können doch froh sein, wenn wir jemandem begegnen, an dem man sich reiben kann. Van Gaal ist ein Typ in der glatt gebügelten Welt des Sports. Viele Fußballprofis ähneln inzwischen den Absolventen britischer Privatschulen, sie bekommen 24-Stunden-Rundumversorgung. Dass die Fingernägel nicht noch kontrolliert werden, ist alles. Man vermittelt jungen Sportlern, dass sie Juwelen seien. Ihnen wird erklärt, dass draußen die Welt böse sei und alle es auf sie abgesehen hätten. Wer soll das in diesem Alter verkraften?

All diese Maßnahmen gehen auf Kosten einer gesunden Entwicklung und führen zu Meinungsverlust. Stars, die eine Medienschulung hinter sich haben, kann man eigentlich nicht mehr interviewen. Ich kann nur hoffen, dass sie zwischen Berufsalltag und Privatleben unterscheiden können. Vor der Europameisterschaft 2012 in Polen und in der Ukraine ging die Sorge, die Spieler könnten etwas Falsches sagen, vonseiten des Deutschen Fußballbunds sogar so weit, dass Antwortmöglichkeiten für die Nationalspieler vorformuliert wurden, für den Fall, dass Medienvertreter Fragen zur politischen Situation des Landes und zu Julija Timoschenko stellen sollten.

Die Spieler erhielten ein Informationsschreiben, in dem zum Beispiel auf ein Interview mit DFB-Präsident Wolfgang Niersbach auf der Verbands-Homepage hingewiesen wurde. Darin stehe alles, was es zu der politischen Problematik zu sagen gebe. Darüber hinaus wurden drei Statements beispielhaft vorformuliert. Von »kein Kommentar« bis »ich verfolge die Sachen kritisch, möchte mich aber auf das Turnier konzentrieren«.

Es wurde zwar auch gesagt, dass jeder selbstverständlich seine eigene Meinung sagen könne. Aber allein die Tatsache, dass der DFB Argumentationshilfen an erwachsene Menschen verschickt, zeigt doch, dass das Maß an Fürsorgepflicht überschritten ist. Mir ist diese ständige Sorge, dass ein deutscher Nationalspieler aus dem Ruder laufen könne, viel zu groß, mir kommt das beinah hysterisch vor. Ich bezweifle, ob eine totale Rundumversorgung (auch in anderen Bereichen) Eigenständigkeit, Kreativität und Mut – Eigenschaften, die auch auf dem Platz notwendig sind – fördern.

Die Italiener waren im EM-Halbfinale 2012 gegen Deutschland viel entspannter. Sie haben Gelassenheit und Souveränität ausgestrahlt, anders als die deutschen Nationalspieler.

Bei der WM 2010 in Südafrika haben die Holländer mitten in der Stadt gewohnt. Ihr Hotel in Johannesburg war frei zugänglich für jedermann. Abends saßen die Spieler zwischen den normalen Gästen an der Bar. Ich habe Mark van Bommel über den Nelson Mandela Square bummeln sehen und beobachtet, wie er sich brav hinter bemalten Fans angestellt hat, um sich einen Espresso zu kaufen. Die Italiener traf man in voller Mannschaftsstärke in einem Steakhouse in der City. Dagegen haben die Deutschen irgendwo im Niemandsland am Rand von Pretoria hinter hohen Mauern gelebt. Das Hotel war weiträumig eingezäunt. Das Einzige, was sie außer ihren Teamkollegen, den Betreuern und Trainern regelmäßig zu sehen bekamen, waren ein paar Journalisten und Warane. Ich weiß nicht, was sie schlimmer fanden.

Bei der EM 2012 haben sich Schweinsteiger, Bender und Khedira mal kurz aus ihrem Hotel in Sopot bei Danzig getraut. Als Leute sie fotografieren wollten, fingen sie an, diese zu beschimpfen. Schweinsteiger drehte sich ständig weg, als ob er so nicht erkannt würde.

Als Verantwortlicher sollte man die Spieler meiner Ansicht nach zu viel mehr Normalität animieren. Sie sollen einerseits professionell leben und sich auf ihren Job vorbereiten, andererseits sind das junge Leute, die man nicht von der Welt ausschließen sollte. Ich glaube, dass ein 25-Jähriger irgendwann die Lockerheit verliert, wenn er sich vier Wochen lang einem Klima der Selbstoptimierung und ausschließlichen Fokussierung auf die Arbeit ausgesetzt sieht. Auf dem Platz muss er ja trotz taktischer Vorgaben auch erwachsen sein und selbstständig Entscheidungen treffen.

Die beiden Tennislegenden Björn Borg und Boris Becker haben nach ihrer Karriere erzählt: »Wir hatten keine Jugend. Eine der wichtigsten Lebensphasen wurde übersprungen. Erfahrungen, Mädels, Trinken, Abstürze – hatten wir alles nicht.« Es bedarf selbstverständlich keiner Abstürze, um sich zu entwickeln. Aber in der Jugend prägt sich ein Charakter, Fehler gehören dazu und bringen einen weiter. Man muss Dinge selber erleben, darf nicht alles vorgesetzt bekommen. Björn Borg hatte in seinem ganzen Leben nichts anderes in der Hand außer Tennisschlägern und Comics. Er hat nie ein Buch gelesen, da gab es nichts, was ihn intellektuell gefordert hätte. Er war total limitiert. Sowohl Becker als auch Borg haben keine eigenen Interessen entwickelt.

Zugleich bewundern wir Pep Guardiola, den sogenannten Wundertrainer des FC Barcelona und jetzigen Cheftrainer des FC Bayern, dafür, dass er anders ist, vielschichtiger. Bei Barca hat er ein Spielsystem konzipiert, das als weltweit überlegen galt, er hat das Rad des Fußballs weitergedreht. Das ist ihm auch deshalb gelungen, weil er noch andere Interessen hat und die Welt für ihn nicht an der Außenlinie des Spielfelds endet. Guardiola beschäftigt sich mit Kunst und Literatur, er gibt seinen Spielern Leseempfehlungen. Er ist mit Leuten wie dem Schriftsteller David Trueba befreundet, der einmal über Guardiola verriet: »Hochleistungssport hinterlässt ja auch Spuren der Eile, der Leere, des geklauten Lebens. Guardiola hat sich der Mode genähert, dem Kino, der Sprache und der Musik, weil Leben für ihn mehr ist als Anerkennung im Job.« In seinem Trainerzimmer in Barcelona hatte er viele Bücher, darunter Werke des römischen Kaisers Marc Aurel oder von Seneca. »Mein Gott, ich bin ein Hochstapler«, befand Guardiola deshalb einmal gegenüber einem Freund. »All das kann ich niemals lesen.«

Für Guardiola bedeutet Fußball viel. Sehr viel. Aber er verschließt sich nicht vor anderem. Auch deshalb wird er als Referent zu Wirtschaftskongressen geladen, denen Männer wie der frühere britische Premierminister Tony Blair als Zuhörer beiwohnen. »Ich möchte den jungen Leuten sagen, dass sie nicht darauf hören sollen, was ihre Eltern sagen, ihre Geschwister oder jene, in die sie verliebt sind. Es kommt der Augenblick, da sie ins Bett gehen, das Licht löschen und allein mit ihrem Kopfkissen sind. Und genau dann müssen sie versuchen zu entdecken, was ihnen wirklich gefällt. Das ist der Schlüssel zu allem«, sagt Guardiola, und die Menschen klatschen. Fußballstars brauchen keinen goldenen Käfig.

Die Welt da draußen, wo auch wir Journalisten mit unseren Fragen warten, birgt keine großen Gefahren. Manchmal ist sie vielleicht hart und auch unfair. Aber das ist die Ausnahme. Und es gehört zu diesem sehr, sehr gut bezahlten Beruf als Fußballprofi dazu. Sie alle, die Fans, die Schulterklopfer, die Kritiker und die Journalisten. Wir loben genauso euphorisch, wie wir manchmal kritisieren. Deshalb muss niemand beleidigt sein. Und niemand muss Fans beleidigen. Man darf auch als Sportstar eine eigene Meinung haben, eine erkennbare Persönlichkeit sein und selber mal ein Buch lesen.

Irgendwann kommt die Zeit »danach«. Man ist immer noch jung, aber plötzlich ist keiner mehr da, der einem sagt, was man tun soll. Die Zeit der Selbstverantwortung beginnt. Man kann sie nicht früh genug lernen.

»Mir fällt da noch was ein«

Jürgen Klopp zählt zu Deutschlands erfolgreichsten Trainern. Er machte Borussia Dortmund zweimal zum Meister, 2011 und 2012, wobei der BVB sensationell als erster Bundesligaverein die 80-Punkte-Marke knackte. 2012 holte Klopp mit seiner Borussia auch noch den DFB-Pokal. Zwischen 2005 und 2008 arbeitete er als TV-Experte beim ZDF und bekam zusammen mit Johannes B. Kerner und Urs Meier den Deutschen Fernsehpreis für die »Beste Sportsendung« verliehen. Seit 2006 kennt Jürgen Klopp Béla Réthy auch abseits des Platzes.

Von Jürgen Klopp

Da ich denke, dass über den großartigen Sportkommentator Béla Réthy in diesem Buch schon viel geschrieben worden ist, möchte ich mich vor allem dem Nach-22-Uhr-Béla widmen. Denn auch über den gibt es einiges zu berichten.

Erkenntnis eins: Hört nicht auf ihn, wenn er zu wissen behauptet, wo nachts in Berlin eine tolle Bar ist!

Wir haben uns bei der Weltmeisterschaft 2006, als ich als Experte fürs ZDF gearbeitet habe, besser kennengelernt. Wir haben lange und viel und intensiv gearbeitet, waren aber wie ganz Deutschland in einem Rausch und nicht kaputt zu bekommen. Demzufolge sind wir eines Abends nach getaner Arbeit mit mehreren Kollegen in drei, vier Taxen gesprungen und haben Bélas Ankündigung, er kenne »die beste brasilianische Bar der Stadt, die auf jeden Fall noch offen ist«, geglaubt. Nach einer gefühlten Stunde Irrfahrt sind wir dann tatsächlich an einer Bar angekommen, die zwar einen brasilianisch klingenden Namen hatte, aber bereits geschlossen war. Kurzerhand sind wir gegenüber in einer Kneipe gelandet, die einem Hardcore-Hansa-Rostock-Fan gehörte, der mich ab dem Betreten bis in den frühen Morgen vereinnahmte und nicht mehr von meiner Seite wich.

Erkenntnis zwei: Liebe Frauen, nehmt euch vor der »Réthy-Klammer« in Acht!

Die Réthy-Klammer kennen eigentlich nur seine engsten Freunde und Gefährten. Sie kommt immer dann zum Einsatz, wenn der inzwischen Single-Mann Béla eine schöne Frau an einer Bar entdeckt und sich nach zwei, drei Gläsern Wein bei ihr einhakt, sodass er sicher steht und sie nicht flüchten kann. Die Réthy-Klammer ist legendär, aber ich bin überzeugt, dass alle, die in derselben landen, einen netten, amüsanten Abend mit einem witzigen Kerl haben.

Erkenntnis drei: In Béla steckt auch ein Grönländer!

Wir haben uns mehrfach durch Zufall im Urlaub im Robinson-Klub getroffen. Ich war mit ein paar Freunden da, er ebenfalls. Irgendwann haben wir uns zusammen ein Schiff gemietet und sind stundenlang übers Mittelmeer geschippert. Am Ende hatten wir alle tierisch Sonnenbrand. Nur unser Halb-Brasilianer Béla nicht, weil er sich den ganzen Tag im Schatten versteckt hat und jedem noch so kleinen Sonnenstrahl ausgewichen ist. Kein Einzelfall. Béla rennt immer der Sonne davon. Da ist er alles andere als typisch brasilianisch. Da könnte man eher vermuten, dass er Grönländer ist.

Ansonsten aber lässt sich seine brasilianische Seite nicht leugnen. Béla versteht es, das Leben zu genießen. Und er hat – typisch brasilianisch – Fußball im Blut. Auch wenn er besser darüber sprechen kann, als in echt am Ball zu brillieren. Da konnte ich bei ihm nur weniger Talent erkennen. Aber verbal beherrscht er jeden Übersteiger, da ist er Weltklasse.

Kapitel 12
»Ihr feiert – wir hätten unsere Jungs mit Tomaten beworfen«

Die Deutschen waren die Lieblinge der Fußballwelt, sie hatten alle beeindruckt. Viele blickten bei der Weltmeisterschaft 2010 in Südafrika voller Respekt auf diese deutsche Mannschaft. Nach dem 4:1-Sieg im Achtelfinale gegen England musste selbst die britische Presse zugeben: »Wir wurden von den Deutschen so vorgeführt, dass es auch 7:2 hätte stehen können und niemand hätte sich beschwert.« Die spanische Zeitung *El Mundo* verneigte sich: »Deutschland hat England verdient besiegt und im bislang besten Spiel der WM eine Fußball-Lektion erteilt. Nach drei bleiernen Wochen haben die deutsche Nationalelf und ein Typ namens Müller die WM endlich groß gemacht.« Der Gala gegen England folgte eine Gala gegen Argentinien. In Kapstadt gab es einen herrlichen Sonnentag, und bei dem Reporter vor Ort herrschte eine riesige Vorfreude.

Unbeeindruckt marschierte das Team von Joachim Löw weiter und lehrte auch Diego Maradona und seine Argentinier das Fürchten. Vor dem Viertelfinale hatte dieser noch getönt: »Ich mache mir wegen Deutschland keine Sorgen. Wenn wir einen Marathon laufen müssten, würde Deutschland dank Müller gewinnen. Aber im Fußball geht es ja nicht nur ums Laufen.« Wenn er einen Wunsch frei habe, würde er sich wünschen, »gegen Deutschland als Spieler dabei zu sein«, sagte er selbstherrlich, um dann zu verkünden: »Für den WM-Pokal würde ich einen Arm geben.«

Große Worte und große Emotionen, das war es, was der Trainer Maradona geben konnte. Vor jedem Spiel seiner Mannschaft küsste, drückte und herzte er seine Spieler, als würde das genügen, um ein guter Trainer zu sein, Spiele zu gewinnen und am Ende den Titel zu holen.

Doch dann traf Thomas Müller nach drei Minuten. Ausgerechnet jener Kerl, den Maradona bei einem Testkick in München zu Beginn des Jahres so böse abgewatscht hatte. Als Müller damals nach dem Spiel, seinem Debüt in der Nationalmannschaft, das Podium betrat, um sich bei der Pressekonferenz neben Maradona zu setzen, starrte der ihn zunächst entgeistert und fassungslos an. Die haselnuss-großen Ohrringe glitzerten. Dann erhob Maradona seinen vollschlanken Körper, stampfte vom Podest, lehnte sich an eine Wand, wartete, bis Müller lachend verschwand und er die Bühne wieder für sich alleine hatte. Erst dann kehrte er auf das Podium zurück. Er habe nicht gewusst, ließ Maradona sich vom Dolmetscher entschuldigen, dass Müller ein Spieler sei.

Nun, ein paar Monate später, bekam Maradona die Antwort. Und wieder wusste er nicht, wer dieser Müller war. »Das 1:0 von Arne Friedrich«, bekannte er auf der Pressekonferenz nach dem Spiel, »hat all unsere Pläne zunichte gemacht.«

Friedrich traf tatsächlich. Allerdings erst zum 3:0, sein erster Treffer im 77. Länderspiel. Gegen die Färöer-Inseln hatte Friedrich schon mal getroffen – damals jedoch ins Tor von Oliver Kahn. Und einmal hatte er Carsten Jancker abgeschossen, von dessen Schulter der Ball ins Tor prallte. Der Treffer wurde Jancker zugeschrieben. Nun stieg er in eine Riege mit Berti Vogts auf, der ebenfalls auf ein Tor kam. Ansonsten verteidigte Friedrich stark gegen Higuaín, Tévez oder Messi. Per Mertesacker verlor keinen einzigen seiner zehn Zweikämpfe. 4:0 hieß es am Ende. Da war es dann Diego Maradona, der geküsst, gedrückt, geknuddelt und geherzt werden musste. Weinend lag er nach der Niederlage in den Armen seiner Tochter Dalma. »Diese Niederlage trifft mich wie ein Faustschlag von Muhammad Ali. Ich habe keine Kraft mehr. Das ist der größte Schmerz meiner Karriere. Das war der schlimmste Tag, seit ich aufgehört habe, Fußball zu spielen.« Das war 1997 gewesen.

Nach dem Sieg war selbst der sonst so bedachte und zurückhaltende Jogi Löw so euphorisiert, dass ihm Sachen herausrutschten, die er sonst nie sagen würde: »Was die Mannschaft heute an Willen abgeliefert hat, das war nicht internationales Niveau, das war Champions-League-Niveau.« Er sprach auch davon, die Argentinier »entblößt« zu haben. Die Weltpresse bewertete die Leistung der Löw-Truppe so: »Deutschland ist eine Bestie. Wie Obelix sammelt Deutschland die Helme der Römer und zerlegt alles, was es berührt. Zugleich weiht es eine neue Generation: Die eines wundervollen Fußballers namens Müller.« (*El Mundo* aus Spanien) Die französische *Le Parisien* sah Deutschland sogar »auf einem anderen Planeten. Die Spielweise schlägt alle Fußball-Liebhaber in ihren Bann.« *Le Journal du Dimanche* prognostizierte, dass dem »fantastischen Deutschland die Zukunft gehört«. Auch in Schweden zogen sie den Hut vor dem, was Deutschland bei dieser Weltmeisterschaft vollbrachte: Man könne es »einfach nur genießen. Diese herrliche deutsche Mannschaft lässt das Schwere kinderleicht aussehen«.

Was für gigantische Lobeshymnen bereits im Vorfeld! Selbst Spanien, der Halbfinalgegner, war schwer beeindruckt. »Wir müssen uns gegen Deutschland die Seele aus dem Leib spielen. Sie sind momentan die beste Mannschaft der Welt«, sagte Trainer Vicente Del Bosque. Fernando Torres, der im EM-Finale 2008 gegen Deutschland traf, gab voller Ehrfurcht zu: »Deutschland hat eine sehr beeindruckende Mannschaft. Ich war schon immer ein Fan ihres Fußballs. Nach dem bisherigen Verlauf des Turniers hätten sie den Titel vielleicht sogar noch mehr verdient als wir. Gegen eine so offensivstarke Mannschaft haben wir bei der WM noch nicht gespielt. Wir müssen verdammt gut vorbereitet sein.« David Villa war ebenso angetan: »Die Deutschen haben einen unglaublichen Lauf. Was sie hier in Südafrika gespielt haben, ist wirklich sensationell.«

Beste Voraussetzungen eigentlich, um Spanien mit breiter Brust an die Wand zu spielen. Zu Beginn war ihr Respekt auch deutlich zu spüren. An diesem Abend kommentierte mein ARD-Kollege Tom Bartels für die Fernsehzuschauer. Ich schaute mir das Spiel in Durban als Vorbereitung auf das Finale an und saß in der dritten Reihe, nah am deutschen Strafraum. Ich konnte den Spaniern in die Augen schauen. In Augen, die eine große Skepsis verrieten. In der ersten Minute, in der zweiten, auch noch in der dritten, vierten und fünften Minute. Doch dann gelingt es den spanischen Ballzauberern erstmals, ihren Tiki-Taka-Fußball fünfundzwanzig Meter vor dem deutschen Tor zu zelebrieren. Währenddessen zieht sich die deutsche Mannschaft immer weiter zurück, anstatt draufzugehen und zu stören. Xavi, Iniesta und Pedro sehen das. Sie schauen sich an, Xavi nickt den beiden Mitspielern kurz zu, lächelt und schenkt ihnen einen Blick, der nur eines bedeuten kann: »Seht ihr, *die* haben viel mehr Angst vor uns.« Iniesta zwinkert zurück, auch Pedro grinst und hebt den Daumen. Sekunden später die erste Großchance für Spanien. Pedro mit Traumpass zwischen zwei deutschen Verteidigern hindurch auf David Villa, der knapp an Manuel Neuer scheitert. Da war es vorbei mit dem Respekt der Spanier. Mit einem Mal hatten sie keine Ehrfurcht mehr vor der deutschen Bestie, dem deutschen Obelix, der alles zerlegt, was er berührt. Dieser Blickwechsel des spanischen Dreigestirns war die Schlüsselszene des Spiels. Da wussten sie, dass ihre Knie nicht schlottern mussten, sondern dass sie vielleicht in der Lage sein würden, Deutschlands neue Helden zu entzaubern.

Ab da war Spanien besser, engagierter, mutiger. Deutschland agierte vorsichtig, verkrampft, vielleicht muss man es sogar ängstlich nennen. Erst nach neununddreißig Minuten gab es den ersten Freistoß gegen Deutschland. Am Ende des Spiels hatte die Mannschaft gerade neun Mal gefoult, und das in einem WM-Halbfinale. Die Spanier dürften sich gewundert haben, dass sie ohne größere Blessuren ins Finale einziehen durften, nachdem Puyol in der 73. Minute einen Kopfball, hart wie ein Schuss, ins deutsche Tor gehämmert hatte.

»Eigentlich hätten die doch vor uns Respekt haben müssen nach dem Turnierverlauf. Aber es war umgekehrt«, sagte Manuel Neuer nach dem Spiel fassungslos. Wütend war er, entsetzt, traurig. Als einem der wenigen sah man ihm an, wie weh ihm dieses Ausscheiden tat. Schweinsteiger tat es auch weh. Und Lahm. Aber sonst? Ein Marcell Jansen stand hinterher da und sagte, beinah fröhlich, »es hat trotzdem Riesenspaß gemacht«.

Spanien war, wie Del Bosque richtig erkannte, »in jeder Beziehung besser als Deutschland«. Puyol, mit Spitznamen »El tiburon«, der Hai, genannt, hat Deutschland mit seinem Oktopus Paul, dem Krake aus dem Oberhausener Aquarium, der mit seinem Fressverhalten alle deutschen Spiele richtig vorhergesagt hatte, aufgefressen.

Wie schon 2008 verlor Deutschland auch 2010 gegen Spanien. Dort war es im Finale der EM gewesen, nun im Halbfinale der WM. Auch 2012 bei der EM in Polen scheiterte die Mannschaft von Jogi Löw wieder im Halbfinale, in einem Spiel, das ich zum Glück nicht kommentieren musste, weil ich ansonsten zum ersten Mal in meinem Reporterleben garantiert die Beherrschung verloren hätte, auf Sendung, live.

Es lief die 4. Minute der Nachspielzeit. Deutschland lag durch zwei Tore von Mario Balotelli sowie einem Elfmeter von Özil mit 1:2 zurück. Ein letzter Freistoß, eine letzte Chance. Bastian Schweinsteiger steht auf Höhe der Mittellinie bereit. Manuel Neuer sprintet nach vorn, Vollversammlung im italienischen Strafraum vor Buffon. Die letzten Reserven sind mobilisiert. Noch einmal volle Konzentration. Irgendwie, mit irgendeinem Körperteil, den Ball in Richtung Tor der Azzurri bugsieren. Der letzte Versuch, doch noch irgendwie die Verlängerung zu erzwingen. Die Chance ist gering, sogar minimal. Sie liegt vielleicht bei fünf Prozent, oder bei zwei? Aber immerhin ist sie da. Vielleicht prallt eine scharfe Hereingabe in den überfüllten und unübersichtlichen Strafraum ja auch einem Italiener unglücklich ans Schienbein und springt anschließend von dort ins eigene Tor. Alles ist möglich, sobald der Ball im Getümmel vor Buffon landet. Daran, an diesen Glauben ans beinah Unmögliche, klammere ich mich. Jeder Fußballfan klammert sich daran. Und was macht Schweinsteiger? Er spielt einen Querpass in die Mitte zu Toni Kroos, anstatt den Ball hoch in den Strafraum zu schlagen. Er erkennt diese letzte Möglichkeit nicht. Er schiebt die Verantwortung auf einen Nebenmann, auf den sich sofort die Italiener stürzen und so auch die letzte Chance zunichte machen. Ich weiß nicht, was ich in diesem Moment am Mikrofon gesagt hätte. Ich weiß nur, dass der Deutschland-Fan Béla Réthy in diesem Moment höchst emotional war und sich sehr geärgert hat. Schweinsteiger hat mit seinem Querpass die Minimalchance vertan – ein Sinnbild für sein gesamtes Auftreten bei der EM.

Wieder einmal war Deutschland gescheitert. Wieder einmal war es schon vorbei, als der Spaß erst so richtig anfangen sollte. Wieder einmal führte Joachim Löws Unterhaltungsfußball nicht zum Ziel. Halbfinal-Aus 2006, Final-Niederlage 2008, erneutes Halbfinal-Aus 2010 und 2012. Viermal war die deutsche Mannschaft ganz knapp davor. Viermal wurde sie weder Weltnoch Europameister.

Kurz vor dem EM-Halbfinale 2012 hatte Kapitän Philipp Lahm Parallelen zwischen seiner deutschen Mannschaft und Deutschlands größtem Basketball-Helden gezogen. »Ich finde, ein gutes Beispiel ist Dirk Nowitzki. Der ist ein Jahrzehnt lang immer wieder angelaufen, hat es immer wieder versucht, und dann hat er Dallas in einem Alter zum Titel geführt, in dem man es ihm gar nicht mehr zugetraut hatte.«

2012 klappte es entgegen Lahms Gespür dann doch nicht. Und auch in Brasilien 2014 wird es am Ende, fürchte ich, nicht die deutsche Nationalmannschaft sein, die den goldenen Weltpokal in den Himmel reckt. Diese Nationalmannschaft um

Lahm, Schweinsteiger, Özil und Khedira wird vermutlich eine titellose Mannschaft bleiben. Ich bedaure das. Die Deutschen werden es Dirk Nowitzki nicht nachmachen können.

Dreizehn Anläufe brauchte der Würzburger bei den Dallas Mavericks, um endlich den Makel, der ihm so lange anhaftete, nämlich ein Unvollendeter zu sein, abzulegen. Als er kam, musste er als Neuling die Tasche vom damaligen Mavericks-Kapitän Michael Finley zum Bus tragen und ihm im Training die Wasserflasche reichen. Die Mannschaft verlor häufiger, als sie gewann. Dallas hatte mit der NBA-Meisterschaft so viel zu tun wie Katar mit internationalem Topfußball. Nowitzki hängte sich trotzdem ein Foto vom NBA-Pokal in seinen Spind in der Dallas-Kabine. Dann führte er die Mannschaft erstmals nach elf Jahren wieder in die Play-offs, 2006 sogar ins Finale. Dort spielte sein Team gegen die Miami Heat, gewann die ersten beiden Spiele und führte im dritten Spiel sechseinhalb Minuten vor dem Ende mit 13 Punkten. Der Titel war zum Greifen nah, die Chance riesig, den echten Pott anzufassen. Doch dann gelang es Nowitzki drei Sekunden vor der Sirene nicht, einen Freiwurf zu versenken. Dallas verlor das Spiel und am Ende das Finale. Die gegnerischen Fans verhöhnten Nowitzki als No-WIN-Ski. Als Dallas im folgenden Jahr in der ersten Playoff-Runde ausschied, behauptete die *Dallas Morning News*: »Die Mavericks werden nie eine Meisterschaft gewinnen, solange Nowitzki ihr bester Spieler bleibt.«

Der Würzburger reiste anschließend fünf Wochen durch Australien. »Ich wollte einfach nur weit weg. Wir sind gewandert, haben abends am Lagerfeuer gesessen und Gitarre gespielt«, erzählte er und gab zu: »Die Niederlagen haben mich hungriger gemacht. Jeden Sommer in der Saisonpause bin ich bei Gluthitze in die Bleiweste geschlüpft und habe in der stickigen Turnhalle geschuftet. Das war nicht immer spaßig. Aber ich wusste, wofür ich es tue. Vor allem in den vierten Vierteln bin ich jetzt entscheidender und tauche nicht mehr ab. Ich bin mehr zum Killer geworden. Ohne die Niederlagen hätte ich mich nicht so entwickelt.« Nowitzki hüpfte in der Turnhalle die Kästchen hinauf und hinunter, machte Klappmesser und Liegestütze. »Russen-Training« nannte er seine sommerlichen Torturen. Später unterschrieb er einen weiteren Vierjahresvertrag, mit dem er sogar auf über 16 Millionen Dollar Gehalt verzichtete, damit sich die Mavericks neben ihm Verstärkung leisten konnten.

Und dann widerlegte Nowitzki seine Kritiker und holte am 12. Juni 2011 als erster Deutscher den NBA-Titel. So müssen Sportler sein. Man muss ihnen die Trauer anmerken, wenn sie kurz vor dem Ziel scheitern. Sie dürfen nicht erzählen, dass sie sich auf das Spiel um Platz drei freuen. Sie müssen es als Bestrafung sehen, dort antreten zu müssen. In Deutschland wurde eine Party gefeiert, als das Team 2006 Portugal im Spiel um Platz drei besiegte. In England, Italien und Brasilien haben sie mich fassungslos gefragt, wie das sein könne? »Wir hätten unsere Leute dafür mit Tomaten beworfen«, sagten mir unbekannte Menschen, mit denen ich darüber diskutierte. »Wir verstehen nicht, wie ihr das feiern könnt.«

Nowitzki hatte immer den Biss, den Willen, den unbedingten Willen, NBA-Champion zu werden. Ohne dabei aber – und das ist ganz wichtig – zu verkrampfen.

Ich glaube, dass die Spieler der deutschen Nationalmannschaft inzwischen zu häufig zu knapp ihre Ziele verfehlt haben. Ich glaube nicht, dass sie noch über die notwendige Gelassenheit verfügen. Ihnen fehlt das letzte Quäntchen Glauben an sich selbst, um das ganz große Ziel zu erreichen. Diese deutsche Mannschaft wird als eine in die Geschichtsbücher eingehen, die die Welt begeistert hat. Seit Jürgen Klinsmann und Joachim Löw macht es wieder Freude, Spiele der Nationalmannschaft zu verfolgen. Beide haben den deutschen Fußball sehr attraktiv gemacht. Löw ist nah dran an der Perfektion. Aber eben nur sehr nah dran.

Fußball besteht aus Automatismen. Andrés Iniesta erzählte einmal, wie Pep Guardiola als Trainer ihn und die Barca-Spieler damit quälte, immer und immer wieder Spielzüge zu wiederholen, die bereits wunderbar funktionierten. »Er legt schon großen Wert auf Perfektion und lässt Spielzüge sehr oft wiederholen. Wenn man etwas gut gemacht hat, ist er immer der Meinung, dass es noch besser geht. Er ist kaum zufriedenzustellen. Ich habe nie gezählt, wie oft er uns Spielzüge wiederholen lässt. Vielleicht fünfzig Mal? Es sind jedenfalls sehr viele.«

Auf diese Weise haben die Spanier zuletzt drei große Titel in Serie geholt. Europameister 2008, Weltmeister 2010 und wieder Europameister 2012. Sie haben immer weitergemacht, haben geübt und geübt und waren nie zufrieden. Und sie haben die Verbissenheit entwickelt, immer gewinnen zu wollen, ohne dabei zu verkrampfen.

Natürlich wissen auch die deutschen Spieler in der Theorie, worauf es ankommt. Sie wissen, wie wichtig die tägliche Wiederholung ist. Trotzdem gelingt es der Mannschaft seit Jahren nicht, bei Standardsituationen permanent Gefahr auszustrahlen. Tagtäglich stehen sie auf dem Platz, spielen Fußball, schlagen Ecken und Freistöße und köpfen. Doch Zählbares springt dabei viel zu selten heraus. Die deutsche Mannschaft macht allen Zuschauern Spaß, sie begeistert mich. Aber am Ende fehlt etwas. Die Notwendigkeit, noch fünf weitere Wiederholungen durchzuführen, wird nicht erkannt.

Natürlich werden jetzt viele die Hände über dem Kopf zusammenschlagen und sagen: Aber mit Dortmund und München standen doch zwei deutsche Mannschaften im Champions-League-Finale 2013. Bayern hat doch auf dem Weg dahin seine Viertel- und Halbfinalgegner, keine Geringeren als Juventus Turin und den FC Barcelona, mit einer beeindruckenden Selbstverständlichkeit abgefertigt. Sie haben mal eben die vermeintlich beste Mannschaft der Welt in gleich zwei Spielen mit 4:0 und 3:0 gedemütigt. Damit ist doch der Machtwechsel vollzogen und bewiesen worden, dass der deutsche Fußball den spanischen überholt hat. Und am Ende gelang es Bayern sogar, das Finaltrauma von drei verlorenen Endspielen in vier Jahren abzulegen. Auf den ersten Blick scheint es daher logisch, wenn Bayerns Vorstandsvorsitzender Karl-Heinz Rummenigge sagt: »Wenn Dortmund und Bayern mit vielen deutschen Nationalspielern das Champions League-Finale packen, ist das der Beweis, dass auch bei der Nationalmannschaft jetzt ein Titel möglich ist. Diese Generation muss im nächsten Jahr das große Ziel WM-Sieg haben. Understatement macht keinen Sinn. Du musst irgendwann auch mal durchziehen. Deutschland erwartet nach achtzehn Jahren endlich wieder mal einen Titel.«

Natürlich kann man das so sehen. Einem Bastian Schweinsteiger und einem Philipp Lahm kann und will ich auch keineswegs die Nowitzki-Gier absprechen. Schweinsteiger, einst als »Chefchen« verunglimpft, sagte nach der Niederlage gegen Chelsea London im Champions-League-Finale in München, als er den entscheidenden Elfmeter nur an den Pfosten setzte, er könne »das nicht mit ansehen, diese Gesichter in der Kabine, die vergisst du nicht. Diese Gesichter sind es, die mich jetzt motivieren, es noch einmal zu schaffen. Zum Leben gehört nun mal dazu, dass man wieder aufsteht, wenn man hinfällt.« Und Schweinsteiger hat seinen Worten Taten folgen lassen.

Auch Arjen Robben ist ein Vorzeige-Nowitzki. Bis zum Finale von Wembley stand sein Gesicht für das Scheitern. Er hatte im WM-Finale 2010 gegen Spaniens Schlussmann Iker Casillas das 1:0 auf dem Fuß, als er alleine auf das Tor zustürmte, den Ball aber nicht unterbrachte. Er hatte 2012 im Champions-League-Endspiel einen Elfmeter gegen Chelseas Torwart Petr Čech verschossen und somit maßgeblichen Anteil an der Niederlage »dahoam«. »Ich wollte das Verlierer-Image loswerden«, gestand Robben sehr ehrlich. »Ich hatte so viele Rückschläge: verlorene Endspiele, Verletzungen. Andere hätten vielleicht ihre Karriere beendet. Aber ich habe immer weitergekämpft.« Und wie.

Kaum ein Bayern-Spieler kommt früher zum Trainingsgelände als Robben, kaum einer schindet sich mehr. In den drei Champions-League-Finals mit Bayern schoss Robben 24-mal aufs Tor, er traf mal aus kürzester Distanz mitten ins Gesicht von Roman Weidenfeller, mal die Beine von Gegenspielern, aber jeder Versuch blieb ohne Erfolg. Doch dann ließ ihn der 25. Mai 2013 vom Zauderer zum Helden werden. Mit links schob er den Ball am BVB-Torwart vorbei. Es war die 89. Minute des Spiels. Es war der Siegtreffer. Und Robbens endgültige Auferstehung, nachdem er schon Bayerns Führungstreffer durch Mario Mandžukić vorbereitet hatte. Robben hat immer weitergemacht. Er hat härter trainiert, ohne zu verkrampfen. Ihm war keine Wiederholung zu viel. Er ist besessen wie Nowitzki. Aber er ist als Niederländer natürlich keine Hilfe für die deutsche Nationalmannschaft.

Ebenso wenig wie Franck Ribéry, Europas Fußballer des Jahres 2013. Auch ohne ihn wäre die historische Triple-Saison nicht möglich gewesen. Gegen Barcelona, insbesondere im Stadion Camp Nou, spielte er, als habe die Offensiv-Diva einen Intensivkurs als Linksverteidiger absolviert. Er war sich nicht zu schade, die Wege bis ganz hinten mitzugehen und so Barcelona gar nicht erst zur Entfaltung kommen zu lassen.

Und dann sind da noch ein Dante und natürlich der 40-Millionen-Mann Javier Martínez, über die die *Süddeutsche Zeitung* im Saisonfazit der vergangenen Spielzeit schrieb: »Irgendwas fehlte dem FC Bayern von 2012 noch, und die Personalplaner wussten auch was: ein Dante und ein Martínez als Stützen für die Stellen, an denen das Teamgefüge wacklig war. Die beiden Herren wurden gekauft, eingesetzt und schlugen prompt ein. Sie haben die Bayern-Defensive zu einem Bollwerk mit spielerischer Qualität gemacht.« Dante spielt 2014 für Brasilien, Martínez für Spanien.

Auch einen Matthias Sammer als Druckmacher könnte die deutsche Nationalmannschaft gebrauchen. Mit seiner aufdringlichen und unbequemen Art, seinem aufrüttelnden Nörgeln hat er den FC Bayern nie zur Ruhe kommen lassen. Schon zu seinem Dienstantritt stellte er mit Aussagen wie »Als Spieler hatte ich nie drei Wochen Urlaub« klar, dass in München ein neuer Wind weht. Selbst nach sechs Siegen in sechs Spielen war er in seinem ersten Jahr nicht zufrieden. »Der beste Start bedeutet mir nichts. Du kannst mal versuchen, heute in München auf den Rathaus-Balkon zu gehen. Da wird dir keiner was überreichen. Heute waren wir nicht gallig, wir waren teilweise lätschert«, motzte er nach einem 2:0-Sieg in Bremen, ebenso zu Saisonbeginn 2013/14 nach einem Sieg gegen Hannover. Sammer bezeichnet sich selbst als »Spaßbremse«, als jemand, der »schon wieder neue Ziele hat, wenn andere zufrieden sind«. »Er ist ein Gewinner, er will gewinnen und tut alles dafür, er lässt einfach nicht nach«, sagt Arjen Robben.

All die gerade genannten Spieler haben die Nowitzki-Gier. Sie haben Bayern zum Triple geführt. Aber diese Spieler fehlen Joachim Löw. Genauso wie ein Robert Lewandowski, ohne den Borussia Dortmund kaum den Finaleinzug 2013 geschafft hätte. Er ist der zweitbeste Torschütze der vergangenen Champions-League-Saison. Er traf häufiger als Lionel Messi und wurde nur von Cristiano Ronaldos zwölf Toren in zwölf Spielen überboten. Nach seiner Sternstunde im Halbfinale gegen Real Madrid, als ihm vier Tore gelangen, lag ihm die Welt zu Füßen. »Real erhält eine Tracht Prügelowski«, titelte die *Marca* und schrieb weiter: »Robert Lewandowski. Nie mehr wird Madrid den Namen dieses polnischen Stürmers vergessen.« Die österreichische *Kronen Zeitung* fand sogar, dass »der Ronaldo von Dortmund den echten klar in den Schatten stellt«. Als erstem Spieler überhaupt gelang es Lewandowski, vier Treffer in einem Halbfinale der Champions League zu erzielen. Zudem war er der erste Vierfach-Torschütze in einem Europapokal-Spiel gegen Real Madrid.

Bayern und Dortmund haben 2013 die Welt mit ihrem Fußball verzaubert. Sie haben Europa das Fürchten gelehrt. Aber trotzdem bleibe ich dabei: Wir haben zu wenig »Nowitzkis« in der Mannschaft von Jogi Löw. Deutschland wird auch in Brasilien nicht Weltmeister. Spanien übrigens trotz aller berechtigten Lobeshymnen auch nicht. Die Seriensieger sind meiner Meinung nach durch.

Die bitterste Pille werden vermutlich die Brasilianer zu schlucken haben. Denn auch sie werden bei ihrer Heim-WM nicht den Titel holen. In erster Linie wegen des Drucks, der in keinem anderen Land der Welt so gewaltig ist. Der WM-Titel wird nicht erwünscht, er wird verlangt!

Jürgen Klinsmann machte der Druck, eine Weltmeisterschaft im Fokus von 82 Millionen Deutschen verantwortet zu haben, so sehr zu schaffen, dass er am Ende, obwohl er selbst als WM-Dritter noch als strahlender Sieger gefeiert wurde, nach der WM 2006 zurücktrat. »Ich bin leer, ich fühle mich von innen ausgebrannt. Ich brauche dringend eine Pause. Ich habe nicht die Kraft und Energie für die nächsten Aufgaben«, sagte er und erklärte seinen großen Wunsch, »in die Normalität der Familie zurückzugehen.« Auch Erfolgstrainer Ottmar Hitzfeld musste sich nach Jahren im Mittelpunkt der Öffentlichkeit eine Auszeit gönnen. Vor Stress konnte er nachts kaum schlafen. Irgendwann habe er sich, so Hitzfeld, eingestehen müssen, »dass der Stress eines Trainers viel größer ist, als ich ihn wahrgenommen habe. Gelassen war ich in diesen Jahren nie.« Ein Trainer, so Hitzfeld im *Spiegel*, »ist immer der erste Ansprechpartner, ist immer erreichbar, immer an der Front«. Er befinde sich »in einer permanenten Belastung, man muss permanent unangenehme Entscheidungen treffen, immer in einem Umfeld, wo eine ungeheure Spannung herrscht. In einer Mannschaft mit fünfundzwanzig Spielern sind nur die elf zufrieden, die spielen. Die anderen grüßen gar nicht mehr richtig.«

Natürlich ist der Druck als Trainer von Bayern München, Borussia Dortmund oder der deutschen Nationalmannschaft außerordentlich hoch. Aber er ist nichts im Vergleich zu dem, der vor und während der Weltmeisterschaft auf den brasilianischen Spielern und dem Trainerteam lastet.

Allein schon historisch bedingt glaubt Brasilien, Weltmeister werden zu müssen. Brasilien, das Land mit 13 000 Amateurvereinen, 800 Klubs, mehr als tausend Fußballschulen und 300 Stadien, ist das fußballverrückteste Land der Welt. Schätzungsweise 5000 Brasilianer spielen in 150 Ländern. Sie sind somit die heißeste Exportware nach Tabak und Kaffee.

Brasilien wurde schon in Schweden (1958), in Chile (1962), in Mexiko (1970), in den USA (1994) sowie im japanischen Yokohama (2002) Weltmeister. Nur auf heimischem Boden gab es keinen Titel. Im Gegenteil. Als Brasilien 1950 endlich die Weltmeisterschaft austragen durfte, nachdem sie sich schon 1942 und 1946 darum bemüht hatten, das Turnier aber wegen des Weltkriegs ausgefallen war, endete es in einem Desaster.

1950 kamen zum ersten Mal seit zwölf Jahren wieder Mannschaften zu einer Weltmeisterschaft zusammen, die Kriegsverursacher Deutschland und Japan waren dabei vom Wettbewerb ausgeschlossen. Auch sonst gab es einige Komplikationen bei der Ausrichtung der vierten WM: Nicht jedes Land war damals aus politischen Gründen bereit, gegen die Auswahl anderer Nationen anzutreten. So weigerte sich Österreich beispielsweise, gegen die Türkei zu spielen, für Argentinien kamen Begegnungen gegen Chile und Bolivien nicht in Betracht, und Uruguay wollte nicht gegen Peru antreten. Paraguay meldete sich acht Wochen nach Fristablauf zum Turnier an und kam letztlich ohne ein einziges Vorbereitungsspiel nach Brasilien. Sogar bereits gemeldete Länder überlegten es sich anders und zogen ihre Teilnahmeerklärung wieder zurück. So sagten etwa die Inder ab, weil die Fifa ihnen nicht gestatten wollte, mit Bandagen statt Schuhen, so wie sie es gewohnt waren, aufzulaufen. Die Schweiz erklärte sich erst zu kommen bereit, nachdem Brasilien die Kostenübernahme für die teure Anreise zugesagt hatte. 33 Stunden dauerte ihre Anreise per Sonderflug über Dakar und

Recife. In ihrer Unterkunft, dem Hotel »Excelsior«, teilten sie sich das Zimmer mit dem örtlichen Ungeziefer.

Doch damit nicht genug der Kuriositäten. Die Italiener reisten mit einem Schiff nach Brasilien an. Im Mai 1949 war die Mannschaft des AC Turin bei einem Flugzeugabsturz ums Leben gekommen, darunter zehn Nationalspieler. Danach weigerte sich die Squadra Azzurra, Flugzeuge zu besteigen. Die Schifffahrt dauerte mehr als zwei Wochen. Auf engstem Raum schaukelten die Italiener, immerhin Weltmeister von 1934 und 1938, auf dem Dampfer »Sises« von Neapel in Richtung São Paulo, ohne die Möglichkeit einer vernünftigen Vorbereitung. Sie konnten kaum Laufen und natürlich kein Torschusstraining absolvieren. Lediglich bei einem Zwischenstopp auf den Azoren wurde der Landgang genutzt, um ein Trainingsspiel zu absolvieren. Am Ende kamen sie nach der 15-tägigen Tortur mit einigen Pfunden zu viel auf den Rippen und gleichzeitig ausgelaugt in Brasilien an.

Statt der geplanten sechzehn Mannschaften nahmen letztlich nur dreizehn Teams an der Weltmeisterschaft teil. Das Turnier wurde zudem, so wollten es die Brasilianer, um möglichst hohe Einnahmen zu erzielen, nicht wie gewohnt mittels K.-o.-Spielen ausgetragen, sondern in einem sehr seltsamen Modus. Ursprünglich war angedacht gewesen, vier Vierergruppen gegeneinander spielen zu lassen, von denen jeweils der Sieger in die Finalrunde einzieht, in der dann jeder gegen jeden den Weltmeister ausspielt. Aufgrund der geringeren und krummen Teilnehmerzahl kam es aber zu zwei Vierer-Gruppen, einer Dreier-Gruppe und einer Zweier-Gruppe. In Gruppe vier war folglich für den Einzug in die Endrunde nur ein Spiel nötig. Das gewann Uruguay mit 8:0 gegen Bolivien.

Für die Brasilianer war das alles kein Grund, sich die Freude und Begeisterung über die Weltmeisterschaft nehmen zu lassen. Bei dieser vierten WM gab es erstmals Plastikpuppen von allen brasilianischen Spielern zu kaufen. Flugzeuge, finanziert von den WM-Sponsoren, stiegen in den Himmel, um Spruchbänder mit ihren Slogans und dem WM-Logo zu präsentieren; Marketingmaßnahmen, wie es sie nie zuvor gegeben hatte. Im Radio, das erstmals eine große Rolle bei einer WM spielte, wurde im Fünf-Minuten-Rhythmus zum Besuch der Spiele aufgerufen, obwohl dies bei der allgemeinen Fußballbegeisterung der Brasilianer nicht nötig gewesen wäre. Der Absatz von Radiogeräten stieg rasant. Das Land hatte der Fifa und deren Präsidenten Jules Rimet ein rauschendes Fest versprochen. Und es hielt Wort. Auch das Versprechen, unter dem Zuckerhut das größte Stadion der Welt zu errichten, wurde eingehalten. Vier Architekten, sechs Baufirmen und 10 000 Arbeiter hatten das Maracanã-Stadion mit 98 Toiletten und 58 Bars und einem offiziellen Fassungsvermögen von 173 850 Plätzen erbaut. Schlussendlich sahen 1,34 Millionen Menschen die Spiele in den Stadien, ein Rekord, der bis 1966 hielt.

Das Land war bereit für ein großes Turnier. Und das Team von Trainer Flávio Costa marschierte los. 4:0 gegen Mexiko, 2:2 gegen die Schweiz, 2:0 gegen Jugoslawien – damit war der Einzug in die Finalrunde perfekt. Welche die Engländer, einer der Topfavoriten, verpassten. Erst sechs Tage vor Turnierbeginn angereist, quartierte sich die Mannschaft in einem Hotel in einem belebten Viertel mit vielen Bars nahe der Copacabana ein. Ein insgesamt 31 Stunden dauernder Flug, dazu unruhige Nächte mit wenig Schlaf hinterließen ihre Spuren. Als die Engländer dann auch noch nach ihrem Auftaktsieg gegen Chile meinten, gegen die USA einige Stars schonen zu können, bekamen sie die Quittung.

Gegen eine Ansammlung von Amateuren, die allesamt nebenher noch ihren Berufen als Schnapslieferant oder Leichenbestatter nachgingen, verloren die Engländer mit 0:1. In der Heimat konnten die Zeitungsmacher es nicht glauben und hielten das aus Brasilien übermittelte Ergebnis für einen Fehler. Kurzerhand wurde es wie selbstverständlich in ein 10:1 für die Engländer korrigiert, so ausgeschlossen erschien eine Niederlage. Einen Tag später wurde aber selbst auf der Insel realisiert, dass es sich um keinen Übermittlungsfehler handelte. »Englands Fußball wurde noch nie so gedemütigt«, schrieb der *Daily Mirror*. Nachdem die Engländer auch das entscheidende dritte Spiel gegen Spanien verloren hatten und vorzeitig ausgeschieden waren, hieß es im *Daily Herald* sogar: »Am 2. Juli entschlief nach kurzem, aber schwerem Leiden der englische Fußball in Rio.«

Unterdessen zauberte Brasilien weiter. Im ersten Endrundenspiel wurden die Schweden mit 7:1 geschlagen. »Die Brasilianer im eigenen Land zu schlagen, ist einfach eine übermenschliche, unlösbare Aufgabe«, titelte das *Sport Magazin*. Als Nächstes wurden die Spanier von den »Übermenschlichen« mit 6:1 vorgeführt.

Uruguay teilte sich mit Spanien die Punkte und besiegte Schweden. So wurde das letzte Gruppenspiel zwischen Brasilien und Uruguay am 16. Juli 1950 doch noch ein Endspiel, wobei dem Gastgeber bereits ein Punkt zum Titel gereicht hätte.

Lange vor dem Spiel war allen klar, dass Brasilien der künftige Weltmeister sein würde. Das Land befand sich schon im Vorfeld im Siegesrausch. Hochrangige Politiker des Landes hatten Trainer Costa aufgefordert, mit der Mannschaft aus dem vorgesehenen Trainingslager, das sich ruhig gelegen außerhalb Rios befand, näher in Richtung Stadt zu ziehen, auf die Anlage von Vasco da Gama am São Januário Stadion. Dort war es heißer und vor allem turbulenter, sodass die Spieler in ihrer Konzentration gestört waren. Am Tag des entscheidenden Spiels kamen Politiker ins Hotel, um während des Mittagessens Reden zu halten und sich im Kreise der Mannschaft zu zeigen. Sie wollten die Stimmung für sich und die unmittelbar bevorstehenden Kommunal- und etwas später stattfindenden Präsidentschaftswahlen nutzen.

Währenddessen strömten bereits seit Stunden die Menschen ins Maracanã. Jeder wollte dabei sein, wenn Brasilien

Weltmeister würde. 30 000 Fans kamen mit Sonderzügen aus São Paulo angereist, chaotische Szenen spielten sich ab. Jeder wollte ins Stadion, wo es kein Einlasssystem und keine Beschilderungen wie heute gab. Schätzungen zufolge drängten 205 000 Menschen ins Stadion, noch einmal genauso viele tummelten sich davor. Postkarten, auf denen Brasilien den WM-Titel feierte, wurden bereits verteilt. Eine halbe Million Weltmeister-T-Shirts waren im Umlauf, selbst Sonderausgaben von Zeitungen wurden mit der Schlagzeile »Brasilien ist Weltmeister« gedruckt. Den brasilianischen Nationalspielern wurden am Vorabend des Endspiels goldene Uhren mit der Gravur »Den Weltmeistern« überreicht. Der Linksaußen Chico gab Jahre später zu, dass er schon vor dem Anpfiff seine WM-Prämie, ein Grundstück in Arcozinhos, bekommen hatte. Ein Feuerwerk war aufgebaut, die Party organisiert, für drei Tage sollte die Arbeit ruhen und gefeiert werden.

Um kurz vor 15 Uhr betraten die Mannschaften das Feld. »Wir nahmen uns bei den Händen und sprachen uns Mut zu. Wir wussten, dass diese Kulisse Himmel und Hölle zugleich sein konnte«, sagte Uruguays Torwart Roque Máspoli über die Minuten vor dem Anpfiff. Die Nationalhymnen wurden gespielt. Dann sprach Ângelo Mendes de Morais, der Bürgermeister von Rio, zu den Fans und Spielern und endete mit den Worten, die natürlich auch die Akteure Uruguays hörten: »In weniger als zwei Stunden werdet ihr, die ihr keine Rivalen habt, von Millionen als Weltmeister gefeiert. Fliegt, Brasilianer, fliegt los, ich grüße euch schon als Sieger.«

Abheben war erlaubt, foulen hingegen strengstens verboten. Brasiliens Trainer Costa hatte seiner Mannschaft eingetrichtert, als faire Sportsmänner aufzutreten, nicht als brutale Treter. Auch weil er sich als Botschafter Brasiliens verstand und keinen Rüpeleindruck hinterlassen wollte. »Heute schaut uns die ganze Welt zu«, erklärte Costa und befahl unmissverständlich: »Es wird nicht gefoult.«

Einige Mitglieder der uruguayischen Delegation waren schon am Vorabend des Spiels abgereist. Sie waren der Ansicht, ihr Team habe genug erreicht und keine Chance beim Endspiel. Uruguays Trainer Juan López hatte hingegen ganz andere Sorgen: Er fürchtete Brasiliens Topstürmer Ademir, der bereits acht Treffer im Turnier erzielt hatte. »Den musst du an die Kette legen«, trichterte er seinem Spieler und Kapitän Obdulio Jacinto Varela ein. »Der darf nie zum Schuss kommen.« Kam Ademir dann auch nicht, und so stand es nach der ersten Hälfte noch immer 0:0. Doch dann, nur drei Minuten nach Wiederanpfiff, erlöste Friaça Brasilien und erzielte das 1:0. Böllerschüsse, damals noch nicht verboten, auf den Tribünen, Jubel, Gesang. Die Party war eröffnet.

Doch die Brasilianer verpassten es trotz bester Möglichkeiten, nachzulegen. Dafür traf plötzlich Juan Schiaffino für Uruguay. Ausgleich. Doch noch immer war Brasilien, dem ein Punkt reichte, Weltmeister. Noch 24 Minuten. Aber Brasilien war mit einem Mal verunsichert. Trotz allem stieg Fifa-Präsident Rimet von der Tribüne in die Katakomben hinab, um sich für die Pokalübergabe an Brasiliens Kapitän Augusto vorzubereiten. Seine Rede hatte er lange vor dem Spiel vorformuliert – natürlich auf Portugiesisch. Doch als er sich mit dem Goldpokal zum Spielfeldrand aufmachte, war alles anders. Draußen schwiegen 200 000 Menschen. Eine beängstigende Stille. Schockstarre. Fassungslosigkeit. Entsetzen.

»Als ich hinabging, war das Stadion wie die See während eines Sturms, mit einer lauten und ungestümen Stimme. Ich war im Tunnel, als das Dröhnen im Stadion verstummte. Ich eilte zum Ausgang und fragte, was geschehen sei. Niemand im Stadion sprach ein Wort. Da blickte ich zum Spielfeld und sah Brasiliens Torwart Barbosa am Boden liegen. Der Ball aber lag im Netz.«

In der 79. Minute flitzte der Außenstürmer Alcide Ghiggia auf dem Flügel nach vorn. Die Brasilianer störten nicht richtig. Niemand traute sich, den Angriff durch ein taktisches Foul zu unterbinden, der Trainer hatte es schließlich ausdrücklich verboten. In der Mitte eilte Schiaffino heran. Es war nahezu die identische Situation wie beim Ausgleich. Da hatte Ghiggia in die Mitte gepasst, von wo aus Schiaffino traf. Brasiliens Schlussmann zögerte einen Moment, deckte die kurze Ecke nicht vollständig ab, sondern spekulierte auf eine Hereingabe. Doch dieses Mal zog Ghiggia ab und fand die Lücke zwischen Barbosas Hand und dem Torpfosten.

»Die Brasilianer waren nach dem Ausgleich geschockt, während wir weiter Druck machten. Nach einem Doppelpass mit Julio Pérez stürmte ich in spitzem Winkel aufs Tor zu. Als sich ein Verteidiger aus dem Abwehrzentrum löste und auf mich zulief, orientierte sich Barbosa in die Mitte, um das Zuspiel nach innen zu verhindern, aber ich hielt einfach drauf. Ich drehte jubelnd ab, und meine Kollegen erdrückten mich fast. Es war eine bizarre Situation: Das Einzige, was man in diesem Augenblick in diesem riesigen Stadion hören konnte, waren unsere Jubelschreie. Nur drei Menschen haben das Maracanã zum Schweigen gebracht: der Papst, Frank Sinatra und ich«, sagte der Torschütze, der befand: »In meinen Augen war das kein Torwartfehler. Er konnte nichts machen. Auf einer Reise nach Brasilien habe ich Barbosa das auch gesagt.«

Die Brasilianer allerdings sahen das anders. Sie machten Barbosa zum Sündenbock und allein verantwortlich für die schlimmste Niederlage in der brasilianischen Fußballgeschichte.

Der Journalist und Dramatiker Nelson Rodrigues zog sogar den gänzlich unangebrachten Vergleich zu einem der größten Verbrechen gegen die Menschheit, den Atombombenabwurf über der japanischen Stadt Hiroshima, bei der 1945 weit über 200 000 Menschen ihr Leben verloren. Die Finalniederlage, so Rodrigues, sei »unsere größte Katastrophe, unser Hiroshima«.

Barbosa wurde zum geächteten Mann in Brasilien. Passanten, die ihn erkannten, deuteten am Strand mit dem Finger auf ihn und schimpften: »Das ist der Mann, der die WM verloren hat.« Ähnliches erlebte er im Supermarkt, wo eine Frau ihn entdeckte und zu ihrem Sohn sagte: »Der Mann da hat Brasilien zum Weinen gebracht.«

1969 bekam Barbosa von der Stadionverwaltung die Holztore vom Finale 1950 geschenkt, die er bei einem Churrasco-Essen mit einigen Freunden in seinem Garten verfeuerte. Doch trotzdem wendete sich das Unglück nicht von Barbosa ab. Er blieb geächtet.

Im September 1993 kam ein Fernsehteam auf die Idee, ihn für einen Dreh ins Trainingslager der brasilianischen Nationalmannschaft mitzunehmen. Die bereitete sich gerade auf das letzte Qualifikationsspiel gegen Uruguay vor. Ein Sieg musste her, um bei der WM 1994 dabei zu sein. Barbosa sollte, so der Plan der TV-Crew, den Spielern Glück wünschen. Doch dazu kam es nie. Sicherheitsleute wiesen ihn am Tor zum Trainingsquartier ab, nachdem sie mit Betreuern und dem Trainerteam um Carlos Alberto Parreira Rücksprache gehalten hatten. Allen voran Co-Trainer Mario Zagallo erklärte Barbosa zur *Persona non grata* und nannte ihn »Hühnerfänger«. Ein Funktionär wetterte wutentbrannt, »dieses Stück Pech« gelte es zu entfernen.

»Ich habe eine Million Mal an diesen Ball denken müssen«, sagte Barbosa später, als ich ihn Mitte der Neunzigerjahre zu einem Interview traf. »Die Höchststrafe, die in Brasilien für ein Kapitalverbrechen verhängt wird, sind dreißig Jahre. Ich habe fünfzig Jahre bekommen. Ich werde ein ewig verurteilter Mann bleiben. Nur die göttliche Instanz kann mich irgendwann freisprechen.« Als Barbosa im Jahr 2000 starb, schrieb die brasilianische Zeitung *O Globo*: »Mit Barbosa starb der Torwart, der von ganz Brasilien gekreuzigt wurde.«

Barbosa litt sein ganzes Leben an der Finalpleite. Sogar die Weltmeister hatten am Ende Mitleid mit ihm und waren entsetzt über den Schock, den sie ganz Brasilien versetzt hatten. »Wenn ich das Finale noch einmal spielen müsste, würde ich absichtlich ein Eigentor erzielen«, gab Kapitän Varela zu. »Am Abend des Titelgewinns waren wir noch in einer Bar, tranken ein paar Bier und beobachteten die Leute. Alle weinten, weil sie den größten Karneval aller Zeiten vorbereitet hatten, und wir hatten ihn ihnen vermiest. Ich fühle mich schlecht angesichts dieser Traurigkeit. Hätte ich gewusst, dass unser Sieg ein ganzes Volk so schwer treffen würde, hätte ich lieber verloren.«

Als Brasilien den WM-Titel verlor, warfen schockierte Fans wutentbrannt ihre Radiogeräte aus den Fenstern. Die Büste von Mendes, dem Bürgermeister Rios, wurde vor dem Stadion umgestoßen. Mindestens drei Menschen, da gehen die Berichte allerdings auseinander, starben im Maracanã-Stadion an einem Herzinfarkt. Es soll sogar Selbstmorde gegeben haben.

Die Siegerehrung fiel sehr bescheiden aus. Nach der Pokalübergabe verzogen sich die Sieger sofort in die Katakomben, anstatt sich auf dem Rasen feiern zu lassen. Es wurde weder die uruguayische Nationalhymne gespielt, noch hielt Jules Rimet eine Rede. Uruguays Torschütze Schiaffino bezeichnete das, was Fußballer eigentlich als »schönsten und glücklichsten Moment ihrer Karriere« erinnern sollten, als »grausames Schauspiel. Es war wie auf einer Beerdigung.« Renommierte Reporter schworen, nie wieder ein Fußballspiel zu kommentieren.

Trainer Costa schlich sich nach der Niederlage in Frauenkleidern aus dem Stadion. Er erhielt ernstzunehmende Morddrohungen und versteckte sich, wie auch einige seiner Spieler, tagelang auf dem Land. Brasiliens Nationalmannschaft erlegte sich selbst eine zweijährige Spielpause auf. Es dauerte bis zum 6. April 1952, ehe sie wieder ein Länderspiel bestritt – und das beim Copa America in Santiago de Chile. Im Maracanã wurde sogar erst nach vier Jahren wieder gespielt. Selbst das Unglücksdress, also weiße Trikots und blaue Hosen, wurde fortan verbannt. Nie wieder trug eine brasilianische Fußballnationalmannschaft die verfluchten Farben. In einem Wettbewerb wurde eine neue Farbkombination für das Nationaltrikot ermittelt – ein Neunzehnjähriger gewann mit seinem Vorschlag, künftig in Gelb-Grün zu spielen.

Bis heute ist das Debakel in den Köpfen. »1950 hat auch noch Uruguay unsere Titelträume zerstört. Darum kann es für uns jetzt nur ein Ziel geben: Weltmeister im eigenen Land werden. Alles andere wäre eine große Katastrophe«, sagt Júlio César, der vierzehn Länderspiele für die Seleção absolvierte und einst bei Dortmund und Bremen spielte. Damit vertritt er keine Einzelmeinung. So denkt das gesamte brasilianische Volk. Das ist das einzige Ergebnis, mit dem sich 195 Millionen Brasilianer 2014 zufriedengeben werden.

Als Uruguays Ghiggia im Jahr 2000, also fünfzig Jahre nach der Heim-WM, nach Brasilien eingeladen wurde und am Flughafen durch die Passkontrolle ging, erkannte ihn die noch sehr junge Kontrolleurin und sagte trotz seines Einwandes, es sei doch schon so viel Zeit vergangen: »In Brasilien spüren wir es jeden Tag in unserem Herzen.«

Eine Kostprobe, wie hoch die Erwartungshaltung im Gastgeberland der WM 2014 ist, erlebte Mano Menezes 2012 während der Olympischen Spiele. Der Titel war für den brasilianischen Trainer ein Muss. Zum einen weil Brasilien noch nie Olympiasieger geworden war, zum anderen weil die Spiele in London als Generalprobe für die WM angesehen wurden. In den ersten Partien kam die Seleção auch locker durch das Turnier. Fünf Siege, fünfzehn Tore. Ein Spaziergang ins Finale. Doch da lagen die Brasilianer bereits nach 27 Sekunden gegen Mexiko zurück. Am Ende hieß es 2:1 für die anderen, die Nicht-Brasilianer, für das Team, das nicht hätte gewinnen dürfen. Die Silbermedaille wurde als Scheitern empfunden. »Wenn man in Brasilien einen Pokal gewinnt, dann wird der Trainer nicht gelobt«, sagte er. »Stell dir vor, wenn du verlierst.«

Die Entrüstung war groß. »Er ist ein Trainer, der es nicht versteht, das richtige Team zu finden und die richtigen Spieler zu berufen«, motzte Ex-Superstar Romário. »Zum Glück haben wir heute sein letztes Spiel mit der Seleção gesehen.«

So kam es, Menezes musste gehen. Das angebliche Silber-Fiasko in London war zu viel, nachdem er bereits bei der Copa America ein Jahr zuvor keinen Titel für Brasilien geholt hatte.

Auch wenn der Trainer inzwischen Felipe Scolari, Weltmeistercoach von 2002, heißt, wird die Erlösung vermutlich auch 2014 nicht erfolgen.

Daran ändert auch nichts, dass Brasilien den ConfedCup, also die Generalprobe zur Weltmeisterschaft, gewonnen hat. Oder dass der fünfmalige Weltmeister mit Neymar ein Juwel in seinen Reihen hat. Ich habe mehrfach mit ihm während der Mini-WM gesprochen. Anfangs musste ich Neymar noch etwas energischer bitten, in der Mixed-Zone, in der Journalisten die Spieler nach einem Spiel interviewen dürfen, bei mir stehen zu bleiben. Aber schon nach zwei Begegnungen kam er automatisch zu mir, weil er wusste, dass dieser portugiesisch sprechende Deutsche Fragen an ihn hatte.

Neymar ist viel schüchterner, als ich es vermutet hätte. Seine Stimme ist sanft, leise. Sein bloßes Erscheinungsbild mit der dicken Uhr auf dem dünnen Ärmchen lässt ein anderes Auftreten vermuten. Aber Neymar ist alles andere als ein aufgeblasener Star. Mit seinen Brillis und den dicken, goldenen Ketten mag er die Fassade eines Emporkömmlings abgeben. In Wirklichkeit ist er bescheiden und freundlich, obwohl die »Neymarzetes«, wie seine weiblichen Anhänger genannt werden, jedes Mal den Ausnahmezustand ausrufen, sobald er irgendwo auftaucht. Er kann singen, tanzen, ist der von Millionen weltweit bewunderte Youtube-Star und natürlich ein Gigant am Ball.

Als Kind hat er im Elternhaus Stühle umdribbelt, er hat den Esstisch umspielt und ist mit dem Ball am Fuß ums Sofa gerannt. Draußen, unter freiem Himmel, war es dann die Herausforderung, auf den abschüssigen Straßen des Küstenorts Praia

Grande zu spielen. Eine Halbzeit spielte ein Team beim Straßenkick bergab, die zweite Hälfte bergauf. Am Schwierigsten waren dabei die »harten Stopps aus vollem Lauf«, verriet Neymar einmal. Heute ist das seine größte Spezialität.

Mit elf Jahren kam er zum FC Santos. Bereits zwei Jahre später, 2005, wollte Real Madrid das Supertalent haben. 2007 wiederholten die Königlichen ihre Bemühungen, wiederum erfolglos. 2010 führte er Santos zur Meisterschaft, 2011 folgte der Sieg in der Copa Libertadores, vergleichbar mit der europäischen Champions League. 2012 kam dann der dritte Titel mit Santos. In 256 Spielen erzielte Neymar dort 156 Tore.

Lange bevor Europa auf ihn aufmerksam wurde, wollten alle in Brasilien wie Neymar sein. Seine Frisuren, die er ständig wechselte, wurden Kult. Was er trug, trugen bald viele Brasilianer. Zwischenzeitlich war der Hype um ihn so bizarr, dass die bolivianische Stadt La Paz vermeldete, dass in den letzten drei Jahren rund zwanzig Prozent aller männlichen Neugeborenen nach dem brasilianischen Superstar benannt worden waren. »In siebzehn Jahren werden die meisten Jungen unserer Stadt Neymar heißen«, meldete 2013 ein Vertreter der Stadt. Barcelona hat im vergangenen Jahr 57 Millionen Euro für ihn bezahlt, um mit ihm und Messi das Spiel doppelt so gefährlich zu machen. »Wenn ich am Ball bin, nehme ich nichts mehr wahr. Dann gibt es nur mich und den Ball«, sagt Neymar, den sie in Brasilien »Mararrinchaelé« nennen, eine Zusammensetzung aus den drei Legenden Maradona, Garrincha und Pelé. Er will natürlich auch Weltmeister werden.

Beim ConfedCup 2013 wurde Neymar zum besten Spieler gewählt, noch vor Spaniens Andrés Iniesta. Doch daran, dass er diese Leistung konservieren und im Sommer 2014 abrufen kann, habe ich Zweifel. Ich habe zu viele dieser Adrianos, Ronaldos und Robinhos kometenhaft aufsteigen und wieder abstürzen sehen. Sie alle galten als »neue Pelés«. Sie galten als »goldene Kinder«, »craques«, wie Ausnahmetalente in Brasilien genannt werden. »Jede Minute wird in Brasilien ein Fußballgenie geboren«, jubelte einmal der frühere brasilianische Nationaltrainer Vanderlei Luxemburgo. Das eine Genie wurde König für einen Sommer, ein anderes hat zwei, vielleicht drei Sommer durchgehalten, ehe der Absturz folgte.

Robinho wurde als »legitimer Enkel Pelés« gefeiert, nachdem die Legende selbst ihn in der Jugendabteilung von Santos bewundern durfte. Der 15-Jährige verzauberte den dreimaligen Weltmeister mit seinen schnellen Dribblings, seinen Drehungen, seiner streichelnden Ballbehandlung, sodass er den Knirps nach dem Training in den Arm nahm und sagte: »Ich hätte heulen können, so verzückt war ich, dich zu sehen. Du bist wie ich früher. Du wirst ein Großer. Ein ganz Großer.« Tatsächlich nahm ihn Real Madrid unter Vertrag, er wurde zweimal spanischer und mit dem AC Mailand einmal italienischer Meister. Den großen Erwartungen wurde er aber nie gerecht.

Noch weniger konnte Adriano glänzen, dessen Marktwert im Laufe seiner Karriere von 100 auf unter 20 Millionen Euro stürzte. Er erschien übergewichtig bei der WM 2006, kam betrunken zum Training bei Inter Mailand oder kam gleich gar nicht. Statt König eines Sommers zu werden, wurde er zur ewigen Skandalnudel. Einer mehr, der es nicht schaffte, sein Land stolz zu machen.

Diese Bedenken habe ich auch bei Neymar. Wer kann wissen, wie der junge Spieler mit dem schier unmenschlichen Druck umgeht? Noch vor dem ConfedCup waren die Zweifel an Neymar in Brasilien groß. 842 Minuten hatte er im Verein und in der Nationalmannschaft kein Tor erzielt. Die Torkrise schockierte das Land. Schon als im Februar 2013 ein Testspiel mit 1:2 gegen mäßige Engländer verloren wurde, glaubte in Brasilien, dem Land, das heftigsten Stimmungsschwankungen unterliegt, kaum einer an eine erfolgreiche Titelmission bei der WM. »Es scheint manchmal, dass es euch nur darum geht, Neymar zu verdammen«, wetterte der besorgte Scolari daher vor dem ConfedCup gegen die heimischen Medien und appellierte, Neymar in Ruhe zu lassen: »Ihr müsst das große Idol, das wir haben, schützen. Wir haben ein Idol, einen Spieler, der 50 000 Fans zu seiner Vorstellung bei Barcelona anlockt. Das verlangt mehr Wertschätzung. Ich muss keine Tore von ihm verlangen, sondern dass er nützlich ist für das Team. Das macht einen guten Spieler aus.«

Mahnende Worte, die allerdings hinfällig wurden, nachdem Neymar nach nur 2:52 Minuten im Eröffnungsspiel gegen Japan traf. Der drittschnellste Treffer in der ConfedCup-Geschichte. Und der Anfang eines großen Neymar-Turniers, das Brasilien gewann. Allerdings siegte die Seleção auch beim ConfedCup 2005 und 2009, und es folgten enttäuschende Turniere in Deutschland und Südafrika, bei denen Brasilien jeweils im Viertelfinale scheiterte.

Man darf den Erfolg im vergangenen Sommer nicht überbewerten. Während die Brasilianer im Vorfeld in einem 15-tägigen Trainingslager eingestimmt wurden, reiste Gruppengegner Japan erst ganz kurz vor Turnierbeginn an, weil die Asiaten zunächst noch ein wichtiges WM-Qualifikationsspiel in Doha zu bestreiten hatten. Reisestrapazen für die Gegner, perfekte Vorbereitung für die Scolari-Truppe. Der brasilianische Trainer, genannt Felipão, der große Philipp, hatte sogar darauf bestanden, dass Luiz Gustavo und Dante nicht am DFB-Pokalfinale ihrer Bayern teilnehmen. Auch den Feierlichkeiten des Bayern-Triples blieben sie fern, um sich perfekt auf den ConfedCup einzustimmen. Japan hingegen reiste fünfzehn Stunden durch sieben Zeitzonen. Das wird bei der WM anders sein. Auch Spanien wird dann besser vorbereitet sein. Die Spanier mussten eineinhalb Stunden über Schotterpisten vom Hotel zu ihrem Trainingsgelände schaukeln.

Noch immer steht brasilianischer Fußball ansatzweise für Zauberei und Lebensfreude. Die Brasilianer haben, so lautet der Mythos, aus dem Fußball eine Kunst gemacht. Sie haben Neymar, der erst noch beweisen muss, welchen Weg er einschlägt. Dass es am Ende allerdings zum WM-Titel reicht, glaube ich wie gesagt nicht. Der Druck wird für Neymar und die brasilianische Mannschaft zu groß sein. »Jeder muss wissen, dass das Trikot und der Name darauf noch kein Spiel gewinnen«, sagte der frühere Kapitän Lúcio. »Das Wappen auf der Brust ist wichtiger als der Name auf dem Rücken. Die Seleção ist kein Schaufenster, um sich selbst ins Rampenlicht zu stellen.« Vergangenen Sommer gelang es Neymar, sportlich zu glänzen und bescheiden zu bleiben.

Sportlich wird Brasilien eine perfekte Weltmeisterschaft liefern. Eine WM ohne alberne Diskussionen – zumindest bei den Gastgebern – über das Singen oder Nicht-Singen der Nationalhymne. Es wird ausschließlich volle Stadien geben, egal wer spielt. Es wird keine Event-Fans geben, so wie es bei uns in Deutschland zum Teil der Fall war. 2006 haben Menschen gefeiert, die nicht einmal die Aufstellung der ersten Mannschaft kannten. Da wurden Leute plötzlich zu Fußballfans, die sonst im ganzen Jahr kein Spiel schauten. So wie junge Mädchen, die »Schweini« toll fanden, weil ihre Freundinnen auch in ihn verliebt waren. In Brasilien kennt jeder die erste Elf und auch die Ersatzspieler. Sie wissen, wie stark der Gegner wirklich einzuschätzen ist. Brasilien wird Fußball leben. Und es muss auch kein einziger Tourist, da bin ich mir sicher, Angst um sein leibliches Wohl haben, wenn er die empfohlenen Vorsichtsmaßnahmen einhält.

Auch mich haben die massiven Proteste beim ConfedCup überrascht, diese Geschwindigkeit, mit der sich die Kundgebungen ausgebreitet haben und die Wucht, die sie hatten. Die Hartnäckigkeit, mit der die Brasilianer ihre Anliegen aufrecht erhielten, war erstaunlich. Sie kehrten nicht nach wenigen Tagen vor die Fernsehgeräte zurück, sondern blieben auf der Straße. Sie rissen ein ganzes Land mit, um für die Rechte der Armen zu demonstrieren.

Kein Land liebt den Fußball mehr als Brasilien, aber ich kann es voll und ganz nachvollziehen, wenn man sich gegen das soziale Ungleichgewicht wehrt und Fußball damit zur Nebensache, wenn auch zur schönsten der Welt, degradiert wird. Zu keiner Zeit haben sich die Proteste gegen die eigene Mannschaft gerichtet.

Das Land der WM, das Land von Olympia ist außerdem sehr korrupt. Die gebildete Mittelschicht hat sich entschlossen, es nicht mehr zu akzeptieren, dass die Armen vom Aufschwung ausgeschlossen bleiben. Sie fordern Gerechtigkeit, Anteilnahme, Bildung und eine akzeptable Gesundheitsversorgung. Sie lassen sich nicht vom schönen Schein Brasiliens blenden, sondern sehen die verfallenen Schulen, die kaputten Straßen und wissen, dass Ärzte fehlen. Als Ronaldo sagte: »Weltmeisterschaften werden mit Stadien gewonnen, nicht mit Krankenhäusern«, zog er sich den Unmut von Millionen zu. Als Pelé forderte, das Volk solle die »Proteste vergessen«, taten sie das Gegenteil und wandten sich gegen das Idol. Die heimischen Medien, speziell der große Fernsehsender *TV Globo*, haben anfangs versucht, die Proteste kleinzureden und zu ignorieren. Die friedlichen Demonstranten wurden trotz ihrer richtigen Botschaften verunglimpft und als Naivlinge bezeichnet. Doch die Naivlinge machten weiter, bis jeder sie hörte. 11,5 Milliarden Euro soll die WM kosten, weitere 9,8 Milliarden die Olympischen Spiele zwei Jahre später. Geld, das woanders fehlt: in der Bildung, im Gesundheitssystem, eigentlich überall. »Wir wollen nicht in der Klinik Schlange stehen«, stand auf Schildern von Protestlern. Oder: »Was soll dieses riesige Ding von Stadion hier, wenn mein Kind keine richtige Schulausbildung bekommt?« Andere hatten geschrieben: »Verzeihen Sie die Unannehmlichkeiten, aber wir bauen gerade Brasilien um.« Man kann sie verstehen.

Bei unseren Dreharbeiten in Fortaleza wurden wir hautnah mit der Situation konfrontiert. Ich war mit unserem Kameramann Uli Töpfer unterwegs zum Spiel Brasilien gegen Mexiko, um ein paar Interviews zu machen. Die Zufahrtswege waren alle gesperrt. Die Polizei schickte uns immer wieder im Kreis zu anderen Kontrollpunkten, die ebenfalls gesperrt waren. Wir verfuhren uns und landeten plötzlich in den Favelas, den Armenvierteln im Nordosten der großen Stadt. Es roch nach verbranntem Gummi. Die Bewohner hatten Autoreifen angezündet, um die Polizei daran zu hindern, in ihre Straßen zu kommen. Die erste Halbzeit des Spiels hatten wir bereits verpasst, nachdem wir schon fast vier Stunden für elf Kilometer unterwegs waren. Als wir uns wieder in Richtung Stadion bewegten, wurden wir von einer Demonstrantengruppe aufgehalten. Ich stieg aus, um mit den Leuten zu reden. »Ah, ihr seid vom deutschen Fernsehen? Bitte erklärt euren Zuschauern in Europa, was unsere Ziele sind. Wir wollen keine Gewalt, nur Gerechtigkeit.«

In der Zwischenzeit hatte sich Uli mit der Kamera ein Stück entfernt, um die Situation zu filmen. Dies wollte die Polizei verhindern und beschoss ihn gezielt mit Tränengas. Bis zum Neymar-Interview im Stadion, das wir schließlich doch noch erreichten, war er dann wieder fit.

Brasilien hat viel getan in den letzten Jahren. Aber die Wünsche der Bevölkerung wurden überhört. An zahlreichen Regionen ist der Boom vorübergegangen. Gleichzeitig haben Städte wie Rio oder São Paulo das preisliche Niveau von New York erreicht. Als dann auch noch die Tarife für den öffentlichen Nahverkehr von drei auf 3,20 Reais, also um wenige Cent angehoben wurden, lief das Fass über. Es ging ums Prinzip, nicht um die tatsächliche Erhöhung. »Unser Leben in Brasilien ist wirklich nicht einfach«, sagte Brasiliens Verteidiger Dante und solidarisierte sich, wie der Rest seiner Mannschaft, mit der Bevölkerung. So sagte mir Neymar im Gespräch: »Ich wünsche mir ein Brasilien, das gerechter, sicherer, gesünder und ehrlicher ist.« Stürmer Hulk befand: »Viele denken, dass Fußballer nur an Fußball denken. Aber wir wissen, was gerade passiert. Wir wissen, dass sie recht haben mit ihren Protesten und in unserem Land viele Dinge verbessert werden können. Ich bin für die Proteste.« Auch sein Mannschaftskollege David Luiz äußerte sich entsprechend: »Die Leute haben das Recht, es auszudrücken, wenn sie nicht glücklich sind.«

Nachdem Brasilien den ConfedCup gewonnen hatte, schickte Staatspräsidentin Dilma Rousseff nur ein Glückwunschfax. »An diesem historischen Tag für den brasilianischen Fußball schicke ich allen Spielern und dem Betreuerstab unserer Seleção meine Glückwünsche zum vierten Titelgewinn. In diesem denkwürdigen Turnier zeigten unsere Spieler Freude, Kreativität, Teamgeist und Einheit und eroberten damit die Herzen aller Brasilianer.«

Persönlich war Rousseff gar nicht erst im Stadion erschienen, nachdem sie und Fifa-Präsident Sepp Blatter beim Eröffnungsspiel gnadenlos von den Zuschauern ausgepfiffen worden waren. »Ich kann verstehen, dass die Menschen nicht glücklich sind. Aber ich denke, sie sollten den Fußball nicht dazu nutzen, um ihre Forderung zu verkünden. Brasilien hat die WM verlangt. Wir haben Brasilien diese WM nicht aufgezwungen. Sie wussten, um die WM zu bekommen, müssen Stadien gebaut werden«, sagte Blatter über die Proteste. Damit ist über das Sozialverständnis eines der wichtigsten Sportfunktionäre der Welt alles gesagt.

Dass in der Organisation ab und zu Schwierigkeiten entstehen werden, ist anzunehmen. Die Brasilianer sind keine Perfektionisten. So gut sie mit einem Fußball umgehen können, so speziell ist ihr Organisationstalent. Alles wird auf den letzten Drücker fertig. Es wird Ordner geben, die nicht wissen, was sie zu tun haben. Die schlecht informiert, aber dennoch extrem hilfsbereit und freundlich sein werden. Die Anfahrten zu den Stadien werden mühsam sein. Beim ConfedCup habe ich zeitweise bis zu sechs Stunden benötigt, um ins Stadion zu kommen.

Brasilien wird uns trotz allem eine spannende WM bieten,

mit einer grenzenlosen Euphorie rund um ihre Mannschaft. Sie werden singen und feiern und alle an den WM-Titel glauben. »Das wird die größte Party, die es jemals gab. Und der Pokal bleibt ganz sicher bei uns«, glaubt Neymar.

Ich dagegen habe einen anderen Tipp: Weltmeister wird der ärgste Feind der Brasilianer. Sie haben eine starke Defensive, dazu einen kreativen Angriff mit einem Messi, der wieder wie zu besten Barcelona-Zeiten spielen wird. Und vor allem haben sie inzwischen einen Trainer, der sein Handwerk versteht. Unter der Leitung von Alejandro Sabella wird, so tippe ich, Argentinien Weltmeister!

Kapitel 13
Zahnseiden-Bikinis und nasse Badehosen

Schlimmer hätte sich Tom Cruise nun wirklich nicht blamieren können. Breit lächelnd stand er da, damals noch in Begleitung von Katie Holmes und Tochter Suri, und rief den brasilianischen Reportern zunächst ein fröhliches »Hola« zu und etwas später dann auch noch ein »Gracias«. Es ging darum, mit ein paar auswendig gelernten Wörtern der Landessprache Eindruck zu schinden, wenn man in fremden Ländern seine Filme bewirbt. Schade nur dass Cruise, als er im Februar 2009 für seinen Stauffenberg-Film »Operation Walküre« die Werbetrommel rühren wollte, nicht wusste, dass in Brasilien Portugiesisch gesprochen wird und nicht Spanisch. Ein Fauxpas, über den man, die anwesenden Reporter eingeschlossen, vermutlich hinweggesehen hätte, hätte Cruise nicht wenig später den nächsten kleinen Aussetzer gehabt. »Ich liebe Brasilien sehr«, schwärmte der Schauspieler in einem Interview und erklärte, dass seine Begeisterung und Faszination für das Land schon vor vielen Jahren insbesondere durch Filme über Samba und Tango geweckt worden seien. Der Tango ist der Nationaltanz von Argentinien – und Argentinier sind in Brasilien in etwa so beliebt wie Deutsche in Holland. Cruise hätte sich genauso gut auf Schalke in die Arena stellen können und dort überschwänglich von diesem tollen Verein mit seinen tollen Fans in Schwarz-gelb und diesem fantastischen Trainer Jürgen Klopp schwärmen können. Der Aufschrei wäre ähnlich groß gewesen. Die Argentinier bezeichnen die Brasilianer als Affen, umgekehrt werden sie selbst von den Brasilianern als arrogant empfunden. Immerhin: Die Argentinier, deren Landessprache natürlich Spanisch ist, dürften über Tom Cruises Unwissen gelacht haben.

Damit es Ihnen, sollten Sie zur Weltmeisterschaft nach Brasilien reisen, nicht so ergeht wie dem Hollywoodstar, möchte ich Ihnen mein Brasilien ein wenig vorstellen. Dieses Land der Superlative und der extremen Widersprüche. Das Land mit dem wasserreichsten Fluss, den längsten Küsten, dem größten Regenwald und den mächtigsten Wasserfällen der Welt. Das Land des Karnevals und der Mythen.

Als ich einmal, wie schon erwähnt, Rod Stewart in Glasgow traf, kamen wir irgendwann auch auf Brasilien zu sprechen. Ich sagte ihm, dass ich dort aufgewachsen sei. Da erinnerte er sich an eines seiner schönsten Fußballspiele, das leider mit einem Platzverweis endete. 1977 wohnte Stewart in Rio im berühmten »Copacabana Palace Hotel«, natürlich in der Präsidentensuite. »Ich dachte, in Brasilien wird immer und überall Fußball gespielt«, witzelte Stewart, der sich in seinem Zimmer einen Ball schnappte, kickte und dabei ein Bild von der Wand holte, ein paar Macken hinterließ, die Zimmernachbarn durch Stadionatmosphäre verärgerte und letztlich Hausverbot erhielt. »Vielleicht fehlte mir etwas das Ballgefühl«, meinte Stewart und stieß mit mir an. Selbst als er acht Jahre später versuchte, ein weiteres Mal im »Copacabana Palace« einzuchecken, bekam Stewart kein Zimmer; angeblich weil das Hotel komplett ausgebucht war.

Der Rockstar ist und bleibt hier also unerwünscht, während sich das berühmteste Hotel der Stadt mit anderen Prominenten nur zu gerne schmückt. Etwa mit Roger Moore, von dem hier ein signiertes Foto hängt. 1979 kämpfte Moore in dem James-Bond-Klassiker »Moonraker« als Superagent 007 mit dem Beißer, und das in schwindelerregender Höhe auf einer Gondel der Seilbahn, die hinauf auf den Zuckerhut führt.

Der Granitfelsen ist das bekannteste Symbol Rio de Janeiros – ein Pflichtbesuch für jeden Brasilienurlauber. In zwei

Etappen geht es hinauf auf den 396 Meter hohen Zuckerhut, wobei »Paõ de Açucar« wörtlich übersetzt »Zuckerbrot« bedeutet. Zunächst fährt man mit der 1912 errichteten Seilbahn von der Praia Vermelha den ersten Streckenabschnitt hinauf auf den Morro da Urca, von dort geht es dann weiter auf den Gipfel. 1360 Passagiere werden hier durchschnittlich pro Stunde befördert, in Gondeln. 1967 beschloss ein Deutscher, den Gipfel mit seinem Motorrad auf den steilen Drahtseilen zu erklimmen. Zehn Jahre später balancierte der Amerikaner Steven McPeak auf dem Seil tänzelnd bis zur Spitze des Zuckerhuts.

»In Brasilien führen wir eigentlich ein sehr einfaches Leben. Wir brauchen nur die Sonne, Strand und einen Fußball, um einen schönen Nachmittag zu haben. Das ist sehr simpel, aber schön. Es macht glücklich«, sagt Brasiliens Supermodel Gisele Bündchen, einst mit Hollywoodstar Leonardo DiCaprio liiert, über ihre Heimat. Albert Einstein schwärmte 1925, schon lange vor der Geburt von Gisele Bündchen, nach einem Besuch von Rio: »Diese Stadt hat eine der größten Emotionen meines Lebens hervorgerufen.«

Wenn in Brasilien solche Empfindungen geweckt werden, liegt das nicht nur an der faszinierenden Natur und den spektakulären Sehenswürdigkeiten. Es liegt vor allem an der Einstellung der Brasilianer, die eine ansteckende Lebensfreude versprühen. Der Brasilianer ist Optimist durch und durch. Er ist prinzipiell davon überzeugt, alles erreichen zu können. Ausflüchte wie »Das schaffe ich sowieso nicht« oder »Das ist unmöglich« wird man von Brasilianern so gut wie nie hören. Ihr Glaube an sich ist überragend. Ein Brasilianer wird nie an Selbstzweifeln leiden, er vertraut auf sein Können.

Aufgrund dieser Überzeugung und dieses ausgeprägten Optimismus macht der Brasilianer an sich kaum »Fehler«. Wenn etwas misslingt, dann hat er, seiner eigenen Wahrnehmung nach, auch nicht gepatzt, sondern eine kleine Schwäche gezeigt oder war allenfalls etwas unaufmerksam.

Der wichtigste Grundsatz, den es in Brasilien zu befolgen gibt, lautet: »Sempre dá um jeito.« Das bedeutet so viel wie »Es gibt immer einen Ausweg« oder »Nichts ist unmöglich«. Brasilien ist kein Land der tausend Vorschriften und Gesetze. Ich habe dort niemals ein Schild »Baden auf eigene Gefahr« oder dergleichen gesehen. Es würde auch niemals ein Busfahrer auf die Idee kommen, heranspurtende Fahrgäste, wie bei uns durchaus zu erleben, stehen zu lassen, weil er sonst seinen Zeitplan nicht mehr einhalten kann. Da wird gewartet, bis auch der letzte Passagier zugestiegen ist.

Als einmal vor ein paar Jahren ein 16-jähriger Junge bei einer Motorrad-Rallye mit 5000 Teilnehmern in São Paulo gewann, sich hinterher jedoch herausstellte, dass er gar keinen Führerschein besaß, wurde er nicht etwa disqualifiziert und ihm der Titel wieder aberkannt. Der Verwaltungsakt wäre zu groß gewesen, sodass der Junge Sieger blieb. Der Brasilianer ist ein Improvisationstalent und liebt es, die bestehenden Vorschriften oder Hindernisse zu umdribbeln.

Ich habe einmal während eines Spiels mit einem Kamerateam im Innenraum des Morumbi-Stadions in São Paulo gedreht. Wir hatten zwar die notwendige Drehgenehmigung, uns wurden aber keine Leibchen, die zusätzlich für den Zutritt notwendig waren, zugeteilt. Prompt kam ein ausgesprochen muskulöser Ordner an, zwei Köpfe größer als ich, und wies uns freundlich darauf hin, dass wir Leibchen benötigten, wenn wir hier drehen wollten. Ich sagte ihm, dass wir eine Genehmigung hätten und trotz der fehlenden Leibchen hier weiterarbeiten würden. »Das geht nicht. Geht bitte«, sagte er. Wieder verneinte ich und sagte ihm freundlich, aber bestimmt: »Wir werden nicht gehen.« »Warum nicht?«, fragte er. »Weil ich hier meinen Job machen muss. Und mein Job verlangt es, hier zu drehen.« Er sah mich an, ich zuckte entschuldigend mit den Schultern und lächelte. »Okay«, sagte er, »das verstehe ich. Ich habe euch darauf hingewiesen. Ihr wisst, dass es nicht okay ist. Aber wenn ihr euren Job nun einmal machen müsst, ist das eben so.« Dann ging er, und wir durften bleiben. In der Halbzeitpause brachte er uns noch zwei Tassen Espresso.

Mit einem Lächeln und der Frage »Dá um jeito?« kommt man in Brasilien sehr weit. Aber um es deutlich zu sagen, damit ist nicht zwangsläufig Korruption oder Bestechung gemeint. Es bedeutet nur, geschickt zu verhandeln und seine Gründe plausibel zu erklären.

Dieser Wille, sich nicht einschränken zu lassen, ist hier Lebensprinzip, er zählt im Parlament, im Straßenverkehr, im Alltag und auf dem Fußballplatz. Auch auf dem Platz versuchen die Spieler, ihre Gegner mit einer großen Portion Schlitzohrigkeit zu täuschen, zu verwirren und letztlich zu umdribbeln. Wobei hinzuzufügen ist, dass niemals ein Brasilianer den Fußball mit seinen klaren Regeln, Strafen und einem unparteiischen Schiedsrichter hätte erfinden können. Da wäre verhandelt worden und diskutiert und lamentiert, und am Ende wäre nichts passiert.

Das Autofahren ist eine ganz spezielle Angelegenheit. Der Brasilianer denkt im Straßenverkehr eigentlich nur an sich. Für wenige Sekunden Zeitersparnis riskiert er alles und wechselt wie entfesselt die Spur. Natürlich ohne zu blinken. Die Fußgänger müssen sehen, wo sie bleiben, und die Polizei schaut weg. Einmal wurde ich bei einem Spurwechsel von einem Lkw gerammt. Als der Fahrer das Scheppern hörte, hielt er an, kurbelte das Fenster herunter und stellte fest: keine Toten. Also kann ich weiterfahren …

Ein anderes Mal wurde mir an der Copacabana mein Mietwagen aufgebrochen, und das Autoradio wurde geklaut. Die Polizei meinte zunächst nur, dass »die langsamsten Diebe dafür 35 Sekunden brauchen«. Dann wollten sie mich zu einer anderen, weit entfernten Station schicken. Ich fragte nach dem Grund. »Wir sind nicht zuständig«, antworteten sie mir. »Du bist Tourist. Touristen können unsere Sprache nicht.« Als ich mit perfektem Portugiesisch entgegnete, dass ich die Sprache sehr wohl könne, schickte man mich in den ersten Stock, wo ein Polizeibeamter saß. Er hatte ein Feinripp-Unterhemd an, aus dem die Brusthaare quollen. Wie in einem schlechten Film. Schweiß rann an seinem dicken Körper herunter, direkt hinter ihm stand ein Ventilator. Zwei Stunden dauerte die Aufnahme für ein vier Seiten langes Protokoll. Der Diebstahl wurde nie aufgeklärt.

Der Brasilianer an sich ist sehr ausgeglichen. Es bedarf schon sehr viel, damit er sich aufregt. Negative Gefühle zeigt er so gut wie nie. Positive Gefühle hingegen werden gerne gezeigt und ausgelebt. Überall wird gelacht und angefasst, der Brasilianer ist süchtig nach Hautkontakt. Und er flirtet gerne. Komplimente zu machen ist schon fast eine Art Volkssport. In Brasilien würde kaum jemand auf die Idee kommen, über eine Partneragentur oder bei so etwas wie Speed-Dating nach der Liebe seines Lebens zu suchen. Es gibt doch den Strand, der längste ist 240 Kilometer lang und liegt in Rio Grande do Sul …

In jeder anderen Metropole der Welt hat man wahrscheinlich Angst, die Hauptattraktionen und Höhepunkte der Stadt zu verpassen, wenn man einen ganzen Urlaubstag faul am Strand liegt. Doch in Brasilien, insbesondere in Rio, muss man unbedingt an den Strand – der Strand ist die Hauptattraktion. Alles ist dort in Bewegung, Volleyball, Fußball wird gespielt, es wird gesurft, und überall blitzt die eingeölte Haut an Frauen, die mit so wenig Stoff bekleidet sind (diese Bikinis werden »Zahnseide« genannt), dass sie in den fundamentalistischen Regionen der USA verhaftet würden. Den Brasilianern hingegen kann es gar nicht knapp genug sein. Auf die Idee, den Körper am Strand unter einem T-Shirt zu verstecken, kommt hier keiner. Für Tangas gibt es in Brasilien keine Alters- oder Gewichtsbeschränkungen. Als einmal die *New York Times* ein Foto von drei sehr korpulenten Frauen am Strand von Rio druckte und es wagte, die Frage aufzuwerfen, ob die Brasilianer zu dick seien, war die Empörung groß.

In Brasilien bestimmt die Eitelkeit den Alltag. Der Brasilianer badet oder duscht daher auch ohne Rücksicht auf die Wasserrechnung dreimal am Tag heiß. Hauptsache, man riecht gut. Zudem gibt es in Rio mehr Fitnessstudios als Kirchen. Der Markt der Eitelkeiten boomt. Schönheitsoperationen sind in Brasilien so gewöhnlich wie der Gang zum Friseur. Auch Frauen und Männer aus der Mittelschicht legen sich unters Messer, lassen sich das Nervengift Botox spritzen, Fett absaugen oder ihre Nase korrigieren. In Brasilien sollen, so heißt es, 4000 Spezialisten für korrigierende Chirurgie praktizieren; das Land kämpft mit den USA um die Spitzenposition bei Schönheitsoperationen.

Der Brasilianer bewegt sich auch anders am Strand, geschmeidiger und eleganter, als die meisten Europäer. Deren Bewegungen erinnern die Brasilianer eher an Stampfen oder an Stechschritt. Und so erscheint es nachvollziehbar, warum der Aufschrei über den Artikel der *New York Times* so groß war. Am Ende stellte sich übrigens heraus, dass es sich um drei beleibte Europäerinnen handelte, nicht um Brasilianerinnen.

Brasilianer sind kamerasüchtig. Sie lieben es, eine Show abzuziehen, zu posieren und um die Wette zu strahlen. Es wird Ihnen also niemand böse sein, wenn Sie fürs Familienalbum die Schönheit Brasiliens und der Brasilianer festhalten wollen. Ganz im Gegenteil. Ob jung oder alt, Mann oder Frau, die Brasilianer werden mit Ihrem Objektiv spielen. Fotografieren Sie aber ehrlich, bitten Sie Ihre »Modelle« darum, mit Ihrer Kamera zu flirten. Fotografieren Sie nicht heimlich und aus großer Entfernung. Denn das mag niemand.

An Brasiliens Stränden einen Tag zu verbringen, ist extrem spannend. Und selbst wenn sich die Sonne anschickt unterzugehen, wäre es falsch, seine Sachen zu packen und zu gehen. Dann nämlich zieht es noch mal so viele *Cariocas*, wie sich die

Bürger Rio de Janeiros nennen (in São Paulo heißen sie *Paulistas*), an die Hauptstrände Ipanema oder eben an die Copacabana, wo sie sich eine Kokosnuss mit Strohhalm gönnen, deren kühlen Saft sie genießen, während sie dem sinkenden Feuerball hinterherschauen. Dicht gedrängt sitzen sie dann beieinander, immer gerade dort, wo sich auch schon viele andere niedergelassen haben. Die Brasilianer träumen nämlich nicht wie die meisten Europäer von einsamen, verlassenen Stränden. Sie lieben Geselligkeit! Und anschließend gehört es zum guten Stil, in nasser Badekleidung mit dem Bus nach Hause zu fahren.

Sollten Sie übrigens dann, anstatt ebenfalls in den Bus zu steigen, in ein Taxi springen, schließen Sie Freundschaft mit dem Fahrer. Zunächst wird es sehr wahrscheinlich passieren, dass er anfängt, über Brasilien als faules, dreckiges und korruptes Land zu nörgeln. Gehen Sie darauf auf keinen Fall ein, sondern sagen Sie, wie gut Ihnen das Land gefällt und dass Sie nur Positives gesehen hätten. Wenn Sie ihm dann noch ein Foto von Ihrer Familie zeigen, von ihr erzählen oder anfangen, über Fußball zu plaudern, wird er Sie ins Herz schließen und einen annähernd korrekten Fahrpreis verlangen.

Dann geht es zum Essen, wo immer das Motto zählt: »A boa vida mora no prato limpo.« Das heißt in etwa: »Das gute Leben wohnt im leer gegessenen Teller.« Brasilien ist kein Land für Vegetarier. Man stelle sich vor, irgendein Politiker käme auf die Idee, einen Veggie-Day einzuführen! Hier wird Fleisch gegessen, sehr gutes Fleisch. Churrasco nennt sich die lateinamerikanische Form der Zubereitung. Auf armlange Spieße wird alles gesteckt, was Rind, Schwein, Lamm und Huhn an Fleisch sowie an Innereien hergeben. Dazu gibt es Feijoada, eine Mischung aus Bohnen, Schweinsfüßchen, Schweinsohren, Wurst, Rindfleisch, Reis, Kohl und Orangen. Eine Kalorienbombe, die man am besten mit viel Bier oder besser noch Zuckerrohrschnaps hinunterspült. In Brasilien gibt es über 25 000 Schnapsmarken. Von dem Hochprozentigen werden jährlich 1,5 Milliarden Liter destilliert. »Wer nicht trinken kann, soll wenigstens am Glas riechen«, heißt es.

Brasilien ist wie ein Zirkus. Bunt, laut, schrill, turbulent – und während der Weltmeisterschaft wird es garantiert noch intensiver werden.

Das Land ist vierundzwanzig Mal so groß wie Deutschland, und natürlich auch größer als der ungeliebte Nachbar Argentinien. Und lässt man Alaska weg, ist Brasilien sogar größer als die USA. Einmal, als ich mit Freunden Urlaub am Amazonas gemacht habe, ist es mir passiert, dass mich Einheimische fragten, wie lange man mit dem Auto von Europa hierher brauche. Was nicht heißt, dass der Brasilianer ungebildet ist. Er interessiert sich nur nicht dafür, was außerhalb seines Landes passiert. Brasilien ist für ihn das Zentrum der Welt. Den Provinzler zieht es im Urlaub nicht nach Europa, er bereist zunächst einmal sein Land.

Aber bleiben wir am Amazonas und in der unglaublichen Natur des Landes. Dort leben etwa 1500 Vogelarten, Schmetterlinge mit einer Spannweite von 25 Zentimetern fliegen umher. Es gibt dort den kleinsten Affen der Welt, den gerade mal 13,6 Zentimeter großen Zwergseidenaffen, und die größte Schlange der Welt. Bis zu zwölf Meter kann die Sucuri, eine Würgeschlange, werden. Angeblich, so heißt es, entdecken Forscher noch heute immer neue Pflanzen- und Tierarten.

Gleichzeitig muss man sagen, dass das Ausmaß der Abholzung und Entwaldung inzwischen schlimme Formen angenommen hat. Der Regenwald in Amazonien ist mittlerweile um eine Fläche der Größe Frankreichs reduziert worden. Die brasilianische Tabakindustrie, die neben der chinesischen, indischen und US-amerikanischen zu den größten Exporteuren weltweit gehört, hat rücksichtslos Naturwälder abgeholzt, um Platz für Plantagen zu gewinnen.

Lange Zeit haben die Brasilianer die Natur als etwas Bedrohliches empfunden. Die Arbeit unter der Sonne hat Erinnerungen an die Sklavenzeit geweckt. Wer, so der naive Glaube, die Natur liebt, zeigt, dass er zu den primitiven Bürgern gehört und nicht zu den wohlhabenden, aufstrebenden Bevölkerungsgruppen. Inzwischen ist das Verständnis allerdings etwas größer geworden. Es gibt Initiativen für den Erhalt des Regenwalds. Man kann Bäume für nur wenige Euros adoptieren und so ihren Bestand sichern. Zudem existiert das Versprechen, für jeden im Dschungel gefällten Baum anderswo einen neuen zu pflanzen.

Die nächste Pflicht für jeden Brasilientourist ist eine Fahrt auf dem Amazonas, dem längsten – oder zweitlängsten, je nachdem welchen Experten man glaubt – Fluss der Welt. In Ägypten behaupten sie steif und fest, der Nil sei der längste Fluss der Welt, und auch bei Wikipedia hat er mit 6852 Kilometern Länge die Spitzenposition inne. Doch auf Bootstouren in Brasilien behaupten die Guides, der Amazonas sei inzwischen der längste Fluss. Das sei das Ergebnis von neuen Vermessungen, wobei sie sich auf Forscher des amtlichen geografischen Instituts von Brasilien und Peru berufen. Man hat sich in den letzten Jahren immer wieder auf die Suche nach dem entferntesten Zufluss gemacht und nach neuen Berechnungen festgestellt, dass der Amazonas länger als 6852 Kilometer sei.

Sein Delta alleine ist so groß wie Belgien. Fest steht in jedem Fall, dass der Amazonas mit seinen 3500 Fischarten und als wasserreichster Strom der Welt ungemein faszinierend ist. Dort, wo er mit dem Rio Negro zusammenfließt, bietet sich ein unvergleichliches Naturspektakel. Das braune, nährstoffreiche Wasser des Amazonas, der zwischendurch einen anderen Namen trägt, fließt mit dem von Humusablagerungen pechschwarz gefärbten Wasser des Rio Negro im gleichen Flussbett nebeneinander her, ohne sich zu vermischen. Grund dafür sind die unterschiedlichen Wassertemperaturen und die verschiedenen Strömungsgeschwindigkeiten. Wer sich das Schauspiel von einem Boot aus ansieht, sieht auf der einen Seite das lehmig-trübe Amazonas-Wasser, auf der anderen das moordunkle Rio-Negro-Wasser. Und in der Mitte eine Linie, wo beide Massen miteinander in Zickzacklinien tänzeln, ohne ineinanderzufließen.

Man sieht Kaimane, Faultiere, Kormorane und kann Piranhas angeln. Weil der Fluss in der Regenzeit um bis zu fünfzehn Meter ansteigt, gibt es Bäume mit meterhoch in der Luft hängenden Wurzelgeflechten, um den Baum auch bei Hochwasser mit Nährstoffen versorgen zu können. Das Tuckern der Bootsmotoren wird vom unüberhörbaren Quaken von Fröschen und gelegentlichen markerschütternden Schreien von Brüllaffen übertönt.

Einmal bin ich mit ein paar Kumpels eineinhalb Tage mit einem Boot über den Amazonas geschippert. Tagsüber war es, von diesen Schreien abgesehen, auf dem Fluss und am Ufer ruhig, nur nachts, wir schliefen im Freien, war es laut. Es war sehr schwül. Die Guides sprangen zur Abkühlung ins Wasser, ich aber hatte Bedenken wegen der Piranhas. Ein Guide sagte: »Hier ist es sicher, hier gibt es keine.« Also bin auch ich mit einem mulmigen Gefühl reingesprungen. Erst nach ein paar Armzügen vergaß ich, dass unter mir kleine, böse Fische mit vielen Zähnen schwimmen könnten … Das Wasser des Amazonas ist sehr eisenhaltig. Wenn man aus dem Wasser kommt, sieht man aus, als habe man in einem Kupferkessel gebadet.

Später am Tag näherte sich eine Unwetterfront, die dunklen Wolken schoben sich uns entgegen. Von einem Moment auf den anderen schüttete es wie aus Feuerwehrschläuchen. Weil die Guides Angst vor dem Gewitter hatten, sprangen sie ins Wasser und tauchten unter! Nach weniger als einer halben Minute, in der die Welt unterzugehen schien, war alles vorbei.

Man startet am besten mit dem Boot in Manaus. Die Stadt wurde einst als »Paris der Tropen« bezeichnet, nachdem sie in den Hochzeiten des Kautschuk-Booms sehr, sehr reich geworden war. Kein Geringerer als Gustave Eiffel entwarf hier einst die berühmte Markthalle. Zur WM wird sie genau wie das weltberühmte Opernhaus in neuem Glanz erstrahlen.

Dann wird hier auch die exotischste Spielstätte der WM stehen, die Amazonas-Arena, von innen wie ein großer Obstkorb anmutend, das Dach mit einer Art Reptilienhaut überzogen. Ein Stadion mitten in der Urwaldmetropole, ein wahres Dschungelcamp. Wegen des extrem schwankenden Wasserstands mussten die Bauarbeiten an den Rhythmus des Flusses angepasst werden. Mal konnten Gerätschaften und Material per Schiff, mal mussten sie mithilfe von Transportflugzeugen angeliefert werden.

Die Arena in Manaus ist das eine Highlight der Weltmeisterschaft. Die andere Super-Arena ist das Maracanã-Stadion in Rio de Janeiro. Angeblich soll es wegen seiner Größe selbst auf Satellitenbildern zu erkennen sein.

1947 war das Maracanã-Stadion von einem Architektenteam um Waldir Ramos, Raphael Galvão, Miguel Feldman, Antônio Dias und Pedro Carneiro für die WM 1950 entworfen worden. An einem Tag im Januar 1948 wurde der Grundstein gelegt. Doch zunächst verzögerte sich der Baubeginn um mehr als sechs Monate, ehe im August unter der Regie von Dr. Paulo Pinheiro Guedes tatsächlich mit der Errichtung des Stadions begonnen wurde. 1500 Arbeiter waren für den Bau des Prestigeobjekts vorgesehen, viel zu wenig, wie sich bald herausstellte. Schnell wuchs die Zahl auf bis zu 5000 Arbeiter an. Doch auch die reichten nicht aus, sodass sogar Soldaten zur Unterstützung angefordert werden mussten. In Wechselschichten wurde Tag und Nacht mit bis zu 10000 Mann geschuftet, und trotzdem musste die geplante Eröffnungsfeier um fast einen Monat vom 25. Mai auf den 16. Juni 1950 verschoben werden.

10000 Tonnen Zement wurden verbaut, 50000 Kubikmeter Sand, drei Millionen Ziegelsteine und 195000 Kilo Nägel. Die aus drei Rängen bestehenden Tribünen sind nicht besonders hoch, dafür weit. Von den hintersten Rängen bis zum Anstoßpunkt des Stadions sind es 128 Meter. Die Menschen sitzen auf Betonbänken, für die VIP-Gäste gab es allerdings schon damals 300 Logen mit jeweils fünf Plätzen. Im gesamten Stadion sind 90 Zigarettenständer verteilt, es gibt 45 Bonbonständer, 20 Pressekabinen und 86 Telefonanschlüsse. Wer damals das Privileg genoss, mit dem Auto anzureisen, konnte sich sogar über einen Tank- und Reparaturservice freuen. Der Rasen war extra auf den Bahamas angelegt worden, die Presse bezeichnete ihn als Wunderrasen.

Als das Stadion mit einem Eröffnungsspiel zwischen zwei Auswahlmannschaften von Rio und São Paulo eingeweiht wurde (Endstand 3:1), glich es noch immer einer Baustelle. Selbst beim WM-Eröffnungsspiel acht Tage später waren noch immer frei liegende Leitungen zu sehen, Baugerüste waren zum Teil noch nicht entfernt, und überall stapelten sich Zementsäcke. Trotzdem schwärmte Fifa-Präsident Jules Rimet: »Man kann dieses Stadion nur mit dem Kolosseum von Rom vergleichen.«

Für 180 000 Zuschauer war es geplant, bei der Eröffnung im Juni 1950 passten dann sogar 200 000 Menschen hinein. Pelé erzielte im November 1969 hier sein 1000. Tor und befand einmal: »Ohne Maracanã wäre ich nicht der geworden, der ich bin.« Frank Sinatra hat hier gesungen, und Papst Johannes Paul II. hat 1980 und 1997 zwei Messen gehalten. Seit 2010 wurde das Maracanã-Stadion für über 300 Millionen Euro modernisiert. Hier wird 2014 das WM-Finale gespielt. Aber das Maracanã hat, zumindest von außen, seinen Charakter verändert. Es ist jetzt ein Fifa-Stadion. Es ist für 80 000 Zuschauer konzipiert, trägt zwar weiterhin einen Namen wie ein Mythos, ist aber austauschbar. Eine moderne Funktionsarena ist entstanden, die überall auf der Welt stehen könnte. Wenn allerdings Brasilien spielt, herrscht hier nach wie vor eine faszinierende Atmosphäre.

Ich hatte das Glück, das Finale des Confederation-Cups gegen Spanien kommentieren zu dürfen. Es war ein großartiger Vorgeschmack auf die WM. Das gesamte Stadion sah aus wie ein Sonnenblumenfeld. Und als Brasilien diese Mini-WM gewann, erlebte ich dann doch dieses einzigartige Flair – die Maracanã-Atmosphäre eben.

Neben dem Fußball zählt Rodeo zu den größten Sportveranstaltungen des Landes. Es gab einmal einen Stier, der im Land einen größeren Bekanntheitsgrad hatte als bei uns das zehn Millionen Euro teure Wunderpferd Totilas: Der Stier Bandido galt als unumstrittener Star. Er hatte etwa zweihundert tollkühne Männer abgeworfen, nie konnte sich jemand länger als vier Sekunden auf seinem Rücken halten. Der Stier wurde als »Nummer eins der Welt« glorifiziert. Wenn er mit einer Tonne Muskeln durch die Arenen sprang, Pirouetten drehte und seine Hinterläufe in die Luft riss, schüttelte er seine Reiter wie Stoffpuppen durch. Bandido war sogar in der beliebten brasilianischen Telenovela »American« zu sehen. Als er 2009 starb, kamen zweihundert Menschen zu seinem Begräbnis.

In Brasilien gibt es jährlich mehr als 1200 Rodeo-Veranstaltungen. Manche haben etwas von Rockfestivals und gehen über mehrere Tage. Dann sind die Hotelzimmer schon Monate vorher ausgebucht und es gibt kaum genug Zimmer, sodass Fans gezwungen sind, zu Tausenden auf Zuckerrohrplantagen zu zelten. In der Provinz sind Rodeoreiter fast so populär wie Fußballspieler. Natürlich verdienen sie nicht ansatzweise so gut, trotzdem werden sie lautstark von Fans umjubelt und von Groupies angehimmelt.

Es gibt acht Disziplinen, unter anderem das »Bulldogging«, also das Überwältigen von jungen Stieren, oder das »Bareback«, das Reiten eines Pferdes ohne Sattel. Königsdisziplin ist natürlich das Bullenreiten, bei dem die Cowboys sich mindestens acht Sekunden auf dem bockenden Stier halten müssen, wobei sie sich nur mit einer Hand am Sattel festkrallen dürfen. Das wohl größte Rodeospektakel findet in Barretos, rund 400 Kilometer nordwestlich von São Paulo, statt. In der zweiten Augusthälfte verwandelt sich diese beschauliche Provinzstadt mit 100 000 Einwohnern in Brasiliens Rodeohochburg mit 400 Cowboys und Stieren und mehr als 1000 Pferden. Seit 1956 gibt es diese Tradition, die heute eine Million Besucher an elf Tagen anlockt. Die Brasilianer, die weltweit die meisten Rinder züchten, lieben ihr Rodeo. Sie zelebrieren es. Allerdings ist ein Fußballspiel dann doch wichtiger.

Ich bin davon überzeugt, dass wir eine packende Weltmeisterschaft erleben werden. Mit fertigen Stadien, einer einzigartigen Stimmung und vor allem ohne große Gefahren. Es stimmt, dass in Brasilien pro Jahr rund 50 000 Menschen infolge von Gewalt sterben. Die Tatorte sind meist in den Favelas, den Armenvierteln, die in allen Großstädten zum Stadtbild gehören wie in Rio der Zuckerhut und die Copacabana. Allein dort gibt es nach Schätzungen zwischen 800 und 1000 Favelas, in denen zwanzig Prozent der Stadteinwohner, also rund 1,7 Millionen Menschen leben. Brasilien ist an sich ein reiches Land, nur ist der Reichtum so ungleich verteilt wie sonst kaum irgendwo auf der Welt. Rund fünfzig Prozent der Bevölkerung müssen sich mit zehn Prozent des Volksvermögens zufriedengeben. Sieben von zehn Brasilianern aus den untersten sozialen Schichten haben so gut wie keine Chance aufzusteigen. Der durchschnittliche Bauarbeiter hat einen Bildungsstand, so die Zahlen des Forschungsinstituts Ipea, der dem eines elfjährigen Kindes entspricht. Und es gilt: Wer in einer Favela zur Welt kommt, der wird hier auch sterben.

Staat und Regierung interessierten sich lange Zeit nicht für die Armenviertel, sie überließen sie quasi sich selbst. So entstanden riesige, undurchsichtige Gemeinschaften mit bis zu 150 000 Einwohnern. Die meisten Häuser wurden von den Bewohnern eigenhändig zusammengezimmert. Müll liegt auf dem Boden, nur die wenigsten Straßen sind asphaltiert. Durch die meisten Gassen passen keine Autos. Wäsche hängt von einer Hauswand zur anderen gespannt, Kinder laufen umher. Kinder, für die der Anblick von Maschinenpistolen nichts Ungewöhnliches ist. Drogendealer patrouillieren bewaffnet auf Mopeds durch die Straßen. Zumindest war das in der Vergangenheit so.

Seit der Vergabe der WM und der Olympischen Spiele an

Brasilien hat die Regierung es sich zur Aufgabe gemacht, die Favelas, die ihren Namen von der robusten Favela-Pflanze haben, zurückzuerobern. Jahrzehntelang wurden sie von Drogenbaronen kontrolliert, inzwischen gibt es regelmäßige Kontrollen durch die Polizei. 2012 wurde Drogenboss Antônio Francisco Bonfim Lopes alias »Nem« (Niemand) gefasst. Die Polizeibeamten widerstanden den angebotenen 400 000 Euro Bestechungsgeld, um ihn laufen zu lassen. Bei Razzias in den Favelas Manguinhos und Jacarezinho wurden zehn Kilo Kokainpaste, vierzig Kilo Kokain, Marihuana und Waffen sichergestellt.

Um eine erhöhte Polizeipräsenz in den Favelas sicherzustellen, müssen inzwischen alle Rekruten der militarisierten Polizei ein »Praktikum« in der Rocinha, der größten Favela von Rio, absolvieren. Zudem sollen 4000 Polizisten speziell für den Dienst in Favelas ausgebildet werden. Und zur WM soll dort die Zahl der sogenannten Nachbarschaftspolizisten auf insgesamt 12 000 erhöht werden.

Neben der drastisch erhöhten Polizeipräsenz hat die Regierung mehr als 100 Millionen Euro in eine Seilbahn investiert, die den Favela-Bewohnern Anschluss an das Schnellbahnsystem der Stadt ermöglicht. So werden sie zu Pendlern, die regulären Arbeiten auch in weiter entfernten Gegenden nachkommen können. Natürlich verbessert das alles nicht die Situation von heute auf morgen, aber es tut sich endlich etwas. Schon bei den Panamerikanischen Spielen 2007 und den Militärweltspielen 2011, kleinen Generalproben für die WM und die Olympischen Spiele 2016, gab es keine Gewaltexzesse. Brasilien hat sich vernünftig präsentiert. Und so wird es auch bei der Fußball-WM sein, nicht nur, aber auch, weil im Oktober desselben Jahres Wahlen stattfinden und sich keine Regierung durch eine schlechte WM blamieren möchte.

1980 bin ich selber einmal Opfer eines kleinen Überfalls geworden. In Salvador, der drittgrößten Stadt Brasiliens, gibt es eine Oberstadt und eine siebzig Meter tiefer gelegene Unterstadt. Man kann mit dem Fahrstuhl von dem einen in den anderen Teil gelangen. Man kann aber auch, wovor die Einheimischen allerdings nach Einbruch der Dunkelheit warnen, die Treppe nehmen. Und das tat ich. Schließlich war ich ein junger Kerl, hatte ein Paar Caipirinhas getrunken, fühlte mich stark und sprach portugiesisch. Schon nach ein paar Stufen stand ein Kerl vor mir, drückte mir ein Messer in die Rippen und verlangte, dass ich ihm mein Geld, meine Uhr, meine Schuhe und meine Brille geben solle. Er hatte nicht damit gerechnet, dass ich fließend seine Sprache konnte, und war überrascht, als ich ihn fragte, ob er sie noch alle hätte. »Du bekommst meine Brille nicht. Sonst renn ich gegen die nächste Mauer.« »Dann gibst du mir halt deine Schuhe, deine Uhr und dein Geld«, sagte er und begann, mit mir zu verhandeln. Auch damit war ich nicht einverstanden. »Weißt du, wo ich wohne? Ich wohne in der Nähe des Leuchtturms. Das sind sieben Kilometer. Ich kann doch keine sieben Kilometer ohne Schuhe über Kopfsteinpflaster laufen.« Daraufhin öffnete er meinen Geldbeutel, zog ein paar Scheine heraus, drückte sie mir in die Hand und sagte: »Das reicht für ein Taxi nach Hause.« Ich konnte dem Kerl irgendwie nicht böse sein. Am Ende verabschiedete er sich sogar mit den Worten: »Pass auf, ist gefährlich hier.«

Ich will Gewalt und Verbrechen keineswegs verharmlosen. Aber ich finde es übertrieben, welche Schreckensszenarien im Vorfeld solcher Turniere aufgezeigt werden. In Südafrika, da muss ich mich wiederholen, hat es 2010 eine wundervolle WM gegeben. Ohne Mord und Totschlag und ohne dass es zu den prognostizierten Verbrechen kam. Und auch ich bin bei ein paar Dutzend Brasilienreisen nur dieses eine Mal bedroht worden.

So glaube ich auch für Brasilien an eine unvergessliche Weltmeisterschaft. Das Land wird sich herausputzen und erstrahlen. Es wird glänzen wie die von Paul Landowski entworfene Christusfigur. 1931 wurde sie anlässlich des 100. Jahrestags der brasilianischen Unabhängigkeit eingeweiht. Seither steht die

38 Meter hohe Statue (inklusive Sockel) auf dem 710 Meter hohen Morro do Corcovado und wacht über Rio, allerdings vorwiegend mit Blickrichtung zur Zona Sul, der reichen Gegend Rios – und mit dem Rücken zu den Elendshügeln. Allein ihr Kopf wiegt dreißig Tonnen. 1,8 Millionen Menschen strömen jährlich zu der Christusfigur, auch um den fantastischen Rundumblick über die perfekt geschwungenen, von smaragdgrünem Wasser umspülten Buchten mit ihren hellen Sandstränden zu genießen. Dazwischen die grünen Hügel, von Regenwald überwuchert, und ein Häusermeer aus weiß gekalkten Häusern der Reichen und bunten Hütten der Favelas.

Ich war schon oft bei der Statue, allerdings immer in Arbeitszusammenhängen. Hier oben herrscht ein einziges Stimmenwirrwarr aus Japanisch, Deutsch, Französisch oder Englisch – Portugiesisch hört man nur selten. Man hat hier einen der bemerkenswertesten Aussichtspunkte der Welt. Es ist unfassbar schön. Die Brasilianer selbst erklimmen jedoch vor allem abends den Corcovado, um bei einem schönen Picknick den Sonnenuntergang zu genießen.

Seit gut achtzig Jahren ist die Erlöserstatue jedem Wind und Wetter ausgesetzt. Mal brennt ihr die Sonne bei mehr als vierzig Grad aufs Haupt, dann ziehen Wolken auf und verschlucken das Monument, bis absolut nichts mehr von ihm zu sehen ist. Ein andermal peitschen wieder Regen und Wind mit bis zu 200 Stundenkilometern über den Corcovado. Das alles setzt der Figur so zu, dass sie bereits vier Mal restauriert werden musste. Im Sommer 2010 war dann eine Komplettsanierung fällig, die vier Monate dauerte. Drei Millionen Euro hat die Restaurierung verschlungen, 60 000 Steinchen mussten im Mosaik ersetzt werden. »Wenn ich das verbockt hätte, hätte ich für immer das Land verlassen müssen«, gab Restauratorin Márcia Braga zu. Sie durfte bleiben. *Cristo Redentor*, der Erlöser, glänzt schöner denn je, und pünktlich zur Weltmeisterschaft sogar in neuem Licht. Im Zuge der Sanierung wurde ein Beleuchtungssystem installiert, damit das Monument in Gelb und Grün, den Farben der brasilianischen Nationalflagge, angestrahlt werden kann. Vielleicht sagen die Einheimischen auch deshalb: »Deus é brasileiro.« Gott ist Brasilianer.

Lassen Sie dieses wundervolle Land unvoreingenommen auf sich wirken, lassen Sie sich verzaubern. Und rufen Sie den Menschen ein fröhliches »Oi« zu oder ein »Obrigado«. Das war es nämlich, was Tom Cruise eigentlich hatte sagen wollen, wäre ihm da nicht die Verwechslung von Portugiesisch mit Spanisch unterlaufen.

Seien Sie offen und staunen Sie. Dann werden die Brasilianer Sie lieben. Und Sie werden Brasilien lieben.

»Mir fällt da noch was ein«

Carlos Alberto Torres war der Kapitän von Brasiliens legendärer Weltmeistermannschaft 1970. Im Finale gegen Italien erzielte er das 4:1 mit einem krachenden Schuss von der Strafraumgrenze, nachdem sich die Brasilianer den Ball zuvor über neun Stationen zugeschoben hatten. Der Treffer wurde als das »perfekte Tor« bezeichnet. Torres gilt als einer der besten Verteidiger aller Zeiten. Beim FC Santos und bei New York Cosmos spielte er zusammen mit Pelé in einer Mannschaft.

Frage: *Die Vorfreude auf die WM wurde durch die Entlassung von Mano Menezes getrübt. Romário bezeichnete ihn als Idioten und twitterte am Tag seiner Entlassung: »Heute ist ein historischer Tag. Brasilien muss ein Feuerwerk zünden, ein Fest feiern.« War Mano Menezes wirklich so schlecht für Brasilien?*

Carlos Alberto Torres: Ich mag es nicht, die Aussagen und Behauptungen anderer zu kommentieren. Das ist kein guter Stil. Ich persönlich bin aber der Überzeugung, dass Mano Menezes kein guter Trainer war. Er hat es nicht geschafft, eine funktionierende Mannschaft zu formen, mit der man bei einer Weltmeisterschaft hätte antreten können. Er hat viel probiert, immer wieder neue Spieler berufen, aber keine Einheit geschaffen. Die Seleção hatte unter ihm nicht das Prädikat »Nationalmannschaft« verdient.

Frage: *Inzwischen ist Felipe Scolari wieder Nationaltrainer. Was hat er, was Menezes nicht hatte?*

Carlos Alberto Torres: Felipao ist ein erfahrener Trainer, er war bereits Weltmeister. Er weiß, im Gegensatz zu Menezes, wie man Mannschaften formt, damit sie funktionieren. Aber Erfahrung bedeutet nicht, dass wir automatisch bessere Ergebnisse erzielen werden.

Frage: *Scolari führte Brasilien 2002 zum WM-Titel. Er arbeitete anschließend erfolgreich mit Portugal. Zuletzt blieb bei Chelsea, Bunjodkor Taschkent und beim SC Palmeiras der große Triumph aus. Warum gibt es dennoch keine Zweifel an Scolari?*

Carlos Alberto Torres: Eben wegen des Titels 2002. Dieser Erfolg ist noch sehr präsent in den Köpfen der Menschen. Sie halten Scolari für einen Erfolgstrainer. Deshalb gibt es keine großen Zweifel an ihm. Ihn als Nationaltrainer zurückzuholen, wird als risikoarme Entscheidung gesehen.

Frage: *Ist Scolari die personifizierte Titelgarantie?*

Carlos Alberto Torres: Das sehe ich nicht so. Er allein kann uns Brasilianern keine Garantie geben.

Frage: *Pelé kündigte bereits an: »Die WM 2006 in Deutschland war schon überragend. Doch die WM bei uns wird noch eine Klasse besser.« Warum?*

Carlos Alberto Torres: Fragen Sie Pelé, was er damit meinte. Ich habe schon gesagt, dass ich keine Äußerungen von anderen kommentiere.

Frage: *Die Brasilianer feiern so ausgelassen wie kaum ein zweites Volk. Wird die WM 2014 die größte Party der Welt?*

Carlos Alberto Torres: Das wünsche ich mir von Herzen. Das Land bereitet sich so intensiv auf dieses Ereignis vor. Wir Brasilianer wollen die Welt begeistern. Die Vorfreude, dass es bald endlich so weit ist, ist gigantisch.

Frage: *Bei der letzten Heim-WM 1950 wurden nach dem verlorenen Finale Radio- und TV-Geräte aus den Fenstern geworfen. Es gab Selbstmorde aus Verzweiflung. Nach der Niederlage musste der Trainer in Frauenkleidern aus dem Stadion flüchten, Torwart Barbosa wurde noch Jahrzehnte später geächtet. Was erwarten Sie von den Brasilianern, sollte Brasilien nicht Weltmeister werden?*

Carlos Alberto Torres: Die Identifikation mit den Spielern ist eine ganz andere als 1950. Sie ist nicht so groß wie damals. Die wichtigsten Spieler spielen heute über die ganze Welt verteilt. Außerdem haben die Brasilianer ein besseres Verständnis dafür, wie unrealistisch der WM-Titel für uns ist. Wir sind nicht so sehr Favorit wie vor 64 Jahren. Damals hat jeder an den Titel geglaubt. Heute wissen wir, dass Brasilien kein WM-Favorit ist. Wir wären traurig, wenn wir den Titel nicht holen. Aber solche Szenen wie 1950 wird es nicht noch einmal geben.

Frage: *Als Deutschland bei der Heim-WM 2006 Dritter wurde, feierte ein ganzes Land seine Helden. Für Brasilianer ist es undenkbar, einen dritten Platz zu feiern, oder?*

Carlos Alberto Torres: Da haben Sie wohl recht. Ich kann es mir beim besten Willen nicht vorstellen, dass Brasilianer einen dritten Platz feiern. In unserer Kultur gilt nur der Sieg als Erfolg.

Frage: *195 Millionen Menschen werden Trainer Scolari auf den Schultern sitzen. Die Erwartungen an die Spieler werden unermesslich hoch sein. Kann die Mannschaft diesen Druck überhaupt aushalten?*

Carlos Alberto Torres: Für Brasilien zu spielen, ist immer ein großer Druck – wahrscheinlich größer als in den meisten anderen Ländern der Welt. Wenn dann noch dazu kommt, im eigenen Land anzutreten, dann wird er noch größer – auch wenn das eigentlich kaum möglich ist. Ich bin selbst gespannt, wie die Mannschaft damit umgeht.

Frage: *Dunga sagte einst: »Wenn man Brasilianer ist, reicht es nicht, sich einfach das Trikot überzustreifen. Wir müssen den schönsten Fußball spielen, der überhaupt möglich ist.« Und Rivaldo beschrieb nach dem WM-Sieg 1970 den Druck so: »Ich wurde vor Erleichterung ohnmächtig.« Ist der Druck, der 2014 auf der Nationalmannschaft lastet, schier unmenschlich?*

Carlos Alberto Torres: Brasilien hat in seiner Geschichte sehr oft den Druck bewältigt. Unmenschlich ist er nicht – wir haben die Herausforderung ja bereits mehrfach bewältigt.

Frage: *Ich behaupte, Brasilien wird nicht Weltmeister, weil der Druck zu hoch und der Stress zu groß ist. Die Mannschaft spielt ihre Vorrundenspiele über ganz Brasilien verteilt, sie hat Reisestress wie kein anderes Team. Richtig oder falsch?*

Carlos Alberto Torres: Ich denke, die meisten Experten werden wie immer Brasilien, Deutschland, Argentinien und Italien in den Favoritenkreis heben. Aber aktuell hat die Mannschaft nicht so große Erfahrung. Ich glaube, dass Brasilien 2018 in Russland sehr viel erreichen kann. Die WM 2014 kommt für diese Mannschaft ein bisschen zu früh.

Epilog

Im Gegensatz zu den Printkollegen können wir TV-Kommentatoren bei missglückten Formulierungen nicht einfach die Löschtaste drücken und einen neuen Anlauf nehmen. Für uns gibt es keinen doppelten Boden. So sind manche Formulierungen ein großes Fest für die Kritiken der Printkollegen, über die man sich oft amüsiert, aber – zugegeben – gelegentlich auch ärgern muss. Vor allem, wenn Dinge aus dem Zusammenhang gerissen werden. Gegen eine sachliche Kritik ist nichts einzuwenden, sie kann sogar hilfreich sein. Ich wundere mich nur immer wieder über den aggressiven Ton gegenüber Kollegen und über die Hybris, sich über sie zu erheben, als hätte man nicht genug Anlass, eigene Fehlleistungen zu korrigieren. Wenn ich inhaltlich danebenliege und falsche Einschätzungen abgebe, ist es freilich legitim, solche Fehler zu benennen.

Aber so ist es häufig. Als Jürgen Klopp 2005, damals noch ein nahezu Unbekannter, unser TV-Experte wurde, wurde er zunächst belächelt und nicht ganz ernst genommen. Wie es denn sein könne, dass ein unrasierter Trainer von Mainz 05 (wo er bis 2008 arbeitete) nun Deutschland erklären könne, wie Fußball funktioniert? Doch was sagt denn ein Bart oder das Aussehen über die Qualifikation aus? Wie kommt man dazu, Klopp deshalb nicht als hochwertigen Fußballexperten anzuerkennen? Zum Glück strafte er alle Lügen.

Ohne besondere Vorbereitung stellte er sich hin und erklärte den Fernsehzuschauern, ganz auf seine Fähigkeiten vertrauend, was beim Confed-Cup 2005 und dann bei der WM 2006 auf dem Platz richtig und falsch lief. »Ein Chirurg muss sich vor einer Operation ja auch nicht jeden Schnitt noch mal neu überlegen«, sagte er denen, die meinten, er müsse sich aber vorbereiten. Und denen, die anfänglich sein Auftreten belächelten, entgegnete er lässig: »Es gibt vermutlich nicht wenige, die denken, ich bin ein Schwachmat.« Nach der WM wurde der »Schwachmat« zum »TV-Bundestrainer« erklärt und erhielt im Oktober 2006 zusammen mit Johannes B. Kerner und Urs Meier den Deutschen Fernsehpreis für die beste Sportsendung.

Spannend finde ich auch, wie unterschiedlich meine Arbeit bewertet wird. Zu Beginn der Europameisterschaft 2012 in Polen und der Ukraine machte *Bild* eine Umfrage, wen die Leute für den besten EM-Kommentator halten. Mit vierzig Prozent der Stimmen und großem Vorsprung landete ich auf Platz eins. Eine Woche später die große Überraschung: Nach einer erneuten Umfrage hieß es, man solle mir den Ton abdrehen. Fünfunddreißig Prozent der *Bild.de*-User waren dieser Meinung.

Auch die Bewertung des Bildausfalls, der bei der Europameisterschaft 2008 für Schlagzeilen sorgte, war vollkommen unterschiedlich. Es war einer der dramatischsten Momente meiner Fernsehkarriere. Deutschland spielte im Halbfinale gegen die Türkei, es stand 1:1. Dann, um 22.01 Uhr, es lief gerade die 58. Minute, fielen plötzlich Bild und Ton aus. Eine Störungsmeldung wurde eingeblendet: »Die Leitungen aus Basel sind unterbrochen. Wir bitten um etwas Geduld.« Zwei Minuten dauerte das, dann wurde ein Foto von mir mit Kopfhörern und Mikro eingeblendet, man konnte mich nur hören. Zuvor hatte ich die kurze Anweisung bekommen: »Mach mal Radio.« Das tat ich und versprach den Zuschauern, sie würden zumindest akustisch nichts verpassen.

Es war eine langweilige Phase, die Türken spielten sich die Bälle über vierzig Sekunden lang zu, ehe ein deutscher Spieler mal dazwischenging. Passstafetten im Mittelfeld, viele Bälle gingen ins Aus. Es geschah nichts, was Emotionen erfordert hätte. Nach 6:20 Minuten ist das Bild plötzlich wieder da.

Aber nur kurz. In der 77. Minute fällt es erneut für 44 Sekunden aus. Die Ursache für das Chaos waren Stromausfälle, ausgelöst durch heftige Gewitter in Wien. Die Uefa, die die Hoheit über das Bildsignal besitzt, hatte am Spielort in Basel keine Notstromaggregate vorgesehen. Das lokale Schweizer Fernsehen war jedoch entsprechend ausgestattet und konnte somit weiter senden. Als einzigem weiteren europäischen Sender gelang es uns, uns beim Schweizer Sender SFR einzuklinken, sodass wir im Gegensatz zu den anderen Ländern wieder Bilder und damit das 2:1, das 2:2 und das 3:2 live zeigen konnten. Einziges Problem: Die Schweizer Bilder kamen mit einer Verzögerung von drei Sekunden im deutschen Fernsehen an. Da mein »Radio-Kommentar« über eine andere Leitung gesendet wurde, gab es eine Bild-Ton-Schere. Ich kommentierte Szenen, die erst einen Moment später zu sehen waren. So kam es auch, dass ich bereits über den Treffer von Miroslav Klose jubelte, während auf den deutschen Bildschirmen noch die Flanke zum Torschützen unterwegs war.

Mit dieser kuriosen Geschichte landete ich auf der ersten Seite der *Bild*. Sie wollten wissen, wie ich die chaotische Nacht, in der Philipp Lahm Deutschland mit seinem Tor in der 90. Minute ins Finale schoss, erlebt hatte. Auch *Spiegel online* machte ein großes Interview mit mir unter der Überschrift: »Das macht einen über Nacht berühmt«. RTL rief an, in der *Berliner Morgenpost* landete ich in der Rubrik »Kopf des Tages«. Letztlich bekam ich für die Improvisation einen Preis für die emotionalste Fernsehreportage des Jahres, gewählt von den Lesern der *Bild*-Zeitung. Dennoch wertete die *Frankfurter Rundschau* meine Arbeit an diesem besonderen Abend als »verpasste Chance«.

Mit solchen Meinungen muss man leben, das ist der Preis, wenn man vor einem Millionenpublikum arbeitet. Manchmal bin ich im Übrigen recht froh, den Geschmack des einen oder anderen nicht getroffen zu haben, und ich weiß, dass Sportkommentatoren seit jeher zu den streitbarsten Figuren gehören.

Millionen lieben uns, Millionen hassen uns. Ein paar Hunderttausende meinen, sie könnten unseren Job besser. Das ist so, und das ist auch gut so.

Es gibt viele Beispiele für unterschiedlichste Kritiken. Bei der letzten Europameisterschaft wurde 2012 das Spiel Frankreich – Ukraine wegen heftigen Unwetters unterbrochen. Die Spieler verließen den Platz, es schüttete, nichts passierte, trotzdem musste ich weiter kommentieren. Die *Welt am Sonntag* schrieb hinterher in ihrer Rubrik TV-Tops: »ZDF-Kommentator Béla Réthy behält den Überblick und referiert feinsinnig über die Blitztabelle in Gruppe D. ›Es gibt kaum einen passenderen Termin für eine Blitztabelle als heute.‹« Die *Tageszeitung* befand unter der Überschrift »Réthy ganz groß«: »Was Fußball- und Naturdokufans in dieser knapp einstündigen Spielunterbrechung geboten wurde, gehört zu den bisher unterhaltsamsten Minuten dieser EM. Lustvoll beschrieb Réthy, was über und im Stadion vor sich ging. Sieben Blitze durften die Zuschauer miterleben (›Für die Freunde der Statistik‹), dazu ratlose Spieler und durch den Regen tanzende Fans. (…) Wie einst in Madrid, als das erste Tor schon vor dem Spiel fiel und Marcel Reif und Günther Jauch durch den Abend kalauerten, ließ Réthy seiner Improvisationslust freien Lauf.«

Natürlich liest man so etwas gerne. Dann gab es aber noch die Verrisse vom *Tagesspiegel* und wieder mal der *Frankfurter Rundschau*. Man könne in diesen Momenten »zur Reporterlegende werden«, hieß es. »Günther Jauch und Marcel Reif haben das vorgemacht. (…) ZDF-Kommentator Béla Réthy entging der Legendenwerdung in Extremsituationen bisher. (…) An den Bildern zumindest, die aus dem Stadion während der einstündigen Regenpause übertragen wurden, kommentierten Réthy und sein kurzzeitig zum Sidekick umfunktionierter Kartenanreicher Martin Schneider konsequent vorbei.« Und ich wurde wie folgt in die Pfanne gehauen: »Für einen Fernsehmann, dessen ganzes Berufsleben durch ein 90-Minuten-Format definiert ist, kann der Eintritt des Unerwarteten der Horror sein. Improvisation ist nicht jedermanns Sache. Günther Jauch und Marcel Reif haben sich mal einen Fernsehpreis zusammengequatscht, als sie beim Champions-League-Halbfinale 1998 zwischen Real Madrid und Borussia Dortmund 78 Minuten ohne Ball auskommen mussten. (…) Der Ball rollt, Réthy ist erleichtert. Endlich wieder Fußball. Kein Wort mehr zum Wetter. Wahrscheinlich hat Réthy jetzt ein Regentrauma. Eine Stunde kann lang werden, so ganz allein mit Béla Réthy. Der Wettergott hat ein Einsehen gehabt und den Regen abgestellt.«

Natürlich kommt der Vergleich zu Jauch und Reif. Aber auch in diesem Fall führt mangelnde Recherche zu journalistischen Fehlleistungen. Denn die brillante Performance von Jauch und Reif war unter anderem dadurch möglich, dass sie fünf Kameras zur Unterstützung hatten. RTL hatte direkt aus dem Stadion gesendet, mit aller verfügbaren Logistik. Jauch und Reif, um es plakativ zu machen, hatten Hightech-Spielzeug, mit dem sie sensationelle Arbeit geleistet haben. Ich hatte Holzbauklötze, mit denen nicht mehr möglich war. Es ist aber auch einfach, sich hinter der Zeitung zu verstecken und dann über mich oder Kollegen zu wettern, schließlich kritisiert man ja jemanden, dem man sehr wahrscheinlich nie direkt Rede und Antwort stehen muss.

Da lobe ich mir Uli Hoeneß. Der Bayern-Präsident sagt offen heraus, wenn ihm etwas nicht passt. 2007 rief er mich an. »Hier ist Hoeneß«, meldete er sich an einem Montag im Oktober. Zuvor hatten seine Bayern beim CF Belenenses Lissabon in der ersten Runde des Uefa-Cups mit 2:0 gewonnen und sich so den Einzug in die zweite Runde gesichert. Ich war in meiner Live-Reportage kritisch, Bayern hatte einen ganz schrecklichen Fußball gespielt. Weil ich dann am Sonntag im »Doppelpass« saß und die ebenfalls mäßige Leistung der deutschen Fußballnationalmannschaft im Qualifikationsspiel gegen Irland verteidigt habe (»Ein gutes Pferd springt nur so hoch wie es muss«), explodierte Hoeneß am anderen Ende der Leitung. »Ich muss mich bei Ihnen beschweren, Herr Réthy. Sie machen sich unglaubwürdig, messen mit zweierlei Ellen. Wenn Sie bei der Nationalmannschaft über eine schwache Leistung hinwegsehen, dann müssen Sie den FC Bayern genauso behandeln. Das war ein hervorragendes Ergebnis. Und Sie wollen es uns madig machen. Das ist unverschämt. Sie haben einen großen Namen. Auf Ihre Stimme wird gehört. Sie schaden Ihrer eigenen Reputation, wenn Sie mit zweierlei Maß messen.« Mit jedem Wort wuchs sein Zorn an. Er wurde lauter und redete sich in Rage.

»Ich messe Bayern München an Bayern München und nicht an Arminia Bielefeld oder Energie Cottbus«, entgegnete ich ihm nur und fragte, wie er das Spiel denn gesehen habe.

»Ich fand es auch nicht gut«, gab Hoeneß zu.

Ich entgegnete: »Ich bin nicht beim FC Bayern unter Vertrag und erlaube mir eine objektive Sicht der Dinge.« Die Diskussion ging noch zwanzig Minuten weiter.

Als wir uns einen Monat später in Porto trafen, kam er lachend auf mich zu, um mich zu begrüßen. Sofort fragte ich ihn, ob alles wieder gut sei? Und Hoeneß sagte: »Wieso? Was war denn los? Ich wollte Ihnen zu einem bestimmten Punkt meine Sichtweise erklären, und damit ist es erledigt.«

Diese Art der fairen Diskussion wünsche ich mir.

Anhang
Meine schönsten Versprecher – und ein paar gute Sprüche

Zu guter Letzt ein kleiner Auszug eines Fehlbaren:

1. Beim Spiel zwischen Benfica Lissabon und München im Achtelfinale der Uefa-Cup-Saison 1995/96 hatte sich ein Bayern-Spieler in der eigenen Hälfte verletzt. Eine Menschentraube aus Kollegen und Ärzten war über ihn gebeugt. Ich dachte, es sei Alexander Zickler, über den ich anschließend zweieinhalb Minuten sprach. Dann löste sich die Menschentraube auf und ich sagte: »Und im Übrigen war es Christian Nerlinger.«

2. Bei der Fußball-Weltmeisterschaft 2002 war meine Mutter sauer auf mich. Ich kommentierte das Finale zwischen Deutschland und Brasilien. Eine Kamera schwenkte über die Tribüne, fing Bilder der Promis ein, unter anderem vom französischen Filmstar Jean-Paul Belmondo. Den kannte ich natürlich und erklärte: »Und hier sieht man den französischen Filmstar Belmondo neben …« Es folgt eine lange Pause. Schon während ich sprach, wusste ich, dass ich keine Ahnung hatte, wer diese Frau an seiner Seite war. Also blieb mir nichts übrig, als den Satz mit einem unschönen »kenn ich nicht« zu beenden. Als ich anschließend mit meiner Mutter sprach, schimpfte sie. »Du musst doch wissen, dass das Nathalie Tardivel ist. Das steht doch überall.«

3. »Ziege ist umgeknickt. Scheint sich um eine Schulterverletzung zu handeln.« Der Satz ist in vielen Foren zu finden. Ich muss auch schmunzeln, wenn ich ihn so lese, das gebe ich zu. Im Spiel war es damals allerdings so, dass ich zwischen dem ersten und zweiten Teil des Satzes bestimmt zehn Sekunden geschwiegen habe. Zunächst sah es nämlich so aus, als sei er umgeknickt. Erst nach wenigen Sekunden am Boden fasste sich Ziege an die Schulter.

4. »Jetzt kommt einer, der in der Lage ist, im eins gegen eins Überzahl zu schaffen.« Was ich mir dabei gedacht habe, weiß ich selber nicht.

5. »Nowotny – für mich einer von vieren, die gesetzt sind. Außer ihm noch Kahn, Bierhoff, Kirsten und Matthäus.« Ich hatte im Abitur eine Fünf in Mathe. Vielleicht erklärt das, warum ich nicht bis fünf zählen kann.

6. »Angreifen macht der Nordkoreaner nicht so gerne.« Bei der Weltmeisterschaft 2010 setzte Nordkoreas Trainer Kim Jong-Hun auf ein 5-4-1-System, also totale Defensive. Da ich ein sehr politischer Mensch bin und die Nordkoreaner ein komisches Volk mit einer komischen Politik sind, wollte ich mir den ironischen Kommentar nicht verkneifen. Da ich damit niemanden beleidigt habe, durfte ich mir so einen Seitenhieb erlauben. Brasilien tat sich übrigens schwer und siegte am Ende mit 2:1.

7. Nachdem Spanien bei der EM 2012 Italien mit 4:0 im Finale abfertigte und Gerard Piqué den Pokal in die Höhe reckte, sagte ich: »Piqué, der Freund von Shakira, hat jetzt ein anderes Schätzchen – eines, das keine Widerworte gibt.«

8. Beim ConfedCup 1999 traten wegen ungünstiger Terminierung viele Nationalmannschaften nur mit ihrer Reserve an. So auch Deutschland und Brasilien. Bundestrainer Erich Ribbeck fehlten unter anderem Oliver Bierhoff, Oliver Kahn, Andreas Möller und Ulf Kirsten. Auch Brasilien war stark geschwächt, trotzdem siegte es klar mit 4:0 und ich sagte: »Der zweite Anzug der Brasilianer kommt vom Designer. Der der Deutschen vom Wühltisch.« Kein Versprecher, sondern, wie ich finde, ein schöner, bildlicher Vergleich.

9. »Balotelli blieb ein bisschen blass heute.« Das bedarf glaube ich keiner näheren Erklärung.

10. Als Bayern im Champions-League-Halbfinale 2013 Barcelona in deren Stadion an die Wand spielte, sagte ich: »Barcelona kommt mir manchmal wie eine erfolgreiche Rockband vor, die ihre eigenen Lieder nicht mehr hören kann.« Über Jahre hatte Barca das Tiki-Taka, also das schnelle Kurzpassspiel in absoluter Perfektion einstudiert. Die Profis beherrschten es wie kein anderes Team der Welt. Aber irgendwann, so glaube ich, hat man keine Lust mehr, immer den gleichen Stil zu spielen. Der Kopf verlangt nach Veränderung. Barca hatte keine Lust mehr auf Tiki-Taka, es kam ihnen aus den Ohren heraus.

Register